Ellos Conocieron a su Dios
Volumen Uno

E. F. & L. Harvey

Harvey Christian Publishers Inc.
449 Hackett Pike
Richmond, KY 40475
Tel. 423 768 22297
Email: books@harveycp.com
www.harveycp.com

Hebron Ministries, INC.
P.O. Box 4274
Leesburg, Virginia 20177-8388
Tel. (800) LAST DAY (527-8329)
www.ministerioshebron.com

HEBRON PRESS
Ellos Conocieron a Su Dios Vol. 1

Derechos Reservados 2006, por Harvey Christian Publishers
Primera edición 1974
Quinta edición 2003

Primera edición en castellano 2006
Tercero edición en castellano 2018

Todos los derechos reservados. Ninguna porción de este libro puede ser reproducida ni transmitida de ninguna forma, ni por ningún medio, electrónico o mecánico, incluyendo fotocopias, grabación, ni por ningún sistema de almacenamiento de información, sin el permiso escrito del dueño de los derechos reservados, excepto si se tratara de incluir citas breves en una revisión.

Título original en inglés: *They Knew Their God, Volume 1*
Traducido al español por José Ordóñez
Adaptación de la portada y diagramación por Cristian Leiva

Identificación de la portada, en el sentido de las manecillas del reloj, empezando con la esquina inferior izquierda: Alfred Cookman, Lilias Trotter, Félix Neff, William Bramwell, Sister Eva, Christmas Evans.

ISBN 978-1-932774-84-9

Impreso en los Estados Unidos de América.
Para obtener copias de este libro, dentro de Estados Unidos, llame al teléfono (1-423 768 2297), o al número (502) 2333-2615 en la ciudad de Guatemala, Guatemala.

También puede contactarnos por medio de la página de Internet: www.harveycp.com o www.hebronministries.com.

ÍNDICE

Prefacio de los autores	5
Prefacio de los Editores	7
Nicolás De Basilea (1308-1398)	9
El amigo de Dios	
John Tauler (1290-1361)	19
El doctor iluminado	
Christmas Evans (1766-1838)	31
El predicador tuerto de Gales	
William Bramwell (1754-1818)	49
Apóstol de oración	
La Madre Cobb (1793-?)	59
La santa de Calicó	
Félix Neff (1798-1827)	69
El Brainerd de los Altos Alpes	
Robert Cleaver Chapman (1803-1902)	85
El pobre hombre rico	
Ann la Santa (1810-1904)	95
La santa irlandesa	
Isaac Marsden (1807-1882)	103
El denodado predicador mercante	
Alfred Cookman (1828-1871)	117
Lavado en la Sangre del Cordero	
Elizabeth Baxter (1837-1926)	131
Una "pregonera" del Cristianismo	
Lilias Trotter (1853-1928)	145
La pionera frágil	

John Hyde (1865-1911)   157
    El misionero "que oraba"

Samuel Logan Brengle (1860-1936)   167
    Soldado y siervo

Eva Von Winkler (1866-1932)   181
    Madre Eva de Friedenshort

Samuel Morris (1872-1893)   197
    Angel de ébano

Iva Vennard (1871-1945)   211
    Educadora dedicada

Johanna Veenstra (1894-1932)   227
    Una flama por Dios

Anotaciones de las Fuentes   239

Endnotes   245

Prefacio de los autores

"Andad alrededor de Sión... contad sus torres. Considerad atentamente su antemuro, mirad sus palacios; para que lo contéis a la generación venidera." Estas palabras del Salmo 48 fueron impresas en nuestras mentes hace diecinueve años, como una comisión para escudriñar las biografías cristianas, y transmitir al pueblo de Dios lo que nos había sido tan inspirador. Así que, tras este lapso de tiempo tenemos el privilegio de enviar estos cuadros de las torres de Sión—sus profetas y atalayas, de los antemuros de Sión—sus reformadores y defensores de la fe, y de los palacios de Sión—esas moradas humanas de Dios, hechas bellas y majestuosas por la presencia del Rey de reyes.

El título, "Ellos Conocieron a Su Dios", ha sido escogido como uno que abarca la introducción hacia Dios por medio del Nuevo Nacimiento, recibir la plenitud del Espíritu Santo, y el posterior "viaje hacia Dios", que revela progresivamente Su carácter. Incluimos personajes de ambos sexos, de diversas nacionalidades, de eras sucesivas de tiempo, y de diferentes trasfondos de iglesias.

Dios nunca se repite a Sí Mismo en la experiencia humana, y es refrescante notar que estos santos, al aventurar su todo en Dios, nos han dejado historias individuales que enriquecen el reino espiritual por esa misma variedad deleitable que descubrimos en las "demás" creaciones de Dios. No presentamos estos cuadros para que sean imitados detalladamente en su búsqueda individual de Dios, ni como una evidencia de que ellos lo hayan alcanzado. Más bien, oramos para que la fe y el valor de estos santos al probar y conocer a Dios, nos anime a entender que no hay límite alguno, más que nosotros mismos, a lo que podríamos descubrir de Su reino, mientras estamos aquí en el "tiempo".

Estamos altamente agradecidos por la colaboración de la Srta. Elizabeth M. Hey, una amiga de toda la vida que ha contribuido mucho en la investigación biográfica, y en escribir y mejorar el texto. Nuestra hija, la Sra. Gertrude Tait, también ha mejorado algunos de estos cuadros, y ha ayudado a completar otros. Debemos un agradecimiento sincero por la ayuda secretarial de nuestras ayudantes fieles, la Srta. Beulah Freeman, y las Srtas. Margaret y Morag Smith.

Daniel dice que "el pueblo que conoce a su Dios se esforzará y actuará" (Dan. 11:32). Nuestra oración ferviente en esta edad religiosa tan superficial es que estos hombres y mujeres que removieron todas las barreras y fronteras en su búsqueda y exploración de su propio Dios en Su longitud, anchura, profundidad y altura, nos muevan a un entendimiento similar e ilimitado del Invisible.

Edwin y Lillian Harvey, 1974

Prefacio de los Editores

They Knew Their God, Volume One fue primero publicado en 1974 en el Reino Unido. Tras haberlo reproducido muchas veces del original, nosotros pensamos en rediseñar el libro completamente. Gracias al trabajo voluntario de algunos buenos amigos en Wisconsin, a quienes les estamos muy agradecidos, el libro fue puesto en disco, y finalmente lo editamos.

En nuestras publicaciones más recientes, citamos el libro y página de donde fue tomada cada cita. En la primera edición de este libro no se hizo esto, de manera que hemos pasado considerables dificultades para descubrir las fuentes de estas citas. Cuando ha sido posible, las hemos enumerado al final, bajo "Anotaciones de las Fuentes".

El último libro de esta serie, el *Volumen Seis*, fue terminado tan solo semanas antes de que mi madre, Lillian Harvey, sufriera varios derrames que la han incapacitado para escribir y compilar más material. Dado que ella siempre me dio la autorización de editar sus manuscritos, me he tomado la libertad de hacer cambios menores al texto, en donde las mejoras en puntuación, etc., lo hacían necesario. Al revisar las fuentes, a veces se hizo necesario hacer ajustes en el texto, para asegurar una mayor precisión en las citas, o se añadieron una o dos oraciones cuando había espacio en la página. El poema al final del cuadro sobre Robert Chapman fue cambiado por uno de su propiedad, que hallamos en años recientes. Y añadimos una Nota del Editor al final del capítulo sobre Nicolás de Basilea.

Mi esposo y yo estamos publicando esta nueva edición de *They Knew Their God, Volume One*, con gratitud por la bendición que ha sido para tantos en el correr de los años, y con la oración de que pueda continuar desafiándonos a todos a "Conocer a Nuestro Dios" de una manera más rica, más llena, y con mayor entrega.

Trudy y Barry Tait, Hampton, 2003

Nicolás De Basilea (1308-1398)
El amigo de Dios

¡El Papa Gregorio estaba sentado, y muy sorprendido! Veía inquietamente a los dos extranjeros de allende los Alpes. El líder, un hombre de unos sesenta años, le hablaba en italiano vernáculo. Su acompañante, cuando hablaba, lo hacía en la lengua de la academia—en latín. Ambos se miraban con inquietud. ¡Ellos sabían que muchos hombres habían sido quemados en la hoguera por decir menos cosas!

"Santo Padre", empezó Nicolás, "los grandes y graves pecados de la cristiandad han llegado a tal punto, en toda clase de hombres, que Dios está muy desagradado. Es necesario que usted considere lo que se debe hacer."

"Nada puedo hacer", replicó el Pontífice, con creciente enojo.

El más anciano de los dos habló de nuevo con la serenidad y autoridad de alguien que transmite un mensaje de una fuente superior. Dios le había mostrado, dijo él, la vida malvada que el Papa estaba viviendo. "Sepa, de cierto", le dijo al Papa, "que si no se vuelve de sus malvados caminos y se juzga a sí mismo delante de Dios, Él lo juzgará, y usted morirá antes de que termine el año".

El Papa ahora estaba enfurecido, pero el hombre prosiguió: "Nosotros estamos dispuestos a que nos maten, si la señal que voy a darle no basta para comprobarle que somos enviados de Dios".

"¿Cuál señal? quisiera yo saber", demandó Gregorio.

Pronto el Papa se tranquilizó cuando oyó el relato de lo que Dios había dicho a este intrépido varón. Fue tan certera la enumeración que él hizo de sus pecados (los cuales nadie podía saber, excepto por revelación), que convenció a su oyente. El "Obispo de Roma" enmudeció por un momento; luego se levantó y abrazó a los dos hombres, hablándoles amablemente por primera vez. "¿Podrían darle esas mismas pruebas al Emperador?" comentó. "Sería bueno para la cristiandad."[1]

Les pidió que permanecieran en Roma para poder acudir a ellos cuando necesitara consejo, y les prometió que los hospedaría bien. Sin embargo, ellos le suplicaron que los dejara ir, diciendo que regresarían en cualquier momento que él los necesitara. Gregorio escribió una carta dirigida a los clérigos de la región donde vivían estos dos hombres de Dios, encomendándolos a sus buenos oficios. Desafortunadamente, este hombre que ostentaba la más alta autoridad en la Iglesia, pronto se desvió de esta buena influencia temporal, y olvidó los efectos de la reunión. Se mantuvo en sus pecados y murió en menos de un año, como le había sido anunciado.

Ese audaz mensajero de Dios era Nicolás de Basilea, a quien la mayoría de personas conocía como el "Amigo de Dios" de Oberland (Altos Alpes). ¿Cuál era su secreto? ¿Cómo pudo extender el mensaje evangélico por más de medio siglo ante los propios ojos de Roma?

Nicolás nació en la ciudad de Basilea, Suiza, alrededor del año 1308. A su padre, un acaudalado mercader, se le conocía como "Nicolás, el del Anillo de Oro". Los prospectos del muchacho eran prometedores desde un punto de vista material; sin embargo, a la edad de trece años, durante el tiempo de la Pascua, oyó una predicación sobre los padecimientos y muerte de nuestro Señor. El joven fue profundamente tocado, e inmediatamente se compró un crucifijo. Todas las noches se arrodillaba en secreto para meditar en el dolor y el oprobio que sufrió nuestro Señor. Es sorprendente que con su incipiente y exiguo conocimiento de las cosas espirituales, su inusual honestidad le hiciera clamar por una revelación de la voluntad de Dios en cuanto a si debía ser comerciante o sacerdote, y pidió fortaleza a Dios para obedecerle. De alguna manera pudo tener acceso a una Biblia, aunque no queda claro si la misma era de su propiedad o no.

A los quince años empezó a viajar con su padre para aprender el oficio de mercader. Los negocios y los placeres pronto ahuyentaron de su mente otros pensamientos más importantes, pero nunca dejó de arrodillarse cada noche delante de su crucifijo. Entabló amistad con el hijo de un caballero, pero la muerte de su padre cuatro años más tarde, obligó a Nicolás a realizar un prolongado viaje de negocios. A su regreso encontró que también su madre había fallecido. Ahora, a los veinticuatro años de edad, era un hombre rico. Nicolás y su joven amigo noble pronto se entregaron a una búsqueda desenfrenada de placer, asistiendo a torneos y justas, visitando cortes y castillos. A menudo entretenían a "damiselas" con trovas e historias de viajeros, lo que hizo que ambos llegaran a ser muy populares.

Pronto su amigo se casó; pero Nicolás, aunque desposado con una dama llamada Margaret, fue obligado a esperar porque los padres de la joven se oponían a que su hija contrajera matrimonio con un mercader. Seis años después, este obstáculo fue salvado, y se hicieron los preparativos para la festiva ocasión. Pero la víspera de la boda Nicolás tuvo una experiencia que probó ser el momento decisivo en su vida. Ese día no se encontraba celebrando, sino estaba a solas en su habitación frente a su crucifijo, y absorto en pensamientos de una naturaleza más seria. Él escribe:

"Allí estuve yo solo hasta la madrugada, pensaba cuán vano y falso era todo lo que el mundo podía darme, así como en el amargo fin de todas las cosas del mundo. Entonces me dije a mí mismo: 'Oh, pobre hombre infeliz, ¡cuán sin sentido ha sido tu vida, ya que has amado y escogido las cosas temporales, en lugar de las cosas eternas! Cuán necios e insensatos son tú y todos los hombres a tu alrededor, porque aunque Dios les ha dado ricamente sentidos y entendimiento, se han deslumbrado con la gloria y el placer que no duran más que un momento, y que al final conducen a una eternidad en el infierno'."

"...Y arrodillado delante del Señor, dije: 'Oh, Dios misericordioso, te imploro que tengas misericordia de mí, pobre pecador, y que vengas a socorrerme, pues mi corazón es malvado y necesito abandonar este mundo falso y engañoso y a todas las criaturas que hay en él; especialmente debo renunciar a la que es lo más amado para mí, con quien he comprometido mi corazón'."

"...Y cuando hube dicho esto, sentí como si toda mi naturaleza se derrumbaba, porque fue un momento terrible y solemne de guerra contra mi propia voluntad y deseos, a tal grado que brotó sangre de mi boca y mi nariz, y pensé que me había llegado la amarga hora de la muerte. Entonces me dije a mí mismo: 'Oh, naturaleza, si no puede ser de otra manera, así tendrá que ser; si tienes que morir, debes morir'."[2]

Luego colocó su mano izquierda, la cual dijo que representaba su ser pecaminoso, dentro de su derecha, que sintió que simbolizaba a su "Dios justo y amante", e hizo voto de que por siempre y para siempre le pertenecería solo a Dios. Después de esto tuvo tal sentir de la presencia divina, que pudo decir: "Me olvidé de mí mismo y de todas las criaturas, y me sumergí en un gozo y en una sensación tan maravillosos, que no se pueden describir, ni el corazón los puede concebir".[3] Nicolás añadió que oyó una "voz muy dulce" que lo aceptaba como Su desposado para siempre.

No podemos sino imaginar la tormenta que se desató cuando llegó la hora de la ceremonia nupcial a la mañana siguiente. Familiares e invitados estaban furiosos por la decisión de "ese hombre loco". La prometida estuvo inconsolable durante varios días, hasta que ella y Nicolás fueron animados a tener un breve encuentro en el que él le relató lo que había sucedido. Desde ese momento Margaret sintió que ella también debía consagrarse totalmente al Señor, y no volvieron a verse más. El resultado de esta inusual situación muestra, para la gloria de Dios, que cualquier hombre, en cualquier lugar, puede ser un canal de luz y amor cuando se entrega enteramente a Dios.

Pasemos brevemente por los siguientes cuatro años de la vida de Nicolás. Este joven honesto, al no tener alguien que lo guiase, decidió leer las vidas de los santos. Como resultado, buscó a Dios por el único sendero que ellos podían mostrarle. Se proveyó de una camisa de pelo en la que colocó una cantidad de clavos agudos, mortificándose de esa forma hasta sangrar. Vivió solo y se afligió con ayunos y tormentos. Al cabo de un año clamó a Dios desesperadamente, y Él le respondió que esas austeridades provenían de su propia voluntad y del orgullo de su propia justicia. La Voz que parecía hablarle lo convenció de deshacerse de los instrumentos de tortura que él mismo se había impuesto, y de que a medida que buscara e hiciera la voluntad de Dios, recibiría todos los sufrimientos necesarios. Pasó el segundo año lamentándose de su condición de pecado. El tercero fue de feroz tentación. En el cuarto año experimentó, además, mucho dolor y enfermedad.

Queda por preguntarse cuánta diferencia habría significado el hecho de que en los años entre su despertar espiritual y el sentir de la aceptación y seguridad divinas, él hubiera tenido a su lado un maestro que conociera a Dios. Pero, personalmente, su Padre Celestial usó todo esto para prepararlo para un ministerio único, como lo haría con cualquier persona que busque a Dios como él lo había hecho: esforzándose por establecer su propia justicia por medio de penitencias y buenas obras.

Cuando finalizó ese período, emergió del oscuro valle. Fue tan grande el gozo por su liberación, que temiendo que fuera otra tentación, cayó de rodillas para decirle a Dios que anhelaba liberación y felicidad, solamente si esa era Su voluntad. En referencia a esta oración, dijo:

"Al decir esto resplandeció en derredor mío, por así decirlo, una luz clara y bendita, la luz que es amor; y desde la gloria de esa luz, algo radiante llenó mi alma; si fue en el cuerpo o fuera del cuerpo no lo sé decir. Mis ojos fueron abiertos para ver la maravilla y la hermosura que sobrepasan la mente humana; y no puedo hablar de ello, porque no existen palabras para describirlo... Mientras me maravillaba y regocijaba en gran manera, escuché la más tierna y más dulce Voz, que no provino de mí mismo, pero que me llegó como si alguien hablara dentro de mí, mas no me habló con mis pensamientos. Así me habló esta dulce voz interior:

'Amado y desposado de mi corazón, finalmente ahora eres verdaderamente Mi desposado, y para siempre lo serás. Y sabrás que como he tratado contigo, así he tratado con todos mis amigos amados, conduciéndolos por el sendero por el que has pasado tú en los últimos cuatro años. Es hasta ahora que finalmente estás en el camino verdadero, el camino de amor, recibiendo de Mí el perdón de todos tus pecados, y sabiendo que no hay un purgatorio futuro. Porque cuando tu alma salga de esta casa terrenal, será para que mores conmigo.

'Y mientras estés en el cuerpo terrenal no te atormentarás con duras penitencias ni castigos, sino simplemente obedecerás los mandamientos de Cristo. Hallarás suficiente sufrimiento en este presente mundo malo, cuando aprendas a ver que tus compañeros andan errantes como ovejas entre lobos. Y esto llevará tu corazón a otras profundidades de aflicción, y eso será entonces tu cruz y tu sufrimiento, y serás bien ejercitado en ello de aquí en adelante.'"[4]

Esa voz dijo a Nicolás que nunca más le volvería a hablar de esta manera durante su vida, porque no sería necesario.

Los valdenses se habían establecido en determinados lugares de Suiza y en los distritos vecinos de Francia. Eran llamados así por ser seguidores de Pedro Valdo, de Lyon, Francia, quien vivió cerca del año 1100. Sin embargo, se les conocía por distintos nombres en otras tierras. Los valdenses decían trazar su origen hasta el siglo IV, cuando la Iglesia estaba abandonando las enseñanzas de los cristianos primitivos y las sustituía por tradiciones de hombres. Habiendo aprendido el camino de la salvación por medio de la fe, ellos se desligaron de las muchas prácticas adoptadas por la Iglesia de Roma a través de los años. Enfrentaron feroz persecución, y miles de ellos fueron quemados en la hoguera o torturados de diversas formas. Los que huyeron buscando refugio en los cantones altos de Suiza, fueron conocidos como los Vaudois.

En otras partes, ciudades enteras e incluso provincias, fueron colocadas durante épocas bajo algún interdicto del Papa—una terrible maldición que retiraba el consuelo de la absolución, y prohibía el ministerio regular del sacerdocio en la predicación, en el entierro de los muertos y en otros ministerios. En aquellos tiempos tenebrosos, tal penalidad era verdaderamente horrible a causa de las supersticiones acumuladas durante los años, así como por el poder absoluto que ejercía el papado.

Aquellos creyentes que probaron, por su conducta y su mensaje, que tenían una relación especial con su Señor, fueron llamados "Amigos de Dios". Con el tiempo, este nombre se utilizó para designar a quienes estaban directamente bajo la influencia de Nicolás. Junto con sus colaboradores, este hombre lleno del Espíritu y dirigido por el cielo, ministró a los que eran considerados herejes, y a cualquiera dentro del redil de la Iglesia que buscara a Dios. Nicolás y cuatro hombres más, entre los cuales dos eran sacerdotes y otro, un judío convertido a través del contacto que había tenido con él, construyeron una casa en las alturas de los Alpes, cuya ubicación era conocida solo por unos pocos. Estos cinco hombres, juntamente con dos sirvientes, dedicaron sus vidas a la oración en ese escondido paraje.

Nicolás era el líder reconocido; bajo su dirección se estableció un ministerio que buscaba a las almas que inquirían por las cosas de Dios, por todo el Rin hasta Holanda, por los cantones bajos de Suiza, en Alsacia y Baviera, en lugares tan orientales como Hungría, y en muchos lugares más.

Nicolás viajó lejos solo ocasionalmente; pero a veces este "Amigo de Dios" emprendía un viaje para enseñar más perfectamente el camino. Más frecuentemente, empero, enviaba cartas a través de mensajeros que contactaban a quienes anhelaban conocer el mensaje verdadero de la salvación por la fe en los méritos de Cristo. Una de sus misiones especiales fue para con John Tauler, el elocuente predicador de Estrasburgo, conocido como "el Maestro". Gradualmente el maestro se convirtió en el discípulo, y el oyente probó ser el que llevaría al Doctor a una experiencia real con Dios. La forma en que esto ocurrió aparece relatada en el capítulo titulado "John Tauler".

Y así avanzó sufridamente Nicolás, evadiendo a través de su reclusión, e indudablemente por la protección de Dios, a quienes habrían puesto fin prematuramente a su poderoso ministerio, cuyos frutos fueron muchos. Un hombre pagano recibió una carta desde "Oberland", que respondía a todos sus cuestionamientos; y esta fue usada por Dios para conducirlo a la salvación en Cristo. Una dama de la nobleza, llamada Frickin, tuvo relación con los "Amigos de Dios", y dijo que la bendición había sido tan grande, que sentía como si hubiera pasado "del purgatorio al paraíso".

Eventualmente, sin embargo, los más de sesenta años del bendecido ministerio de este hombre de Dios llegaron a su final. Un hombre llamado Martín de Majencia fue quemado en la hoguera en Colonia en 1393, acusado de haber sido afectado por las enseñanzas de Nicolás de Basilea. Este hombre había declarado que las obras externas no gozaban de mérito alguno ante Dios. Se consideró libre de la autoridad de la Iglesia, y afirmó que no hay distinción alguna entre sacerdotes y laicos.

La prueba final llegó cuando solo faltaban uno o dos años para que el siglo concluyera, y Nicolás tenía casi noventa años de edad. Dos "Amigos", Jaime y Juan, fueron apresados en Viena y llevados ante la Inquisición. Uno de ellos probablemente era el abogado que había acompañado a Nicolás a Roma; el otro, el judío convertido. Nicolás también fue capturado, pero había actuado tan sabiamente, que sus perseguidores no pudieron encontrar suficiente evidencia para condenarlo. Entonces le exigieron que denunciara como herejes a los dos detenidos, pero él se rehusó a hacerlo y les dijo que los tres estarían separados solo por un momento, y que luego estarían juntos con el Señor para siempre.

Y así fue. Las llamas consumieron rápidamente a estos tres "Amigos de Dios", pero en realidad fue un verdadero "carro de fuego" el que los transportó a la presencia de Aquel que había sido tan real, y cuya voz había sido "tan dulce" para ellos durante todos esos años.

"Hay muchos que siguen al Señor hasta la mitad del camino, pero no continúan la otra mitad. Renunciarán a sus posesiones, amistades y honra, pero sería demasiado pedirles que se despojaran de ellos mismos." (Maestro Eckhart)

Nota de la editora. En nuestra investigación de las fuentes para este libro hemos encontrado que Nicolás de Basilea es, en efecto, un personaje difuso de quien sabemos muy poco con certeza. Incluso Frances Bevan, en su libro *Los Tres Amigos de Dios*, de donde obtuvimos el material para este capítulo y el siguiente, asevera que su historia sobre Nicolás de Basilea "podría estar abierta a corrección en posteriores investigaciones que actualmente realizan minuciosamente los historiadores" (p. vi). Ella continúa: "Su historia aparece tan llena de contradicciones y posibilidades, que es difícil separar lo que es verdadero, de mucho que ha sido inventado o dicho en forma alegórica... Nicolás es una extraña mezcla de una maravillosa fe en Dios, devoción a Su servicio, amor por las almas, y una luz clara en muchos puntos que los cristianos romanistas estaban entenebrecidos debido a la abierta superstición, credulidad e ignorancia" (pp. 20-21).

Por tanto, no sorprende que si Frances Bevan tuvo sus dudas, autores y estudiosos más recientes sean más incrédulos que ella. Al investigar, descubrimos que las historias en este capítulo y el siguiente, sobre John Tauler, provienen principalmente de escritos que pertenecían a Rulman Merswin, un banquero de Estrasburgo del siglo XIV, encontrados después de su muerte. Muchos de estos textos dicen provenir de, o referirse a, un "amigo de Dios de Oberland" llamado Nicolás. Algunos escritores del siglo XIX (por ejemplo, la biografía *Nikolaus von Basel*, de 1866, por Karl Schmidt, que fue seguida por el libro de Bevan antes mencionado) creyeron que este misterioso "Amigo de Dios" era el mismo Nicolás de Basilea; pero actualmente la mayoría comparte la opinión del erudito católico Heinrich Denifle, de que eso es imposible.

Nicolás de Basilea fue acusado de pertenecer a un movimiento llamado el "Espíritu Libre", cuyos miembros supuestamente enseñaban que los actos inmorales les eran permitidos a las personas que estaban llenas del Espíritu. Nicolás fue quemado en la hoguera en Viena, entre 1393 y 1397 (como aseveramos en este libro). No existe manera de saber con certeza si esos cargos eran verdaderos, y la mayoría de la información que tenemos acerca de él (acerca de si él no era el "Amigo de Dios de Oberland") proviene de los registros de la Inquisición. Las historias de su conversión, ministerio y visita al Papa conciernen al "Amigo de Dios", mientras que la historia de su muerte proviene de los registros de la Inquisición. Por tanto, si él fue efectivamente el "Amigo de Dios de Oberland" que era evidentemente ortodoxo en sus creencias, es necesario poner en tela de duda las acusaciones de la Inquisición.

En el siguiente capítulo, la historia de la visita del "Amigo de Dios" al "Maestro" también proviene de los escritos de Merswin. En el texto original el "Maestro" no es llamado Tauler, pero ya que Tauler era un predicador tan importante en Estrasburgo por esa época, y que Merswin fue su discípulo, es altamente posible que la historia se refiera a Tauler.

Hemos insertado esta nota con cierta reticencia, pues estamos conscientes de que la historia de Nicolás ha llevado bendición a nuestros lectores. Sin embargo, al intentar traer a la luz personajes de las sombras de siglos tan lejanos como el XIV, es inevitable que haya algunas preguntas sin respuesta en cuanto a los detalles de sus vidas y ministerios; y al habernos dado cuenta de cuántas de ellas siguen sin responderse en relación a Nicolás de Basilea, las compartimos con nuestros lectores. No obstante, la esperanza es que el espíritu de esta historia permanezca fragante con bendición para todos los que la lean.

John Tauler (1290-1361)
El doctor iluminado

"¿Debiera huir, o debiera quedarme?" La pregunta era de suma importancia para el Dr. Tauler. La cabeza de la cristiandad, el Papa de Roma, había puesto a la ciudad de Estrasburgo bajo un interdicto, es decir, bajo la maldición de la Iglesia. El Papa luchaba contra el Emperador Luis de Alemania, porque había protegido a Marsilio de Padua, Rector de la Universidad de París, cuyas enseñanzas relacionadas con la autoridad de la Iglesia y la suficiencia de la expiación de Cristo, habían sido denominadas heréticas por la Santa Sede.

John Tauler nació en Estrasburgo, Alsacia, en el año 1290. Su padre fue probablemente, Nicolás Tauler, senador de esa ciudad, y un hombre de riqueza considerable. Más o menos a los dieciocho años el joven ingresó a la orden de los monjes dominicos, y pronto después fue a París para estudiar teología en la universidad dominica de San Jacinto. La mayoría de "eruditos", como eran llamados los maestros de ese período, parecen haberse especializado en temas filosóficos elevados, hacia los cuales el joven Tauler mostraba poco interés.

Tauler era un hombre humilde, y no habría admitido cosa alguna que no fuese respeto y lealtad hacia la Iglesia y sus enseñanzas. Era sincero y valiente, y tenía un gran amor por la gente. Ilimitada era, también, la admiración del pueblo por su habilidad excepcional en el púlpito. De alguna manera, aun enfrentando el interdicto, él no podía dar lugar al temor como lo habían hecho muchos otros clérigos. A pesar de su falta de un conocimiento real de la gracia de Dios, él no era uno de los proverbiales "asalariados".

Así que para alivio del pueblo, Tauler permaneció en la ciudad. Las multitudes corrían a escucharlo, y el aprecio que le tenían llegó a convertirse en orgullo de que su amada ciudad de Estrasburgo tuviera un maestro tan importante. Tauler poseía un amplio conocimiento de la Biblia, y tenía el propósito sincero de beneficiar a sus oyentes de una manera práctica. Conforme su fama se extendía, llegaban visitantes desde lejos para escucharlo; pero sus teorías sobre cómo "mejorarse a sí mismo", probaron ser completamente inadecuadas para producir gracia alguna en su audiencia. En el año 1340 las multitudes eran mayores que nunca, y Tauler se compadecía de ellas e intentaba enseñarles el camino al cielo.

Por eso no se sorprendió cuando un día notó entre el auditorio la presencia de un extranjero de humilde apariencia, cuyo interés parecía ser muy intenso. Naturalmente, el predicador llegó a la conclusión de que aquel hombre estaba siendo muy bendecido con su enseñanza. Empero, si los pensamientos del que estaba en la banca hubiesen podido ser leídos desde el púlpito, hubiera habido poco lugar para el orgullo, ya que ese hombre de Suiza estaba pensando así: "El Maestro" (llamado así por su mucho conocimiento) "es por naturaleza un hombre muy gentil, amable y de buen corazón. También posee un buen entendimiento de las Sagradas Escrituras, pero está en tinieblas en cuanto a la luz de la gracia, porque jamás la ha conocido".[5]

El visitante se llamaba Nicolás (el que algunos creen que era Nicolás de Basilea, llamado frecuentemente "El Amigo de Dios de Oberland"), quien ciertamente era un verdadero apóstol en esa era de terrible oscuridad. Habiéndosele dicho tres veces en un sueño que fuera a Estrasburgo y oyera predicar al Dr. Tauler, él estaba convencido de que la voz de Dios lo estaba urgiendo a conducir a este gran maestro hacia la luz de Cristo. Nicolás pasó en oración todo el tiempo que tuvo disponible; y tras escuchar cinco sermones se acercó al Maestro y le pidió, según era la práctica de la Iglesia Católica Romana, que le ministrase la confesión. El Maestro accedió, y Nicolás continuó haciéndolo durante doce semanas. Después le pidió al Doctor que predicara un sermón que mostrara cómo un hombre puede alcanzar la vida espiritual más alta posible en este mundo de pecado.

Finalmente el Dr. Tauler lo hizo, predicando un mensaje práctico y escritural de veinticuatro encabezados principales, exaltando desde un punto de vista humano, el pináculo de la perfección cristiana. El sermón trataba con el vaciamiento personal, la humildad, la vida crucificada, la victoria interior, el amor perfecto y la sencillez de motivos. Sin embargo, todo ello era una teoría obtenida a través del diligente estudio de la Biblia. Es más, considerando a ese período de tiempo como la "Era de la Oscuridad", no pareciera creíble que un clérigo de esa época pudiese haber presentado con tanta claridad lo que Dios requiere de todos aquellos que desean ser completamente suyos.

Pero el sermón omitió dos puntos sumamente importantes—la total degeneración del hombre con la consecuente incapacidad de alcanzar esa perfección, y la fe en los méritos de la expiación de Cristo, como el solo y único camino hacia la bendita experiencia que Tauler había expuesto. Nicolás escribió el sermón entero de memoria, y luego lo leyó a Tauler quien, sorprendido por la inteligencia y habilidad del escritor, lo urgió a quedarse en Estrasburgo para escuchar sus mensajes futuros.

Imagine la consternación y sorpresa del Maestro, cuando oyó lo siguiente de labios de aquel manso extranjero:

"Tú eres un gran estudioso, y nos has enseñado una lección en este sermón. Pero tú mismo no vives de acuerdo a esto. Y ahora tratas de persuadirme a quedarme aquí para que puedas predicarme otro sermón. Quiero que entiendas que las palabras de los hombres me han sido de tropiezo mucho más que lo que me han ayudado. Y esta es la razón: a menudo me ha sucedido que al terminar el sermón, yo llevaba conmigo ciertas nociones falsas de las que, tras gran esfuerzo, tardaba mucho en desprenderme. Pero si el más alto Maestro de toda verdad llega al hombre, este debe vaciarse y dejar todo lo demás, para oír solamente Su voz. Debes saber que cuando este Maestro viene a mí, Él me enseña más en una hora, que lo que tú y todos los eruditos desde Adán hasta el día del juicio podrán enseñarme."[6]

El Maestro tomó esto con buena actitud de corazón, y urgió a su huésped a que permaneciese un tiempo más en Estrasburgo. Nicolás accedió, con la condición de que el Maestro le permitiera hablarle con libertad, bajo el sello de la confesión. Luego procedió a enseñar a aquél que había pensado instruirlo a él. Declaró a Tauler que la razón por la que sus sermones "mataban y no daban vida" se debía a que, sus deseos realmente no estaban dirigidos a Dios, sino a Sus criaturas, y especialmente hacia uno (el mismo Tauler) a quien él amaba sin medida. Consecuentemente, él no tenía un corazón unificado para Dios. Luego, siendo aún más directo, Nicolás prosiguió:

> "Por tanto, yo comparo tu corazón con una vasija inmunda. Y cuando el vino puro y sin mezcla de la doctrina verdadera pasa a través de esa vasija que está arruinada y cubierta de estiércol, sucede que tu enseñanza no tiene buen sabor, y no imparte gracia a los corazones de quienes te escuchan. Yo te dije que todavía estabas en tinieblas y que no tenías en ti la luz verdadera; y eso también es verdad, y se puede notar en que son muy pocos los que reciben la gracia del Espíritu Santo a través de tus enseñanzas.
>
> "Y te dije que eras un fariseo, lo cual también es verdad. Aunque no eres uno de los fariseos hipócritas, tienes esta marca de los fariseos: te amas y te buscas a ti mismo en todas las cosas, y no buscas la gloria de Dios. Ahora examínate, y mira si no eres un fariseo a los ojos de Dios. Porque debes saber, amado Maestro, que un hombre es un fariseo a los ojos de Dios, conforme a lo que se inclina su corazón. Y verdaderamente, a los ojos de Dios hay muchos fariseos."[7]

Conforme fueron dichas estas palabras, Tauler cayó sobre el cuello de Nicolás y lo besó, diciendo:

> "Una luz ha entrado a mi mente. Ha sucedido, como ocurrió con la mujer pagana junto al pozo. Debes saber, amado hijo, que tú has puesto delante de mis ojos todas mis faltas. Tú me has dicho lo que yo había escondido

dentro de mí, y especialmente que hay una criatura sobre quien está puesto todo mi afecto. Pero te digo, en verdad yo no lo sabía, ni creo que algún ser humano en el mundo lo pudiera saber. No dudes, amado hijo, que tú has sabido esto por Dios".[8]

En posteriores conversaciones, Tauler le reveló a Nicolás que al llamarlo fariseo lo había herido profundamente. Pero el humilde siervo de Cristo le mostró fielmente como él, al igual que los maestros de antaño, ponía sobre otros cargas que él mismo no llevaba; y que al igual que ellos, muchas veces "decía, y no hacía".

"Amado Maestro, mírate a ti mismo", prosiguió. "Si tú tocas estas cargas y las llevas en tu vida, solo Dios y tú lo saben. Pero te confieso que hasta donde puedo juzgar por tu condición actual, yo más preferiría seguir tus palabras que tu vida. Solo mírate a ti mismo, y podrás ver si eres un fariseo a los ojos de Dios, aunque no seas uno de esos fariseos falsos e hipócritas, cuya porción está en el fuego del infierno".

El Maestro replicó: "No sé qué decir. Esto veo claramente, soy un pecador y estoy resuelto a intentar mejorar mi vida, aunque muera en el intento. Amado hijo, no puedo esperar más. Te ruego sencillamente, por amor a Dios, que me aconsejes cómo puedo hacerlo; muéstrame y enséñame cómo he de alcanzar la perfección más alta que un hombre puede alcanzar en la tierra".[9]

Luego, Nicolás le dijo al Maestro que si realmente deseaba conocer los caminos de Dios, él le daría una lección de "ABC". Él bien sabía que este maestro de voluntad tan firme, al igual que ningún otro hombre, podría cumplir con esto por su propio esfuerzo. Su deseo era que este intento final de esfuerzo propio hiciera que Tauler tuviese una vislumbre tal de su propia insuficiencia y de su propia nada, que le permitiera recibir una revelación divina del camino de la salvación solo por medio de la fe.

Después de tres semanas, Tauler, desesperado, confesó que había experimentado gran agonía de alma, y que sería deshonesto si dijera que había aprendido siquiera la primera letra de la lección que le había sido asignada. Pero después de otro período de tiempo igual, envió a llamar a Nicolás y le dijo: "Amado hijo, regocíjate conmigo porque pienso que, con la ayuda de Dios, ya puedo decirte la primera línea".[10]

Cuán feliz estaba Nicolás, ya que conforme Tauler le imploraba que le enseñara más, era evidente que el "Maestro" se acercaba al final de todo esfuerzo propio. Entonces le dio un consejo que sabía iba a significar la muerte de todo lo que el gran predicador estimaba. En breve, le aconsejó que siguiera la senda de la cruz, que deben seguir todos los que desean seguir a Cristo. Le sugirió que dejara temporalmente de predicar y de realizar otras tareas ministeriales para concentrarse en buscar a Dios.

Esto, le dijo Nicolás, iba a significar que sus amigos se volvieran en su contra. Aquellos muchos oyentes a quienes había podido cautivar, lo abandonarían disgustados. Y así fue. Durante dos desolados años, Tauler se rehusó a predicar o a enseñar. El pueblo se enfureció, y le llamó loco. Como resultado, se vio privado de su sustento. Así que durante ese período, se vio obligado a vender algunos de sus muy amados libros para mitigar su hambre. Se enfermó; y cuando su amigo lo volvió a ver, le urgió a que cuidara mejor el cuerpo que Dios le había dado. Sin embargo, Nicolás estaba animado; y exhortando al maestro a que perseverara, le prometió llegar a visitarlo cada vez que lo necesitara.

Pero nuestro Padre Celestial estaba observando y esperando para derramar su gracia. Su revelación no estaba ahora lejana. Es significativo que el evento más grande en la vida de Tauler tuviese lugar en la época de la celebración de la fiesta de la conversión de San Pablo.

El Doctor recibió una convicción muy grande de su corazón pecador, y fue debido a esa revelación que enfermó tan seriamente, al extremo de que solo podía permanecer postrado en su cama implorando así: "Oh misericordioso

Dios, ten misericordia de mí, un pobre pecador, por amor de tu ilimitada misericordia, ya que yo no soy digno de que la tierra me soporte". Y mientras estaba allí, débil y herido de dolor, oyó una Voz que decía: "Confía en Dios y ten paz. Recuerda que cuando Él estuvo en la tierra como un hombre, hizo que el alma del enfermo cuyo cuerpo sanó, también fuera sanada".[11]

Fue tan tremenda su reacción ante ese mensaje, que por un tiempo parecía haber perdido la razón. Al volver en sí, se sintió lleno de una nueva y extraña fortaleza interior; y la verdad divina que antes había permanecido oscura para él, ahora le era clara como la luz del día. Envió a llamar a Nicolás, quien al observarlo con tanto gozo, exclamó:

"Te digo, por cierto, que ahora por primera vez tu alma ha sido tocada por el Altísimo. Y debes saber que la letra que te ha derribado, también te vivifica, porque ahora ha llegado a tu corazón en el poder del Espíritu Santo. Tu enseñanza ahora provendrá del Espíritu Santo, mientras que antes provenía de la carne. Porque ahora has recibido la luz del Espíritu Santo, por la gracia de Dios, y las Escrituras que ya conoces, ahora te serán aclaradas porque tendrás un entendimiento que antes no tenías".[12]

Y así sucedió. Tauler era una nueva criatura, viva y vibrante con un mensaje de los cielos. Nicolás le dio dinero para que redimiera sus libros, y le aconsejó que empezara a predicar de nuevo. El maestro anunció un servicio y la gente llegó; pero en vez de que resonara la Palabra, él solo pudo pararse delante de todos y llorar. La multitud que había llegado con gran expectación esperó, pero no hubo prédica ese día. El que en otro tiempo había sido un orador, ahora no tenía palabras que expresar; y todo su cuerpo seguía sacudiéndose en sollozos. Finalmente todos se dispersaron airados, creyendo que el Dr. Tauler estaba más desequilibrado que nunca.

Pero el gran cambio interior había llegado, y a la luz de la grave necesidad espiritual que existía por doquier, era imposible que el Doctor callara por mucho tiempo respecto a lo que le había ocurrido. Su reputación o sus propios intereses ahora ya no significaban nada para él.

Tauler recordó a los monjes y monjas con sus sacrificios y penitencias autoimpuestas, así como su pretendida santidad. Al pensar en los graves pecados y debilidades que veía en ellos, ansiaba revelarles el secreto de su propia liberación. Así que, sabiendo que tenía un mensaje de Dios, predicó frente al convento a una congregación de monjas. Tomando como texto, "Aquí viene el esposo; salid a recibirle", habló de Cristo como el Esposo del alma, que era la relación que las monjas pretendían tener con el Señor Jesús.

¡Y qué mensaje fue aquel! Al considerarlo a la luz de lo que sucedió al finalizarlo, es evidente que conllevó una convicción devastadora. El Espíritu Santo hería corazones a diestra y siniestra, a medida que el orador describía el estado de la supuesta Esposa de Cristo, inmunda con el interés propio; su amor del mundo, su anhelo de alabanza y su codicia. Fue un mensaje lleno de compasión pero penetrante, que mostró lo que hay en el corazón de todo ser humano, sin importar su trasfondo. El mensaje concluyó con un cuadro del Esposo entregándose a Sí mismo por la purificación y santificación de la Iglesia. Cuando hubo terminado, cerca de cuarenta personas hambrientas permanecieron por un tiempo sentadas en silencio en el atrio de la iglesia.

El Maestro empezó a predicar de nuevo a las masas, y el tiempo probó ser el oportuno, ya que pronto la comunidad fue visitada por pestilencia y terremotos. Estos fueron seguidos por la horrenda "Peste Negra", que mató alrededor de 16,000 personas en Estrasburgo y 14,000 en Basilea. Durante seis años el Dr. Tauler alumbró con la luz del evangelio a los vivos y a los moribundos. ¿Acaso no es maravilloso que este gran predicador fuese lleno con el Espíritu Santo precisamente para esa época?

Existen frecuentes referencias en las biografías de europeos piadosos en los siglos que siguieron, en las que se indica que cuando alguien buscaba una vida espiritual más profunda, se remontaba a los días tenebrosos previos a la

Reforma, y leía los sermones de John Tauler con gran avidez y bendición. Dos fragmentos de sus mensajes mostrarán el grado al cual este hombre que buscaba a Dios, había descubierto algunos secretos muy profundos:

"Quienes ingresan a la viña del Señor son hombres verdaderamente nobles y llenos de favor, son aquellos que en obra y verdad se elevan sobre todo lo que el ser humano puede considerar deseable o codiciable en la viña de Dios, porque no buscan ni aman nada, sino sencillamente a Dios mismo. No buscan el placer, ni ningún fin egoísta, ni aquello que Dios pudiera proveerles, porque su hombre interior está inmerso en Él, y no desean más que la alabanza y la gloria de Dios; que solo su buena voluntad sea cumplida en, y a través de ellos y en todas las criaturas. Así, pueden soportar todas las cosas y renunciar a todas las cosas, porque reciben todas las cosas como de la mano de Dios, y le ofrecen de vuelta, con sencillez de corazón, todo lo que han recibido de Él, sin usurpar ninguna de Sus misericordias.

"Son como un río que sale con cada marea, y luego vuelve de prisa a su fuente. Así, estos hombres entregan todos sus dones de vuelta a la Fuente de donde proceden, y ellos mismos, igualmente, fluyen de vuelta a ella. De esa manera, ellos llevan de vuelta todos los dones de Dios a su fuente divina, sin pretender tener propiedad alguna sobre ellos, ni por placer ni por ventaja, ni se proponen esto o aquello, sino sencillamente buscan a Dios, nada más. Necesitan que Dios sea su único refugio y permanencia tanto interna como externa."

A continuación incluimos un resumen de otro mensaje sobre una de las Bienaventuranzas:

"'Bienaventurados los de limpio [puro, n.t.] corazón, porque ellos verán a Dios.' Un corazón puro (o limpio) es más precioso a los ojos de Dios, que cualquier otra cosa en la tierra. Un corazón puro es una cámara clara, apropiadamente adornada, la morada del Espíritu Santo, un templo áureo de la Deidad, un santuario del Hijo unigénito, en donde Él adora al Padre Celestial, un altar del gran sacrificio divino, en el cual el Hijo es ofrecido diariamente al Padre Celestial.

"Un corazón puro es el trono del Juez Supremo, el asiento y la cámara secreta de la Santa Trinidad, una lámpara que lleva la Luz Eterna, una cámara secreta del concilio de las Personas Divinas, un tesoro de riquezas divinas, un depósito de dulzura divina, un escudo de sabiduría eterna, una celda de soledad divina, la recompensa de toda la vida y el sufrimiento de Cristo.

"Entonces, ¿qué es un corazón puro? Es, como hemos dicho antes, un corazón que encuentra su entera y única satisfacción en Dios; que no apetece ni desea algo que no sea Dios, cuyos pensamientos e intenciones están siempre ocupados con Dios; a quien todo lo que no es de Dios le es extraño y molesto; que se mantiene lo más alejado posible de todas las imágenes indignas, de goces y pesares y de todas las preocupaciones y ansiedades externas, y hace que todo esto obre para bien, pues para el limpio todas las cosas son limpias, y para el manso nada es amargo. Amén."

La vida piadosa de John Tauler, y sus enseñanzas sin componendas, influyeron en otros dos hombres de la Iglesia: Tomás de Estrasburgo y Ludolfo de Sajonia, dos prelados. Estos tres "Amigos de Dios", como ellos y otros como ellos eran denominados con frecuencia, fueron osados en sus enseñanzas y escritos, los cuales eran asombrosamente contrarios a los dogmas sostenidos por la poderosa Iglesia. Aconsejaban a las personas a que no aceptaran el interdicto del Papa, que visitaran a los enfermos y a los moribundos, que los consolaran, que los dirigieran hacia la "muerte y sufrimientos de nuestro Señor, quien se ofreció a Sí mismo como el sacrificio perfecto por ellos y por el pecado de todo el mundo".

La venganza de parte de sus enemigos era inevitable, y los tres fueron eventualmente removidos de sus posiciones de influencia. Seis años después de su conversión, Tauler fue obligado a salir de Estrasburgo hacia Colonia, para tristeza de muchos que habían experimentado el cambio en sus vidas durante su ministerio. En esa ciudad tuvo la libertad para predicar en la forma que quisiera, lo cual hizo durante unos diez años.

A los setenta años de edad y enfermo, regresó a Estrasburgo en donde lo cuidó su anciana hermana en una de las casas propiedad del convento en que ella era monja. Allí lo visitó Nicolás, y juntos acordaron que él escribiría un relato sobre la vida de Tauler, aunque sin mencionar al Doctor por su nombre. Él solo aparecería como "el Maestro", y Nicolás como "el hombre", para que Dios recibiera toda la gloria de lo que pudiera alcanzarse con esto. Poco después, este amado hombre de Dios fue llamado a estar para siempre con el Señor. Nicolás y los habitantes de la ciudad lo sintieron profundamente.

Martín Lutero tenía en muy alta estima los escritos del Dr. Tauler, y declaró que a través de ellos había aprendido más que en todos los escritos del resto de estudiosos juntos. A su amigo Espalatino le escribió así: "Si deseas tener contacto con enseñanza sana, de la buena calidad de antaño, en idioma alemán, obtén los sermones de John Tauler, ya que ni en latín ni en nuestro propio idioma he visto enseñanza más sólida y más en armonía con el evangelio".[13]

Durante muchos años Tauler fue recordado en Estrasburgo como "El Doctor que iluminó con la gracia de Dios", y como "El Maestro de las Sagradas Escrituras".

LO QUE TÚ ERES PARA MÍ

Como el esposo a su escogida,
Como el rey a su dominio,
Como la torre al castillo,
Como el piloto al timón,
Así, Señor, eres tú para mí.

Como la fuente en el jardín,
Como la vela en la oscuridad
Como el tesoro en el cofre,
Como el maná en el arca,
Así, Señor, eres tú para mí.

Como el rubí engastado,
Como la miel en el panal,
Como la luz dentro de la lámpara,
Como el padre en el hogar,
Así, Señor, eres tú para mí.

Como la luz del sol para los cielos,
Como la imagen para el espejo,
Como el fruto para la higuera,
Como el rocío para la hierba,
Así, Señor, eres tú para mí.

–John Tauler

Christmas Evans (1766-1838)
El predicador tuerto de Gales

Junto con varios amigos, el recién convertido joven de diecisiete años iba caminando por un sendero oscuro y desolado en Gales, para reunirse con su pastor y estudiar la Palabra de Dios. Repentinamente, seis jóvenes armados con palos saltaron desde donde les acechaban, y los atacaron despiadadamente. Christmas (o Natividad, n.t.) Evans fue golpeado con tal fuerza en la cabeza, que perdió la visión en un ojo. Al parecer, antiguos compañeros enfurecidos por el abandono de su vida anterior llena de grave pecado y borracheras, habían decidido darle a Christmas una paliza que no olvidara jamás. Evans llegaría a ser conocido en años posteriores como el predicador tuerto.

Los años tempranos de Christmas Evans no reflejan de manera alguna su futuro como ministro del glorioso Evangelio. Nació en el hogar de un zapatero pobre y su esposa, Samuel y Johanna Evans, el día de Navidad de 1766, en Cardiganshire, Gales. Su padre murió cuando Christmas tenía ocho años, quedando la familia sumida en extrema pobreza. Un tío materno ofreció hacerse cargo de su pequeño sobrino. En años posteriores, Christmas dijo que "en todo este mundo impío, sería difícil hallar un hombre más inescrupuloso que su tío James Lewis".[14] El joven no recibió ninguna instrucción en los seis desesperantes e infelices años que pasó con su borracho y cruel tío, y a la edad de diecisiete años no podía leer una sola palabra.

La vida de Christmas fue preservada milagrosamente en varias ocasiones durante su adolescencia. Siendo ya un anciano, relató las impresiones religiosas de su juventud:

> "Aun desde la niñez, el temor de morir en un estado de impiedad me afectaba especialmente, y mantuve esa aprehensión hasta que fui conducido a reposar en Cristo. Todo esto fue acompañado por el escaso conocimiento que

tenía del Redentor; y ahora, en mi septuagésimo año, no puedo negar que esa preocupación fue el despertar del día de gracia en mi espíritu, aunque estaba mezclada con mucha oscuridad e ignorancia."[15]

"Durante un avivamiento que ocurrió en la iglesia bajo el pastorado del Sr. David Davies, muchos jóvenes se unieron a esas personas, y yo entre ellos...

"Uno de los frutos de ese despertar fue que surgió en nosotros el deseo de conocer más de Cristo. En esa época, y por esos lugares, escasamente una de cada diez personas sabía leer, ni siquiera en galés, que era el idioma del país. Compramos Biblias y velas, y acostumbrábamos reunirnos en las noches en el granero de Penyralltfawr; de esa manera, al cabo de un mes ya pude leer la Biblia en mi idioma materno. Tanto conocimiento me produjo un enorme deleite.

"No obstante, como no estaba satisfecho con ello, pedí libros prestados y aprendí un poco de inglés. El Sr. Davies, mi pastor, pudo ver mi sed de aprender, y me llevó a su escuela a la cual asistí durante seis meses. Allí estudié Gramática Latina; pero mi pobreza era tan grande, que no pude quedarme más tiempo."[16]

La noche siguiente después de la pérdida de la vista de uno de sus ojos, Christmas tuvo un sueño singular. Pudo ver al mundo en llamas, y a sus habitantes siendo llamados al juicio final. Entonces prorrumpió de sus labios el clamor, "Jesús, ¡sálvame!", y el Hijo de Dios volviéndose hacia él le dijo: "Tu intención era predicar el Evangelio, pero ya es demasiado tarde, porque ha llegado el Día del Juicio". Fue tan vívida la impresión que ese sueño dejó en el joven, que se propuso ingresar al ministerio.

Reunirse en cabañas en el campo era muy común en ese tiempo en Gales; así que Christmas, en su ardiente deseo de proclamar el mensaje de salvación que había alcanzado su corazón pecador, tomó prestado un libro de su pastor y memorizó uno de los sermones escritos allí. También aprendió una oración. Presentándose a predicar en un hogar privado, intentó establecer su reputación como predicador, pero se descubrió que sus palabras pertenecían a otra persona. Christmas pertenecía a la iglesia presbiteriana, aunque unida a otra que practicaba la fe unitaria. Pero el joven muchacho, ya de veintitrés años y con un creciente deseo de agradar a Dios, fue atraído por la corriente bautista, que estaba más apegada al evangelio.

Su llamado a ministrar el Evangelio era "como fuego ardiente" reprimido en sus huesos; pero como su mensaje memorizado había sido un fracaso, en su siguiente intento seleccionó un texto al azar y lo predicó sin prepararse previamente. Su análisis del resultado fue: "Si el anterior fue malo, este fue peor. Así que pensé que Dios me había descartado como predicador".[17]

Sin embargo, fue a través de esas humillantes experiencias que Dios preparó a Su siervo para usarlo en el futuro. Acerca de este período tan difícil, Christmas escribió:

> "Yo estaba lleno de pensamientos muy despectivos relacionados con mi persona. Pronto fui enviado a predicar en compañía de otros predicadores, a quienes yo consideraba mejores y más piadosos que yo. Yo pensaba que mis sermones no tenían influencia ni efecto alguno... Viajé mucho en estas condiciones, pensando que todos los miembros del grupo, excepto yo, eran verdaderos predicadores. Tampoco tenía confianza alguna en la luz que había recibido sobre las Escrituras. Pero he podido ver la bondad de Dios en todo esto, ya que de esa manera fui guardado de enamorarme de mis propios dones, algo que a menudo les sucede a muchos jóvenes para su propia ruina."

Sus superiores notaron sus habilidades, y tras ser ordenado le ofrecieron pastorear una iglesia en Lleyn, una pequeña aldea en la Bahía Caernarvon—el lugar menos codiciable que los bautistas tenían en Gales. Allí esperó que Dios le permitiera tener una vida cristiana más profunda, y el Espíritu Santo se derramó sobre él con poder. Los resultados fueron: una nueva confianza en la oración, una preocupación real por la causa de Cristo, y una nueva revelación del plan de salvación. En su humildad, él parecía no estar consciente del efecto de su ministerio sobre toda la localidad.

"Yo casi no podía creer el testimonio de las personas que venían a la iglesia como candidatos a la membresía, que decían haber sido convertidos a través de mi ministerio; aun así, me veía obligado a creerlo, y resultaba maravilloso a mis ojos. Esto me hizo estar agradecido con Dios, y aumentó mi confianza en la oración. Un viento deleitoso descendió sobre mí, como de la colina de la Nueva Jerusalén, y sentí los tres grandes ingredientes del reino del cielo: 'justicia, y paz, y gozo en el Espíritu Santo'. "[18]

Toda el área, que anteriormente había estado tan muerta e insensible a las cosas espirituales, fue maravillosamente avivada.

Al principio de sus dos años de ministerio en Lleyn, se casó con una joven muy devota y espiritual llamada Catherine Jones. Ella tenía una convicción real de su aceptación en Cristo, así como una aguda percepción de su propio carácter y realidad. Las dificultades y la pobreza nunca la desanimaron, y en medio de su escasez pudo dar con liberalidad a muchos necesitados a su alrededor. Catherine acompañó a su marido en cinco de sus arduos viajes alrededor de Gales.

Christmas Evans a menudo predicaba cinco veces en el Sabbath, teniendo que caminar hasta 32 kilómetros para llegar a las dispersas citas. Antes de salir de Lleyn visitó Gales del Sur, en donde destacó como el predicador más sobresaliente del Principado, llegando a ser un ministro muy destacado. Allí, en la conferencia anual de la Asociación, se reunían todos los no conformistas con fines de negocios, y también se realizaban servicios para los habitantes de la localidad. En ocasiones, las congregaciones reunidas alcanzaban las 15,000 personas.

En Felinfoel iban a predicar dos ministros muy conocidos, pero los mismos tardaron en llegar. "¿Por qué no pedirle al muchacho tuerto del norte? He oído que habla maravillosamente", sugirió alguien; y Evans, "aquel joven alto, huesudo, macilento, insignificante, tosco y mal vestido", consintió en hacerlo.[19] Cuando subió al púlpito, al juzgar su apariencia muchos pensaron que se había cometido un lamentable error, por lo que decidieron relajarse a la sombra de los árboles, o disfrutar del refrigerio que habían llevado, mientras esperaban la llegada de los ministros designados. Su biógrafo escribió esto:

"Escogió un texto grandioso: 'Y a vosotros también, que erais en otro tiempo extraños y enemigos en vuestra mente, haciendo malas obras, ahora os ha reconciliado en su cuerpo de carne, por medio de la muerte, para presentaros santos y sin mancha e irreprensibles delante de él'. Algunos ancianos explicaron después, que por un momento la apariencia de Evans parecía justificar esos temores debido a sus movimientos tensos y extraños; pero que así como en los primeros momentos el órgano va tomando aire hasta que empieza a sonar, Christmas mostró ser un maestro del instrumento de la predicación.

"Los oyentes empezaron a acercarse más y más. Se levantaron de entre los setos y escucharon. La multitud, formada por personas necesitadas, se hizo más y más densa; el sermón adquirió vida y dramatismo. Los muchos predicadores presentes confesaron que estaban deslumbrados por la brillantez del lenguaje y de las imágenes que brotaban de los labios de este totalmente inesperado y desconocido joven profeta.

"Seguidamente, bajo un desborde extraordinario de palabras, muchos empezaron a ponerse de pie, y en las pausas—si es que se permitieron pausas entre los párrafos—la pregunta era: '¿Quién es éste? ¿A quién tenemos aquí?...' La gente empezó a exclamar: '¡Gogoniant!' (¡Gloria!) '¡Bendigedig!' (¡Bendito!). La emoción estaba en su cúspide, cuando en medio del llanto y regocijo de la numerosa multitud, el predicador finalizó."[20]

Christmas Evans regresó a Lleyn lleno de gozo, pero sintiendo que la Providencia estaba indicándole que laborara en algún otro lugar. Entonces hizo esta observación:

"Debo ahora referirme a mi salida de Caernarvonshire. Pensé que había síntomas del desagrado divino con los bautistas allí. Tres cosas han erosionado nuestro interés: la falta de piedad práctica en algunos de los predicadores que han estado allí; la ausencia de una actitud humilde y evangélica en el ministerio, y la presencia de un espíritu de amargura y de condenación que lo quema todo, así como lo hace el calor abrasador del verano, hasta que no se ve una sola hoja verde; y finalmente, serios defectos de carácter, tanto de en la mente como en el corazón, en muchos de los miembros prominentes".

Cuando se le invitó a ser el superintendente de las iglesias bautistas en la isla de Anglesey, aceptó y recibió la promesa de un salario de diecisiete libras esterlinas al año. Él y su joven esposa cabalgaron hacia el lugar de su nuevo nombramiento. Se establecieron en Llangefni, en donde una pequeña casa de campo, que estaba abandonada, fue su único acomodo. El establo estaba junto a la casa. El techo era tan bajo, que Christmas se veía obligado a pararse con precaución. Los muebles eran escasos. Pero en ese humilde lugar surgieron algunas de sus prédicas más poderosas y elocuentes.

El aprieto de la pobreza era tal, que el Sr. Evans se vio ocasionalmente obligado a imprimir pequeños panfletos para venderlos de puerta en puerta. Él escribió:

"Le plació a Dios producir dos beneficios de mi pobreza: primero, mi ministerio se extendió; de manera que llegué a ser casi tan conocido en una parte del Principado, como en la otra; segundo, me concedió el favor y el honor de ser el instrumento para llevar a muchos a Cristo en todos los condados de Gales, desde Presteign hasta St. David's, y desde Cardiff hasta Holyhead. ¿Quién podría hablar en contra de la pobreza de un predicador, si eso lo impulsa a laborar en la viña?"

Durante la primera parte de su ministerio en Anglesey, las sociedades bautistas se involucraron y casi fueron absorbidas por la Controversia Sandemaniana. El líder de dicha controversia, un hombre brillante llamado John Richard Jones, adoptó en sus servicios ciertas prácticas de la Iglesia Cristiana primitiva, tales como el ósculo de amor, la fiesta de amor y el lavamiento de pies. Jones criticó severamente a todos los grupos religiosos, e impuso una separación tan absoluta de todos ellos, que tanto él como sus seguidores llegaron a tener un total desinterés e indiferencia por las necesidades de la humanidad en general. Sus seguidores, aunque eran solo alrededor de unas 200 personas, provocaron graves problemas y disensiones. Evans estaba de acuerdo con algunos aspectos de la Controversia, pero en su celo por refutar los errores, dio paso a malos sentimientos y amargura. En relación con esto confesó:

> "La herejía Sandemaniana me afectó a tal grado, que marchitó en mí el espíritu de oración por la conversión de los pecadores, e introdujo en mi mente una mayor preocupación por las cosas pequeñas del Reino de los Cielos, que por las mayores. Perdí la fuerza que revestía mi mente con celo, confianza y denuedo en el púlpito por la conversión de las almas a Cristo. Mi corazón retrocedió en gran manera, y yo no podía sentir el testimonio de una buena conciencia en mí.
>
> "Las noches del Sabbath, después de haber pasado el día exponiendo y vilipendiando con toda amargura los errores prevalecientes, mi conciencia se sentía desagradada, y me reprendía porque había perdido la cercanía a Dios y mi caminar con Él. También me mostraba que algo sumamente preciado me hacía falta ahora. Yo replicaba que estaba actuando en obediencia a la Palabra, pero mi propia conciencia continuaba acusándome de la falta de aquellas cosas tan preciadas. Había perdido, en alto grado, el espíritu de oración y de predicación."[21]

La columna vertebral de la herejía se rompió en 1802, cuando con poderosa fe y en el poder del Espíritu Santo, cierto ministro llamado Thomas Jones se atrevió a atacar los argumentos de los Sandemanianos en un sermón en la Asociación Bautista. Su prédica, "La planta religiosa de hielo, la religión en una casa de hielo", fue tratada a la luz de la Escritura, y el avivamiento llegó a Gales y a Christmas Evans. Su confrontación con Dios terminó con la cautividad de su alma "como las corrientes del sur". Esta fue descrita de una manera vívida:

> "Ya estaba cansado de la frialdad de mi corazón hacia Cristo y Su sacrificio, y hacia la obra de Su Espíritu—de tener un corazón frío en el púlpito, en la oración en lo secreto y en el estudio. Durante los quince años previos yo había sentido que mi corazón ardía dentro de mí, como si fuera con Jesús camino a Emaús.
>
> "En un día que siempre recordaré, mientras iba de Dolgelly a Machynlleth, y ascendía hacia Cader Idris, consideré que debía orar, a pesar de la dureza de mi corazón y del marco mundanal que tenía mi espíritu. Habiendo empezado en el nombre de Jesús, pronto sentí, por así decirlo, que las cadenas eran rotas y que la dureza de mi corazón se suavizaba y, mientras lo pensaba, montañas enteras de hielo y nieve se derretían y disolvían dentro de mí.
>
> "Esto engendró en mi alma una gran confianza en la promesa del Espíritu Santo. Sentí que toda mi mente era liberada de alguna gran atadura; lágrimas fluyeron copiosamente de mis ojos, y me vi constreñido a clamar por las visitaciones de la gracia de Dios, por restaurar a mi alma los goces de Su salvación, y para que Él visitara las iglesias que estaban bajo mi cuidado en Anglesey. Incluí en mis súplicas a todas las iglesias de los santos, y a casi todos los ministros en el Principado, por sus nombres.
>
> "Esta batalla duró tres horas; se levantaba una y otra vez, como una ola tras otra en una marea alta llevada por un viento fuerte, hasta que mi naturaleza desmayaba de tanto llorar y clamar. Así me consagré totalmente a

Cristo; cuerpo y alma, dones y labores—toda mi vida—todos los días y todas las horas que quedaran para mí, y le encomendé todas mis preocupaciones. La senda era montañosa y solitaria y yo estaba totalmente solo, así que no sufrí interrupción alguna en mis luchas con Dios. "Desde ese momento yo pude esperar la bondad de Dios para con las iglesias y para conmigo. Así, el Señor me libró a mí, y al pueblo de Anglesey, de ser arrastrados por la corriente del Sandemanianismo. En las primeras reuniones religiosas después de esto, me sentía como si hubiera sido sacado de las regiones frías y estériles de la escarcha espiritual, y hubiera sido llevado a los verdes campos de las promesas divinas. Me fue restaurada la anterior lucha con Dios en oración, y la ansiedad expectante por la conversión de los pecadores que había experimentado en Lleyn. Yo me había asido a las promesas de Dios. El resultado fue que cuando volví a casa, lo primero que llamó mi atención fue que el Espíritu estaba obrando también en los hermanos en Anglesey, infundiendo en ellos un espíritu de oración."[22]

En este período, "bajo la convicción profunda de la maldad de su propio corazón, y una dependencia de la gracia y méritos infinitos del Redentor", Christmas Evans hizo un pacto solemne con Dios, que dice literalmente:

1. Jesús, te doy mi alma y cuerpo a ti, que eres el Dios verdadero, y la vida eterna. Llévame a la vida eterna. Amén.

2. Al día, al sol, a la tierra, los árboles, las piedras, la cama, la mesa y los libros, llamo por testigos de que vengo a ti, Redentor de los pecadores, para que yo pueda obtener reposo para mi alma de los truenos de la culpa y del horror de la eternidad. Amén.

3. Por la confianza en tu poder, te ruego encarecidamente que tomes la obra en tus propias manos. Dame un corazón circuncidado para poder amarte. Crea en mí un espíritu recto, para que pueda buscar tu gloria. Concédeme ese principio que tú tendrás en el día del juicio, para que yo no tenga que palidecer allí, y ser hallado hipócrita.

Concédeme esto, por amor a tu sangre preciosísima. Amén.

4. Jesús, Hijo de Dios, te ruego que en tu poder me concedas, a causa de tu angustiosa muerte, un interés en el pacto en tu sangre que limpia, en tu justicia que justifica, y en tu redención que liberta. Yo te suplico un interés en tu sangre, por causa de tu sangre, y una parte en ti, por causa de tu nombre, nombre que tú has dado a los hombres. Amén.

5. Oh Jesucristo, Hijo del Dios viviente, toma, a causa de tu muerte cruel, mi tiempo y mi fuerza, y también los dones y talentos que poseo. Te los consagro con un corazón pleno, para tu gloria en la edificación de tu Iglesia en el mundo—pues tú eres digno de recibir los corazones y talentos de los hombres. Amén.

6. Mi gran Sumo Sacerdote, yo deseo que desde tu Corte Suprema, y por Tu poder, confirmes mi servicio como predicador, y mi piedad como cristiano—como dos jardines contiguos—para que el pecado no halle lugar en mi corazón y oscurezca mi confianza en tu justicia, y así no quede yo atrapado por algún acto necio que haga decaer mis dones, y sea tenido por inútil antes de que mi vida termine. ¡Oh mi Señor y mi Dios, mantén tus ojos llenos de gracia sobre mí, y vela sobre mí para siempre! Amén.

7. Oh Jesucristo mi Salvador, me entrego a ti de una manera total, para ser preservado de las caídas en las que muchos tropiezan, para que tu nombre (en tu causa) no sea blasfemado o lastimado, para que mi paz no sea afectada, y tu pueblo no sea afligido y tus enemigos no sean endurecidos. Amén.

8. Vengo a suplicarte que entres en un pacto conmigo en mi ministerio. Oh, prospérame como prosperaste a Bunyan, Vavasor, Powell, Howell, Harris, Rowlands y Whitefield. Quita los impedimentos en el camino de mi prosperidad. Para que pueda alcanzarlo, obra en mí las cosas aprobadas por Dios. Dame un corazón "enfermo de amor" por ti y por las almas de los hombres. Concédeme que pueda yo

sentir el poder de tu Palabra antes de predicarla, así como Moisés sintió el poder de su vara antes de verlo en la tierra y las aguas de Egipto. Jesús, mi todo en todo, concédemelo por tu sangre preciosa. Amén.

9. Escudríñame ahora, y encamíname hacia las sendas rectas de juicio. Que yo pueda ver en este mundo lo que realmente soy a tus ojos, para que no me sorprenda cuando la luz de la eternidad aparezca sobre mí, y cuando abra mis ojos en el resplandor de la inmortalidad. Lávame en tu sangre redentora. Amén.

10. Dame poder para confiar en ti por comida y vestido, y para hacerte saber mis peticiones. Oh, que tu cuidado sea sobre mí como un privilegiado pacto entre tú y yo—no sencillamente como el cuidado general que muestras al alimentar a los cuervos que perecen, y al vestir a los lirios que son echados al horno, sino acuérdate de mí como de alguien de tu familia, y como uno de tus hermanos indignos. Amén.

11. Oh, Jesús, encárgate de prepararme para la muerte, porque tú eres Dios y solo necesitas decir la palabra. Sea hecha tu voluntad, pero si es posible, no permitas que si enfermo tarde en morir, ni que tenga una muerte súbita sin despedirme de mis hermanos; más bien, después de una corta enfermedad, permíteme morir con ellos a mi alrededor. Que todo pueda ser puesto en orden para ese día en que he de pasar de un mundo al otro, para que no haya confusión ni desorden, sino una muerte en paz. Oh, concédeme esto por causa de tu agonía en el huerto. Amén.

12. Oh, bendito Señor, no permitas que algún pecado sea alimentado o albergado en mí, que pudiera provocar que me deseches de tu santuario, como a los hijos de Elí. Por causa de tus méritos infinitos, no permitas que el número de mis días sea mayor que aquellos en que pueda ser útil. No permitas que al final de mis días me convierta en algo parecido a un pedazo de madera que estorbe a los demás. Amén.

13. Redentor mío, te ruego que presentes estas mis súplicas delante del Padre. Yo las escribo en mi libro aquí en la tierra con mi mano mortal, pero te pido que las inscribas en tu libro con tu propia pluma inmortal. Conforme a las profundidades de tus méritos, tu gracia infinita, tu compasión y tu ternura para con tu pueblo, imprime tu nombre a estas mis humildes súplicas en tu Corte Suprema. Dales tu Amén, así como yo pongo mi nombre en mi lado del pacto. Amén.— Christmas Evans, Llangefni, Anglesey, 10 de abril.[23]

Luego añadió con un corazón que rebosaba de amor a Dios: "Sentí una paz y tranquilidad de alma tan dulce, como la que pudiera sentir un hombre pobre que es llevado bajo la protección de la familia real y recibe una pensión anual vitalicia, y de quien ha sido alejada para siempre la espantosa y permanente pobreza y escasez".[24]

Lo que se llegó a llamar el "Sermón del Cementerio", estableció la reputación de Evans para todos los tiempos venideros. En un pequeño valle entre las montañas de Caernarvonshire, el "tuerto de Anglesey" se irguió con su "metro ochenta de estatura, con rostro muy expresivo, pero tranquilo y calmado", según comenta su biógrafo. "Pero un gran fuego estaba ardiendo dentro de él. Repartió algunas estrofas de un himno galés muy conocido, y mientras era entonado sacó de su saco un pequeño frasco, mojó la punta de sus dedos y los pasó sobre su ojo ciego. Era láudano, usado para mitigar el dolor insoportable que en algunas ocasiones le sobrevenía".

Su texto fue Romanos 5:15: "...porque si por la transgresión de aquel uno murieron los muchos, abundaron mucho más para los muchos la gracia y el don de Dios por la gracia de un hombre, Jesucristo". Describió el mundo como un inmenso cementerio rodeado por muros enormes que encerraban a la raza moribunda de Adán. Este sermón, traducido al inglés, se ha convertido en un verdadero clásico. Solo un hombre que haya pasado mucho tiempo en la presencia de Dios podría haber tenido tal concepción de la caída y la redención de la humanidad, y presentado un mensaje como ese.

Los demás sermones de Christmas fueron muy imaginativos y poderosos. Pero, aparte de la elocuencia natural que capturaba los corazones de los oyentes, aquellos que lo escuchaban nunca podían seguir siendo los mismos. Era tal la seguridad que tenía el mismo predicador de que las realidades eternas están por encima de las temporales, que pudo transferir sus convicciones a los demás. En una ocasión le comentó a un hermano ministro: "La doctrina, la confianza y la fuerza que siento, van a hacer que la gente dance de gozo en algunas partes de Gales".

En su ministerio en Anglesey, Evans enfrentó dificultades imprevistas. Debido a sus mensajes inspirados por el Espíritu, las congregaciones crecieron, con la resultante necesidad de más capillas, y era su responsabilidad procurar fondos para edificarlas. Esto significaba viajar muchas millas a caballo alrededor de Gales del Sur, buscando ayuda de las iglesias más adineradas. En una ocasión, al ser amenazado con un proceso legal a causa de algunas deudas de la capilla, él describió así su reacción ante la injusticia:

> "Hablan de llevarme ante el tribunal, lugar donde nunca he estado y espero nunca estar, pero yo los llevaré primero al tribunal de Jesucristo... Yo sabía que no tenían base alguna para su acción, pero aun así estaba muy perturbado, teniendo a la sazón sesenta años de edad y habiendo enterrado recientemente a mi esposa... Recibí la carta en una reunión mensual, en medio de una de las batallas con la maldad espiritual en lugares celestiales. Al ir de regreso a casa tuve comunión con Dios durante todo el trayecto de diez millas, y al llegar a mi casa subí a mi habitación y derramé mi corazón delante del Redentor, quien tiene en sus manos toda autoridad y poder.
>
> "...Estuve en oración como diez minutos. Sentía cierta confianza de que Jesús me había escuchado. Subí de nuevo con un corazón enternecido; no podía contener el llanto a causa del gozo por la esperanza de que el Señor se estuviese

acercando a mí. Después de la séptima lucha descendí, creyendo plenamente que el Redentor había tomado mi causa en Sus manos, y que Él arreglaría y manejaría todo por mí. Mi semblante estaba alegre cuando descendí la última vez, como Naamán, habiéndose lavado siete veces en el Jordán, o como el Peregrino de Bunyan, habiendo arrojado su carga al pie de la cruz en el sepulcro de Jesús.

"Recuerdo bien el lugar—la pequeña casa junto al lugar de reunión en Cildwrn. Puedo llamarlo Penuel. Ningún arma forjada contra mí prosperó, y tuve paz, de una sola vez, en mi mente y en mi condición temporal. Frecuentemente he orado para que aquellos que me han herido puedan ser bendecidos, como yo he sido bendecido. Yo no sé qué habría sido de mí, de no haber sido por esos hornos en los que he sido probado, y en los cuales el espíritu de oración ha sido encendido y ejercitado en mí."[25]

Una serie de pruebas asedió a este devoto siervo de Dios en ese tiempo. Su esposa y compañera de tribulación le fue arrebatada por la muerte, y él fue amenazado con la ceguera total, a causa de una enfermedad que le sobrevino en un viaje hacia el sur, y que lo mantuvo en Aberystwyth por unos meses bajo cuidado médico. Por un momento parecía haber poca esperanza de no perder la vista del único ojo que le quedaba. Pero a través de la fe y la paciencia, salió avante para gloria de Dios y la propagación de Su reino.

Malos entendidos entre ministros, quienes celosos de su influencia y éxito, provocaron la salida de Anglesey de este hombre impresionante. Pastores más jóvenes deseaban independencia y promoción. "Herejía", esa arma tan conveniente, se convirtió en un clamor en su contra cuando muchos pensaron que el anciano predicador estaba apartándose de su herencia calvinista. Indudablemente él adoptó una visión menos extrema, a medida que obtuvo mayores revelaciones de la grandeza de la expiación y del alcance de la redención. Sin embargo, el más bajo de los instrumentos que se utilizó para denigrar a este amado santo, fue una acusación basada en un falso reporte de una acción cometida treinta y cuatro años atrás. Quedaba claro que Satanás, cuyo reino Christmas Evans estaba estremeciendo con el poder de su ministerio, estaba airado. Pero indudablemente Dios usó esto para permitirle predicar el Evangelio en otras regiones de Gales. Así que él pudo darnos este gozoso testimonio:

> "Solamente la certeza de la fidelidad de Cristo podía mantenerme alegre y confiado ante todas estas aflicciones. Estaba seguro de que aún había mucha obra por realizar, y que mi ministerio sería un instrumento para alcanzar a muchos pecadores. Esto fue producto de mi confianza en Dios, y del espíritu de oración que me poseyó.
>
> "...Tan pronto como subía al púlpito en ese período, olvidaba mis problemas y me sentía lleno de fortaleza. Fui bendecido con una unción celestial muy grande y con un intenso anhelo por la salvación de los hombres; sentía la verdad como un poderoso martillo, y la doctrina destilaba como miel del panal y como el vino más fino; así que deseaba ansiosamente que los ministros del país se unieran conmigo para invocar esta promesa: 'Si dos de vosotros se pusieren de acuerdo en la tierra acerca de cualquiera cosa que pidieren, les será hecho por mi Padre que está en los cielos'."[26]

En 1828, a los sesenta y dos años de edad, dejó Anglesey para aceptar el cargo al frente de una pequeña iglesia pobre en Caerphilly. El entusiasmo con que fue bienvenido alivió cualquier dolor que hubiera producido el cambio. La noticia "Christmas Evans ha venido", voló de casa en casa en el distrito. Muchos preguntaban con incredulidad: "¿Estás seguro?" "Sí, muy seguro", llegaba la respuesta, "él predicó en Caerphilly el domingo anterior". Se dice que aquí, la elocuencia y el poder de sus sermones sobrepasaron los de todos sus esfuerzos previos, y cada Sabbath los agrestes montes de Gales fueron testigos de hombres y mujeres que viajaban ansiosos rumbo a la capilla.

Christmas Evans pasó períodos breves en Caerphilly y Cardiff, y luego se mudó a Caernarvon, lugar que resultó ser el de su último pastorado. La iglesia estaba formada solo por treinta miembros de la clase más baja, que vivían peleaban constantemente. Además, se les exigía el pago de una deuda de £800, la mitad de la cual se esperaba que pagara Evans. A pesar de que Christmas tenía ya setenta años de edad, y estaba tan frágil que temía morir en el camino, salió para cumplir con su labor acompañado de su segunda esposa, Mary, y de un joven predicador.

El propósito de su misión se logró, pero el esfuerzo requirió más energía física que la que tenía. Su mensaje final fue en Swansea. Mientras descendía las escaleras del púlpito, quienes lo rodeaban le oyeron decir: "Este fue mi último sermón." Y así fue. En el transcurso de la siguiente semana sufrió de un intermitente agotamiento físico. El viernes 19 de julio de 1838 llamó a sus amigos junto a su lecho. "Os estoy dejando", les dijo. "He laborado en el santuario cincuenta y tres años, y mi consuelo es que nunca he laborado sin dejar sangre en el recipiente", queriendo decir probablemente, que no había dejado de predicar al Salvador crucificado. "Hermanos, predicad a Cristo al pueblo", prosiguió. "Vedme a mí. En mí mismo no soy sino ruinas, pero en Cristo yo soy cielo y salvación". Luego, repitiendo la estrofa de un himno galés favorito, y moviendo su mano, se hundió en las almohadas con las palabras: "¡Adiós! ¡Adelante!" "Sus amigos intentaron despertarlo", escribe su biógrafo, "pero el cochero angelical había obedecido la orden—la carroza había pasado sobre las colinas eternas."[27]

CONSAGRO

Consagro a ti mi vida, amado Señor;
Para laborar con mis fuerzas, sin llamar a nada difícil;
Usa toda mi fuerza cada día que pasa,
Y luego pídeme más, y apresura mi camino;
Rescata los tizones del fuego mientras yo viva,
Que caigan hacia el cielo; y el cielo los reciba.

Consagro el poder de mi alma y mente;
En ti mis potestades serán adecuadamente usadas.
Guarda mi juicio, mi voluntad y memoria,
Imaginaciones, pensamientos, siempre serán
Cautivos de mi Cristo, el crucificado.
Cada uno realice su obra, pero escondido en ti;
La riqueza de los afectos vierta incienso en tu cabeza,
Y los mayores apetitos por siempre mueran.

Consagro mi hogar, mis amigos, mi todo,
Y hacia adelante voy, siguiendo tu llamado de gracia,
Listo para cualquier lugar, lejano o cercano—
El lugar que otros rechacen, yo no temeré,
Gozoso iré, si tan solo puedo traer
A un alma errante más, para servir a mi Dios y Rey.

Me consagro para hacer, ir, y arriesgar,
Para sufrir con mi Salvador, y llevar
Firmeza, como un soldado debe hacer, en todo campo—
Para correr la carrera, sin rendirme jamás a la debilidad;
Rehusando todo honor, comodidad o acumulación terrenal;
Tomando la cruz, negándome al yo más y más;
Redoblar todas mis energías para salvar a los perdidos,
Y junto a algunas estrellas, alcanzar el cielo a cualquier costo.

–Vivian A. Dake

William Bramwell (1754-1818)
Apóstol de oración

En la época de los antiguos barcos de vela, una esforzada joven cristiana estaba por zarpar de Liverpool para visitar a unos amigos que vivían en Jamaica. El viaje sería largo y estaría lleno de peligros, así que antes de zarpar decidió visitar al Rev. William Bramwell, un ministro metodista muy estimado en la ciudad, para pedirle que orara encomendándola a la bendición y protección de Dios. Él la recibió con gracia y oró fervientemente por ella.

Cuando el ministro se levantó de sus rodillas, exclamó enfáticamente: "Mi amada hermana, usted no debe zarpar mañana. Dios acaba de decirme que usted no debe ir". Ella se sorprendió, se entristeció y quedó verdaderamente confundida, pues ya estaban hechos todos los planes. Sin embargo, no se atrevió a ignorar la advertencia de aquel hombre, que ella sabía estaba en contacto cercano con Dios. Así que, con todo y la inconveniencia, ella permitió que él la acompañara al barco a recoger su equipaje.

"La comunión íntima de Jehová es con los que le temen." El siervo de Dios había morado constantemente en la presencia del Señor, como para desconocer la directriz divina. Seis semanas después llegó la noticia a Inglaterra de que el barco, y todos los que iban a bordo, habían naufragado.

William Bramwell nació en febrero de 1759 en la aldea de Elswick, cerca de Preston, Lancashire, Inglaterra. Era miembro de una familia numerosa. Sus padres eran fieles miembros de la Iglesia Anglicana, e intentaron criar a sus hijos conforme a un estricto código moral.

Un amor por la verdad se manifestó en William. A los quince años de edad, después de haberse hecho aprendiz de curtidor, cuando su empleador le pidió que le confirmara a un posible cliente la calidad de cierto artículo, el joven dijo llanamente: "No, señor, la calidad de ese cuero no es tan buena como usted lo ha indicado".[28] No sabemos cuál fue la reacción del patrón, pero al circular la noticia de este incidente y de otros similares, el joven se ganó cierta reputación por su autenticidad.

Pero obtener estatura ante los hombres no era suficiente para llevar paz a su corazón. Él era un pecador, y lo sabía demasiado bien. Era un joven de mente sobria que se esforzaba por ganar su salvación a través de su asistencia fiel a la iglesia y de sus buenas obras. El odio por la inmoralidad motivó a este joven a entrar a las tabernas para persuadir a algunos de los hombres más degradados a abandonar sus vidas de vicio. Pero dentro de su corazón se agitaban tempestades, porque su mal temperamento y la memoria de sus pecados pasados lo hostigaban continuamente. Recurría a austeridades corporales, tales como arrodillarse con sus rodillas desnudas sobre arena, lo cual nos recuerda a los monjes de la época del Oscurantismo.

Por un tiempo intentó abrazar el catolicismo romano, pero pronto volvió a la Iglesia de sus padres. Pasaba largas horas en actitud y postura de oración, mostrando su devoción especialmente antes de recibir el sacramento. Dios vio su hambre, y mientras esa ceremonia se realizaba, el clamor de su alma fue respondido. En un momento le fue abierto el camino de la salvación por la fe en Cristo, y encontró perdón y paz.

No teniendo un guía espiritual, y siendo ignorante de las maquinaciones de Satanás, el joven Bramwell se unió a un grupo de cantores de iglesia, quienes eran cristianos meramente de nombre, y hasta se reunían en un salón grande de una casa pública. Allí, la frivolidad y el entretenimiento mundanal pronto tuvieron su efecto mortal sobre el joven convertido, quien pronto perdió el alivio de sentir perdonados sus pecados.

Fue exhortado por un joven predicador metodista para asistir a los servicios de esa "secta", pero él lo rechazó abiertamente, porque solo había escuchado cosas malas acerca de los metodistas, y su padre consideraba que eran engañadores y lobos con piel de oveja. Pero más tarde, al oír que una mujer católica difamaba a los metodistas, William entendió que ellos eran verdaderos seguidores del Maestro despreciado, y que la oposición de Satanás y del mundo no hacía más que probar que eran genuinos.

Solo unas pocas personas humildes se reunieron en el primer servicio al que asistió. Pero su corazón se sintió alentado, y dijo de ese sermón: "Ah, esta es la predicación que por tanto tiempo he deseado escuchar. Estas son las personas con las que estoy dispuesto a vivir y a morir".[29]

Poco después el pequeño grupo recibió la visita de su fundador, Juan Wesley. Esa noche el Sr. Bramwell encontró de nuevo la paz que había perdido, y desde ese momento pudo andar continuamente a la luz del rostro de Dios. Pero sentía la fuerte necesidad de que fuera realizada una obra más profunda en su corazón. Sus mismas actividades, y el mucho tiempo pasado en la presencia de un Dios santo, le revelaban la corrupción de su propio corazón.

El mismo narra la forma en que buscó y encontró la victoria:

"Por un tiempo estuve convencido de mi necesidad de pureza, y la procuré cuidadosamente con lágrimas, súplicas y sacrificios, pensando que no había nada que fuera demasiado que hacer o sufrir, para obtener esa perla de gran precio. No obstante no la hallé, y no supe la razón del porqué, hasta que el Señor me mostró que me había equivocado en la forma de buscarla."[30]

"No la había buscado 'tan solo por fe' sino, por así decirlo, por 'las obras de la ley'. Al convencerme de mi error, empecé a buscar la bendición solamente por medio de la fe. Aún tardó un poco en llegar, pero la esperé por el camino de la fe. Estando sentado en la casa de un amigo en Liverpool, y aunque tenía mi mente ocupada en diversas meditaciones en cuanto a mis asuntos y futuras perspectivas, mi corazón se elevó hacia Dios, aunque no particularmente por esta bendición. El cielo descendió sobre mi alma. El Señor a quien yo había esperado llegó repentinamente al templo de mi corazón, y yo tuve una evidencia inmediata de que esa era la bendición que por tanto tiempo había estado buscando. Todo en mi alma fue entonces maravilla, amor y alabanza."[31]

Durante una caminata de 24 km rumbo a un compromiso de predicación esa noche, el enemigo le susurró durante todo el camino: "No proclames la santificación, porque la perderás".[32] Pero el Señor ganó, y durante su mensaje Bramwell dijo abiertamente, y para la gloria de Dios, cuán grandes cosas habían sido hechas por su alma.

Este fue el comienzo de una de las caminatas con Dios más fragantes que puedan ser encontradas en cualquier lugar. Despojado de toda confianza en sí mismo, Bramwell se dio cuenta de que no había santidad alguna, aparte de una vida de comunión constante con su Padre Celestial. Dos grandes pasiones literalmente lo consumían. La primera era estar continuamente en la presencia de Dios. "Me estoy entregando a la oración", enfatizaba una y otra vez en sus cartas y diarios.

A la par de este amor profundo por la presencia de Dios, le llegó un gran anhelo por la salvación de los perdidos. Oración, oración y más oración, dio origen a una intensa labor por las almas de hombres en muchos de los grandes circuitos de iglesias Metodistas del norte de Inglaterra. Sueño, alimento, salud—todo fue sacrificado ante estos dos grandes amores.

A los veintiocho años de edad, el Sr. Bramwell se casó con la Srta. E. Byrom. Sabemos poco de su vida familiar, pero por lo menos dos hijos, un varón y una niña, bendijeron la unión. Sus cartas a su hija Ana, desbordan amor y amonestación paternales.

Su primer nombramiento fue a Blackburn, luego a Colne y después a Dewsbury. Acerca de su servicio en, y alrededor de Dewsbury, Yorkshire, su biógrafo nos dice:

"Él se entregó a la oración continua por el derramamiento del Espíritu Santo, y fue diligente en tiempo y fuera de tiempo. En esta obra buscó la cooperación de todos los que quisieran unírsele, e inició reuniones de oración que daban inicio a las cinco de la mañana. Era imposible que esfuerzos así fueran en vano."[33]

El Sr. Bramwell comenta:

"Mientras oraba en mi habitación, recibí una respuesta de Dios de una manera particular, y me fue revelado cómo sería el avivamiento y cuáles serían sus efectos. Ya no tenía más dudas. Toda mi aflicción desapareció, y pude decir: 'El Señor vendrá. Yo sé que Él vendrá, y que será en forma repentina'. Y, en efecto, eso fue exactamente lo que muy pronto sucedió."[34]

Después de dos semanas de visitar las distintas sociedades en el circuito de Sheffield, él escribió:

"Después de buscar diligentemente, no he encontrado una sola persona que conozca la virtud de la sangre purificadora de Cristo. Sin embargo, la gente es muy amistosa y me han recibido con mucho respeto. He visto la liberación de casi veinte personas, y creo que muchos más podrían haber sido liberados, pero no he podido encontrar un solo hombre que esté clamando. Hay muchas personas buenas, pero no he encontrado a uno solo que luche con Dios.

"¡Oh, orad para que yo pueda ver Su brazo extendido en este lugar! Después de doce horas de gemir y de usar todos los medios posibles, Dios ha abierto ojos ciegos. Nunca vi el poder de Dios mostrándose de forma más visible."[35]

Mil doscientos cincuenta miembros fueron añadidos a la Sociedad en su primer año de labores en este circuito de la iglesia Metodista. Al ir a Nottingham, este hombre de oración escribió lo siguiente:

"Yo soy totalmente débil; y ciertamente no veo más respuesta que tener una dependencia continua, y una vida cercana a Su misericordia—y oh, ¡la profundidad de la misericordia! Es la oración continua la que lleva al alma a toda la gloria."[36]

"Estoy esforzándome en la oración continua, por vivir más cerca de Dios que nunca antes, y Él atrae mi alma a una unión más íntima. Yo vivo con Jesús; Él es mi todo. Yo soy menos que nada a Su vista. ¡Este andar con Dios, esta conversación en el cielo! ¡Oh, cuánto me avergüenzo! Me hundo en silencioso amor. Me pregunto cómo el Señor me ha tolerado durante tanto tiempo. Yo nunca había tenido tal visión de Dios y de mí mismo. Oro para que cada momento de mi vida muestre Su alabanza."[37]

¿Sorprende, acaso, que las Sociedades estuvieran duplicándose en número durante la estadía de Bramwell en Nottingham? En Leeds hubo una repetición de la misma necesidad, de la misma intercesión, de la misma bendición. Hull fue su siguiente nombramiento. Él escribió: "He pasado tres semanas de agonía, pero ahora veo que el Señor está obrando. Recientemente no he predicado sin ver algún fruto de mi labor. El Señor está salvando almas".[38]

Mientras estaba en Hull, un amigo le ofreció el uso de un gran salón que miraba hacia el río Humber. Solía retirarse a ese cuarto para orar y aquietar su alma, y su anfitrión dijo acerca de sus visitas: "Él tendía a acudir frecuentemente allí, para pasar dos, tres, cuatro, cinco, y a veces seis horas en oración y reflexión. A menudo entraba al salón a las nueve de la mañana, y no salía sino hasta las tres de la tarde. Los días en que ocurrían sus sesiones más largas eran, supongo yo, los de sus ayunos designados. En esas ocasiones él rehusaba cualquier clase de refrigerio, y solía decir al llegar: "Ahora, hagan de caso que no estoy".

Dios también hizo una gran obra a través de Su siervo en Sunderland, y no es de sorprender, si leemos algo como lo que sigue:

> "¿Cómo es que, siendo el alma tan valiosa, y Dios tan grande, y la eternidad tan cercana, seamos nosotros tan poco conmovidos? Quizás tú puedas responder a esto. Nunca antes fui yo tan abrumado por la Palabra de Dios como en la actualidad. Su verdad, su profundidad, sus promesas casi me engullen. Estoy perdido en mi adoración y alabanza. Mi alma ingresa en Cristo en Su Libro bendito.

Sus propios dichos me toman con mayor rapidez que nunca. ¡Yo podría leer, y llorar, y amar, y sufrir! Sí, ¿cómo podría dejar de sufrir cuando lo veo a Él así?

"La justificación es grandiosa; ser purificado es grandioso; pero, ¿qué es la justificación o el ser purificado, al compararlo con el hecho de ser plenamente absorbido en Él mismo? El mundo, el ruido del yo, todo desaparece y la mente lleva el sello pleno de la imagen de Dios. Aquí uno habla, y camina, y vive, haciéndolo todo en Él y para Él, continuando en oración y volviéndolo todo a Cristo en cada casa, en cada compañía."[39]

Pero este santo de Dios no estaba más libre que nosotros de conflictos profundos, según revela esta descarga de su corazón:

"Yo siento la mayor necesidad de pureza en mi hombre exterior. Mantenerme puro del todo requiere constante oración, vigilia y no apartar mis ojos de Cristo. Es decir, que mi alma no se desvíe de Él ni por un momento. Es necesario que pueda verlo en todos mis actos, asirme de Él como del instrumento para realizar toda mi obra, y estar convencido de que nada puedo hacer sin Él.

"Buscar a los hombres, al mundo, al yo o a la alabanza, es tan desagradable a mi vista ahora, que me pregunto por qué no caemos muertos cuando nos sobreviene cualquier cosa mínima de esto. Yo sé de inmediato cuando he herido a mi Señor porque el Espíritu habla a mi interior. Hacer el mal en plena luz es la gran ofensa. Mi alma está sumida en la indolencia, y debo esforzarme, te aseguro, por mantener todas las cosas caminando a toda velocidad."

A alguien más le escribió esto desde Sunderland:

"Oh, Satanás te tentará para que te quedes en tu cama en estas mañanas frías, cuando debieras estar orando cada día en tu estudio, a las cinco o antes. ¡Al practicar esto, cuántas maravillas harías con Dios, con la Palabra, con tu alma, y por tu familia! ¡Oh levántate, mi amado hermano; pronto te habrás de ir!"[40]

A los ministros jóvenes, el Sr. Bramwell dio este consejo:

"Ustedes podrían apartarse de esparcir el fuego sagrado cuando yo esté en la gloria. Confío en que se practicará más la oración, y con un propósito mayor. En esto recibo cada día una mayor porción de bendición de Dios. Nunca he sentido una mayor necesidad de orar sin cesar."[41]

Su énfasis para madrugar reaparece una y otra vez. De cierto, no ningún misterio la razón por la que este hombre tenía tal poder con Dios y con los hombres.

"¿Te levantas tú, más o menos, a las cuatro cada mañana? Y para poder hacer esto, ¿te retiras a descansar tan pronto como terminan tu labor y tus comidas, o te sientas a platicar con la gente? Entrégate a la lectura y la oración. Te digo, entrégate, entrégate a ellas. ¿Tienes compañerismo más de una hora cada vez? Cuando tienes compañerismo, ¿tratas de convertirlo todo para provecho—en algo espiritual?"[42]

Su biógrafo dice: "Algunos de sus amigos con los que se hospedaba en el campo, testificaban que cuando él salía de su habitación por las mañanas y llegaba a desayunar, su cabello estaba empapado de sudor, como si hubiese estado involucrado en una labor física extrema. Estos esfuerzos produjeron sus resultados naturales, y así Jacob, el luchador, se convirtió en Israel, el vencedor".

Conforme se acercaba el final de su ministerio terrenal, el ritmo de su vida de oración y servicio se incrementó considerablemente. Sobre su último nombramiento, escribió:

"Debo decir que estoy más entregado que nunca a la oración. Siento que estoy al borde de la eternidad, y estoy consciente de que no podré cambiar nada cuando ya no esté. Siendo que llevo esta idea en lo más profundo, trabajo con todas mis fuerzas..."[43]

"Perdonadme cuando os digo que ahora mi vida es pura oración. Siento continuamente la necesidad de orar, y selo en ello puedo vivir. Espero que os unáis en esto, aunque yo esté ausente en el cuerpo. Un poco de tiempo, y Él vendrá.

Vosotros y yo pronto terminaremos."⁴⁴

Hacia el final de su vida, este hombre de oración arribó a ciertas conclusiones muy penetrantes que, con igual propiedad, bien pueden ser aplicadas a la Iglesia en la actualidad.

"La razón por la que los metodistas en general no viven en esta salvación, es porque hay demasiado sueño, demasiada comida y bebida, muy poco ayuno y negación al yo, demasiada conversación con el mundo, demasiada predicación, demasiado oído, y muy poco examen propio y oración.

"Un buen número de metodistas en la actualidad están en público todo el Sabbath y, aun si oyesen ángeles todo el tiempo, seguirían cayendo de la gracia. Es asombrosa la forma en que el diablo nos está engañando: en el mismo momento que llena nuestra cabeza, a la vez vacía nuestro corazón.

"¿Qué hemos de hacer? ¿Cómo hemos de volver? ¿Es posible llevar al cuerpo de vuelta por el mismo camino, y hacia el mismo camino? Temo que no. A veces casi pierdo la esperanza. Hasta el tiempo presente, Satanás ha usado en todas las iglesias el esplendor exterior para oscurecer la gloria interior. ¿Es demasiado tarde para ver, para conocer, para entender las tentaciones del diablo?"⁴⁵

William Bramwell murió en Leeds, al final de la Conferencia Metodista. La última noche de su vida hizo este comentario a un grupo de amigos: "Me parece que uno de nosotros se habrá ido en tres o cuatro meses".⁴⁶ Tras retirarse a su habitación, fue escuchado orando con gran denuedo. De nuevo, a las dos de la mañana él estaba suplicándole a Dios. Al descender media hora después, le dijo a la criada que estaba allí: "¡Alabado sea el Señor! ¡Gloria sea a Dios!"⁴⁷ Oró con ella antes de salir de la casa, y poco después fue hallado no lejos de allí por dos policías, al parecer muy enfermo. Al enviar a uno de ellos por ayuda, musitó: "Apúrese, porque no estaré aquí mucho tiempo".⁴⁸

Y así pasó a estar con su maravilloso Señor, con quien había tenido comunión durante tantos años. Este amado hombre de Dios no había cumplido aún sesenta años de edad, ¡pero qué legado el que dejó para la posteridad!

Quienes han dejado la impresión más profunda en esta tierra maldita por el pecado han sido hombres y mujeres de oración.—D.L. Moody

Quienes pasan suficiente tiempo en comunión real con Dios para estar realmente conscientes de su absoluta dependencia de Él, cambiarán la sencilla energía de la carne por el poder de Dios... En efecto, es verdad que quien ahorra su tiempo de oración, lo perderá. Y quien pierde su tiempo, para tener comunión con Dios, lo hallará otra vez en bendición, poder y fruto. —John R. Mott.

La Madre Cobb (1793-?)

La santa de Calicó

Los habitantes de Cazenovia, Nueva York, se quedaron atónitos cuando la joven y elegante señora Cobb renunció a seguir al mundo de la moda para convertirse en una humilde sierva de Cristo Jesús. Pero esa decisión no había sido más que la expresión externa de una obra profunda de la gracia divina, que marcó el inicio de sesenta largos años de vida de sacrificio inspirada por el Espíritu. ¿Qué cadena de circunstancias pudo haber alterado totalmente el curso de la vida de alguien en quien concurrían todas las ventajas para ser aceptada por el mundo?

En febrero de 1793, Eunice Parsons nació en un hogar acomodado en Litchfield, Connecticut, Estados Unidos. A pesar de que sus padres no eran cristianos, los ocho hijos recibieron una cuidadosa educación moral. La madre era universalista; el padre, aparentemente no tenía relación con iglesia alguna.

El Sr. Parsons estaba bien establecido en el negocio de la sastrería, de manera que su hija adquirió habilidades como modista. Él murió cuando Eunice tenía catorce años, y la madre trasladó a la familia a Cazenovia.

La joven adolescente era atractiva, pequeña, de complexión delgada, ojos azules y cabello rubio ondulado, el cual ella se cuidaba mucho de arreglarlo de manera que resaltara su encanto. Debido a su belleza, esta joven se volvió excesivamente vanidosa. Le agradaba oír el sonido que hacía su vestido de seda cuando pasaba por el pasillo de la iglesia, y su ropa era siempre la de última moda. Cuando caminaba por las calles con sus atavíos, estaba sumamente consciente de su apariencia, y cuidaba de que cada detalle de su vestimenta estuviera como debía de ser. A Eunice le gustaba bailar, y se esforzaba en todo momento por mantener un porte y dignidad que llamaran la atención. Su inclinación por la diversión, a la par de su atractivo personal, hicieron de ella el centro de una alegre tertulia de amigas.

No obstante, a pesar de su inclinación por el mundo y sus diversiones, ella después recordaba: "Cuando yo era niña, sentía que debía de amar al Salvador y prepararme para vivir con Él en el cielo. Yo no recuerdo que alguna vez haya dejado de decir mi pequeña oración. El siguiente texto bíblico tuvo un gran efecto en mis sentimientos: 'Haya, pues, en vosotros este sentir que hubo también en Cristo Jesús...' "

A los veinticuatro años de edad, la joven pudo darse cuenta de lo vacía que era su vida. Aunque su conocimiento de las verdades espirituales era muy escaso a esas alturas, ella resolvió apartarse de los placeres del mundo. Ya no frecuentó los bailes; hizo a un lado todo adorno superfluo, y se hizo miembro de la Iglesia Presbiteriana. Un año después se casó con Whiteman Cobb, un joven con excelentes prospectos en el mundo de negocios. Él no era cristiano, pero nunca dejó de llevar a su joven esposa a la iglesia.

Durante sus primeros años de casada, los metodistas, "la secta... contra la cual todos hablaban", empezaron a tener sus servicios. Su predicación trataba especialmente con el pecado y con la separación del mundo, y ponía un fuerte énfasis en la santidad de corazón como algo esencial para una vida cristiana estable, y también para ingresar al cielo. La Sra. Cobb aceptó la invitación para asistir una noche a esas reuniones; no para mofarse como algunas de sus amigas, sino para buscar ayuda para su alma. "Fue un tiempo bendito", dijo ella. "Fui testigo de tal sencillez, tal celo ardiente, tal humildad, que dije: 'Este es el verdadero pueblo de Dios', y mi corazón corrió de inmediato con ellos".

En esos servicios sintió que su vida espiritual se fortalecía tanto, que al año siguiente le dijo al ministro presbiteriano que tenía la intención de unirse a los metodistas. Él le argumentó que cualquier chispa de fuego celestial que ella poseyera, debía usarla para encender una llama entre los presbiterianos. Pero su respuesta fue que ella misma estaba necesitada de ese gran fuego.

Poco después de esto, un pasaje del Libro de Hebreos resonó en sus oídos: "Vamos adelante a la perfección".

Conforme ella esperó en Dios, le fue revelado el estado de su corazón natural, con sus obras de orgullo y su amor por el mundo. A pesar de que la joven mujer había adoptado ya un estilo más sencillo de vestir, Dios le mostró que debía despojarse de las cosas superfluas de la vida. Al orar tuvo la convicción profunda de que, de allí en adelante, la sencillez extrema debía marcar su forma de vestir. Más tarde lo expresó así: "El amor perfecto solamente mora en el seno de la sencillez, ya que según el ejemplo de Cristo y los apóstoles, la religión verdadera es severa en su sencillez".

Quizás debido a que el deseo de figurar había sido tan importante para ella, para separarse completamente de toda ostentación mundanal, la Sra. Cobb resolvió seguir el ejemplo de Jesús, quien "siendo rico", por nosotros "se hizo pobre". Ella decidió, prescindir en gran medida del uso de la lujosa carroza de su marido. En vez de ello acostumbraba caminar hasta su destino, identificándose así con los más pobres. Se cortó los preciosos rizos y decidió usar una cofia. Sus vestidos eran hechos de calicó azul.

A pesar de que su decisión por adoptar dicho rol de pobreza era extremadamente humillante para su orgullo, sus deseos por ser purificada eran tan intensos, que estuvo dispuesta a pagar el precio, fuese cual fuere el costo. Su corazón anhelante sintió una profunda satisfacción cuando fue a orar a solas en un bosquecillo cercano. Sus propias palabras describen el conflicto consiguiente:

"¡Qué lucha la que tuve contra las potestades de las tinieblas! Agonicé en oración por mucho tiempo. Luego dije: 'Yo he hecho todo lo que estaba en mi potestad hacer, y no me voy a levantar de aquí, hasta que Dios haga la obra.' Ahora estaba yo dispuesta a llegar a ser cualquier cosa o a ser nada por causa de Cristo.

"En ese momento mi oración fue respondida; mi lucha cesó y mi inexpresable anhelo fue gratificado. Al instante me tocó un poder de lo alto. Jesús tomó posesión total. Me derretí, como cera ante el fuego; la alabanza tomó el lugar de la oración, y toda mi alma se disolvió en amor. En un momento vi que esto era la santificación. ¡Oh, cuánta calma, qué tranquilidad de dulce paz—perfecta paz! No era un éxtasis, era el asombro de lo que acababa de experimentar. No existe forma en que el lenguaje pueda describirlo. Mi paz fluía como un río."

A pesar de que su senda por la vida fue humilde y más o menos escondida, la Sra. Cobb fue un sobresaliente ejemplo de santidad. Su vida respiraba el espíritu de oración. Temprano en las mañanas su familia la encontraba sobre sus rodillas, con la Biblia abierta frente a ella buscando la dirección divina, según ella misma lo relata en una de las anotaciones en su diario:

"Me levanté a las cuatro esta mañana. ¡Cuán clara estaba mi mente! ¡Cuán grande es la felicidad al guardar los mandamientos! 'Me hallan los que temprano me buscan'. Yo creo que esto se refiere a temprano en la mañana, así como temprano en la vida. Los que 'están dispuestos y obedecen' son los que 'comerán el bien de la tierra'.

"He sentido convicción a causa de la indulgencia que tuve para conmigo misma al quedarme en cama más tarde de lo usual esta mañana. Me pregunto cómo pude dormitar, cuando si me levanto temprano me abunda el tiempo para todo. Nunca me he sentido tan insignificante, pero aun soy sostenida por Su gran poder."

La Sra. Cobb persuadió a algunas de sus amigas para que se unieran a ella cada viernes en ayuno y oración por la gente de Cazenovia. Una vez al año visitaba personalmente a cada familia del pueblo, para orar con ellos y conducirlos a Cristo. Ella extendía su mano a los necesitados; y cuando ya no tenía más que dar, solicitaba ayuda de quienes sí podían hacerlo.

Naturalmente, el camino que ella siguió despertó la oposición de su marido, de su madre, de sus hermanos y hermanas. Alguien que había sido su íntima amiga pasó de largo en el otro lado de la calle, ignorando su presencia. Esto la hirió profundamente, y por un tiempo el enemigo de su alma se mofó cruelmente de ella.

Una noche la Sra. Cobb entró a su lugar privado de oraciòn, y su contrariado marido le dio vuelta a la llave dejándola encerrada allí toda la noche. Cuando él le abrió la puerta a la mañana siguiente, la reacción de ella ante ese acto tan poco amable fue: "Buenos días, he pasado un tiempo muy bueno orando por ti."

Su marido había hecho una profesión de fe, y se le había unido durante un tiempo, para asistir a las reuniones con los metodistas. Durante algunos años sirvió como líder de clase,[49] pero luego se enfrió y se apartó. En 1835 decidió construir una casa para su familia más hacia el oeste, y se estableció sucesivamente cerca de las ciudades de Laporte, Indiana, y Marengo, Illinois. Con estas mudanzas esperaba separar a su mujer de aquellas influencias espirituales en Cazenovia, a las que él culpaba por la decidida convicción religiosa de su esposa.

Eunice encontró que la vida era primitiva en las dos áreas a las que se trasladó, pero "Madre Cobb", como llegó a ser conocida, movida por su amor por las almas, iba de cabaña en cabaña para iniciar reuniones de oración y hablar de las cosas de Dios con todos los que se cruzaran en su camino. Caminando a veces por muchos kilómetros, esta infatigable ganadora de almas oraba con los afligidos, visitaba a los enfermos y advertía a los descuidados. Si estallaba una pelea en la taberna local, los hombres se aquietaban con solo sugerírseles que la Madre Cobb sería llamada a la escena.

Las anotaciones en su diario revelan el alcance que tuvieron sus esfuerzos por el Señor:

"Enero de 1838. Pasé una hora en Chicago, conversando con algunos sobre la importancia de estar preparados para la muerte. Tuve una gran carga por algunas jóvenes de las tabernas. Les advertí fielmente y oré por ellas.

"Viernes. Fui muy bendecida al visitar a los presos en la cárcel. Dios me dio un espíritu inusual de oración por mis hijos, y por la juventud preciosa de nuestra tierra.

"25 de mayo. Anhelo ese celo santo, para que al hablar con inconversos mis lágrimas den testimonio de mi sinceridad. Yo no puedo estar ociosa, y crecer en gracia.

Debo redimir el tiempo con toda exactitud. Quiero ser una misionera en todo el sentido de la palabra."

Después de treinta años de siembra fiel, un derramamiento del Espíritu Santo acompañó al ministerio del Dr. John Redfield por toda esa área. Y era obvio para quienes sabían de las oraciones fervientes y de los incansables esfuerzos de la Madre Cobb, que era eso lo que había preparado el camino en un grado tal, que solo la eternidad podrá revelar.

El ministerio del Dr. Redfield sin duda satisfizo el clamor del corazón de la Madre Cobb por una enseñanza inspirada por el Espíritu. Su diario revela ese anhelo:

"Estoy ansiosa por presenciar un incendio en el púlpito; ¡sí, el púlpito incendiándose! Si algo en el mundo debiera arder en fuego es el púlpito. Debiera resplandecer con un calor intenso que queme su camino hacia el corazón de la gente. El fuego debiera envolver el Libro en el sagrado púlpito, saltar por los pasillos, y hacer que el piso arda debajo de los pies de todos los oyentes.

"Cuando el embajador del cielo se para allí para entregar el mensaje del Evangelio, sus ojos debieran ser llamas de fuego; su lengua, una lengua de fuego; y todo su ser, envuelto en fuego—fuego desde el tercer cielo—fuego del trono de Dios. ¡Ve, siervo del Señor! Lleva convicción de pecado a los moradores por los vallados, y en las calzadas que descienden al infierno.

"11 de diciembre. ¡Oh, que hubiera más obreros en esta siega! Y los tendremos cuando recibamos ese bautismo de fuego. Oh, los talentos enterrados en todas nuestras iglesias—mujeres talentosas y educadas, que serían una fuerza para Dios y su generación mientras vivieren; y al morir, sus obras las seguirían—que ahora no son más que una cifra en la Iglesia, pues hace falta que vivan enteramente para Dios. ¡Oh, que haya más mujeres santas!"

Podríamos preguntarnos cuál fue el secreto de los sesenta años de tal victoria y bendición espiritual de la Madre Cobb. Fue su total dependencia de Dios. Ella dijo:

"Estoy profundamente consciente de que la raíz de todo pecado es haber dejado a Dios, y haber puesto 'el yo' en Su lugar. Continuamente veo que la santidad consiste en estar sumergida en mi propia nada, para que Dios sea exaltado en mi alma".

En otra anotación en su diario, hace la pregunta:

"¿Cómo voy a ser guardada del pecado? A través de la aplicación constante de la sangre de Cristo en todo momento. Mientras permanezca en la fuente purificadora, el corazón se mantendrá limpio. Si hay duda, vuela hacia la sangre que purifica. Momento tras momento debes retomar de nuevo ese don. Yo recibo lo que compraste con tu sangre, porque tú has prometido, y tú eres fiel y justo para perdonar nuestros pecados y para limpiarnos de toda nuestra impiedad.

"Cristo no dice que el que ha venido no tendrá más hambre, sino el que viene; esto indica un venir constante para alimentarse continuamente con el pan celestial. Aun el maná escondido debe comerse continuamente para que siempre satisfaga; el alma, así como el cuerpo, debe tomar su pan diario; de lo contrario tendrá hambre y languidecerá. Así, también, 'todo aquel que bebiere de esta agua' nunca más tendrá sed. El que no tendrá sed no es aquél que una vez gustó y luego abandonó la fuente de aguas vivas. La causa de nuestra insatisfacción es que reposamos en experiencias pasadas. Olvidando lo que quedó atrás, acudamos cada día a Cristo, y recibamos Su vida de forma nueva".

Las anotaciones en su diario revelan anhelos profundos por los repetidos bautismos del Espíritu Santo:

"Siento el fuerte deseo por un bautismo mayor del Espíritu Santo y fuego. ¡Que pueda descender sobre la Iglesia, para que tengamos el don de poder! ¿Qué podemos hacer sin la presencia viva, la influencia santa? Si no está sobre nuestros altares, entonces ofreceremos oblaciones vanas, y nuestras ceremonias, aunque instructivas, no tendrán vida.

"4 de diciembre. Estoy delante del trono, esperando el bautismo del Espíritu Santo con poder y fuego. Así tendré fortaleza para trabajar. Oraciones poderosas, inoportunas, repetidas, oraciones unánimes; los padres, los hijos, el pastor y el pueblo, los ricos y los pobres, los dotados y los sencillos, todos unidos para clamar a Dios, que Él pueda afectarnos en los días de la diestra del Altísimo, y nos infunda el Espíritu de Cristo, y nos caliente e inflame, y nos haga una llama de fuego. Dichas súplicas unidas y repetidas cumplirán su cometido, y el poder de Dios, descendiendo, hará de nosotros una banda de gigantes refrescados con vino nuevo."

La Madre Cobb había notado desde temprano en su vida que el ayuno y la oración obtenían resultados:

"Por más de diez años he estado observando el progreso de la religión entre los metodistas, y hallo que quienes más ayunan y oran son los más espirituales. El ayunar resulta en despertar el poder de la fe. En un día (por no decir en una hora) puede ser realizada toda la obra. ¡Señor, ayúdanos!

"Oh, cuán dulce comunión tengo con el Espíritu bendito, no solo de día, sino también de noche. Yo veo a Dios en todo. Veo que para mi alma es una gran bendición levantarme en la noche, para orar a las doce. La oración es justamente el aliento de la fe. Orar y no creer es dar golpes al aire. Oh, estas cruces llevadas en vergüenza y desgracia, finalmente son llevadas en triunfo, aun en esta vida.

"Tal vez no pensemos suficientemente en la oración—la oración intercesora—peticiones directas por otros, presentándolos por nombre, presentando sus necesidades—todo lo que deseamos para ellos delante de Dios. Nosotros no creemos como debiéramos. Cuánto ayudaría a quienes podemos servir, el poder penetrar los corazones que no podemos abrir, escudando a quienes no les podemos hablar, confortando a quienes nuestras palabras no tienen el poder de aliviar, siguiendo los pasos de nuestro Amado a través de los afanes y perplejidades del día, levantando las cargas con una mano invisible. Por la noche ningún ministerio es tan similar al de los ángeles, como este que se realiza en silencio, que es invisible, que solo Dios conoce. Por nuestro medio desciende la bendición, y solo a Él asciende la acción de gracias. Ciertamente, nada nos acerca tanto a Dios, como la oración sincera y con denuedo. Hay una gran profundidad de sabiduría en las palabras, "Si tan solo le habláramos más a Dios por el hombre, que al hombre, por Dios".

La pequeña ancianita vestida de calicó siguió adelante, desafiando todos los climas, amando a todas las almas, orando y ayunando y disfrutando una comunión con el Padre, que produjo riquezas indescriptibles. Pero su vida separada tuvo momentos de dolor, cuando aun el líder de su reunión de clase, al no poder entender el motivo que controlaba a esta santa mujer, le dijo: "Hermana Cobb, usted es una deshonra para nosotros. Sus vestidos no son adecuados para ser usados en público. Si usted se vistiera un poco más como las otras personas, tendría una mejor influencia. Nosotros la toleramos únicamente por su edad".

Cuando, en su postrer enfermedad, varias amigas la llamaron y le preguntaron: "Madre Cobb, ¿ha sido extraído el aguijón de la muerte?"

"Sí. ¡Gloria!"

"¿Está usted por cambiar su calicó azul por una vestidura blanca?"

"Sí. ¡Gloria! ¡Gloria! ¡Gloria!"

"Usted ha sido muy particular en cuanto a su forma de vestir. ¿No cree que lo fue más de lo necesario?"

"Oh, no. ¡Gloria! ¡Aleluya! ¡Sí paga!" En cuestión de unas horas, los labios que se habían movido para bendecir en la tierra fueron silenciados para siempre.

CITAS DE LA MADRE COBB

Conforme las riquezas y belleza de las Escrituras se abren ante nosotros, encontramos que estas trascienden más allá de cualquier otra cosa que podamos decir al contemplar junto con la reina de Sabá: "Ni aun se me dijo la mitad". Ellas son más que vasijas llenas del bálsamo de Galaad. Abren ante nosotros todo un paraíso de deleite.

Aquí, en las hendiduras de las rocas, están las gotas de aquello que es más dulce que la miel y que el panal. Aquí el alma encuentra el árbol de vida que está en medio del paraíso de Dios. Nos sentamos bajo Su sombra con gran deleite, y Su fruto es dulce a nuestro paladar. Extraemos paz eterna con Dios, y escapamos del alud agobiante de los males terrenales, y somos llevados por la mano de Jesús hasta el arca de eterno refugio.

Félix Neff (1798-1827)
El Brainerd de los Altos Alpes

"¿Cómo es posible que doscientos años después de su muerte, los protestantes de Francia se unan para celebrar la obra de un evangelista sin un título, ni un diploma, y cuyo ministerio en Francia duró menos de cuatro años? ¿Cómo pudo ser que uno de los valles más aislados en los Altos Alpes se convirtiera en el escenario de una poderosa obra de Dios, uno de los puntos altos del protestantismo francés, y el centro de una reunión anual de millares de personas en Freyssinières?" Así se preguntó el Sr. G. Williams después de un viaje reciente a aquellas regiones.

Félix Neff tuvo mucho en común con David Brainerd, quien trabajó entre los indios norteamericanos bajo condiciones primitivas similares. Ambos eran jóvenes. Ambos llegaron a su campo de trabajo bajo una nube de opiniones distorsionadas. Ambos se sacrificaron en grado sumo. Ambos permanecieron solteros. Ambos murieron a una edad temprana debido a un esfuerzo excesivo, realizado en condiciones de extrema dureza. Ambos experimentaron una obra de gracia vivificadora. Ambos fueron hombres de oración.

Félix Neff nació en Ginebra, Suiza, el 8 de octubre de 1798. Perdió a su padre en su temprana infancia. Su madre, aunque profesaba el deísmo, nunca interfirió con el amor que su hijo mostró por la Iglesia desde pequeño. A pesar de que sus medios eran limitados por causa de la viudez, ella le dio todo lo que pudo para su desarrollo intelectual. La madre de Félix se abstenía de cualquier muestra de afecto maternal, salvo mientras él dormía, porque quería inculcar cualidades varoniles en él.

"Yo seguí al mundo", dijo la Sra. Neff, "y mi unión con un hombre de dotes brillantes y opiniones escépticas, pronto terminó convirtiéndome, como él, en una deísta que menospreciaba en forma habitual y deliberada la adoración pública a Dios. No fue así con mi hijo. Desde una edad temprana él se deleitaba asistiendo a las asambleas sagradas, y no solo nunca dejó de hacerlo, sino que también sobresalía por su serio comportamiento. Afortunadamente, él nunca me preguntó por qué yo no asistía."[50]

Félix fue autodidacta en botánica, historia y geografía. De su pastor obtuvo cierto conocimiento del latín. Estaba dotado de una memoria muy retentiva, era veraz en extremo, pero era voluntarioso y altivo. Debido a que el maestro de la escuela de la aldea local no tenía la preparación adecuada, la madre de Félix fue la tutora de su hijo.

Antes de que el joven cumpliera trece años, se mudaron a Cartigny. Para entonces Félix ya había leído todos los libros de la biblioteca que había en su hogar, así como cualesquiera otros que su madre pudo conseguirle. El intento de ubicarlo en una buena escuela fracasó; y ya que era muy difícil conseguir empleo, el adolescente ocupaba sus horas de ocio estudiando la vida de los insectos, y escribió un tratado sobre el cuidado de los árboles. También continuó sus estudios de matemáticas y latín. De los ocho a los dieciséis años leyó las obras de Plutarco y Rousseau, aunque los argumentos de estos autores no parecieron afectarlo.

Pero Dios estaba preparando a Su instrumento. Su madre escribió: "Yo siempre había dejado que él siguiera sus propias inclinaciones. ¡Ay de mí!, yo no había visto la Mano que nos controlaba a los dos, guiándome a enviarlo al buen Pastor Montinie, quien pronto apreció su carácter y verdaderamente trató de ayudarlo. Sin embargo, sus esfuerzos fueron infructuosos; y como nosotros carecíamos de recursos económicos, él aconsejó a mi hijo que ingresara al ejército."[51]

Allí, por su seriedad y aplicación en el trabajo, Félix fue prontamente promovido al rango de sargento, muy a despecho de quienes habían estado entrenando mucho más tiempo que él. Su capitán le dijo en una ocasión: "Tú no dejas nada para que los soldados hagan—tú no tienes idea alguna de lo que es el mando". "Esa es la mejor, y la más segura forma de mandar", replicó el joven.⁵²

Desde temprana edad él tuvo ideas claras sobre las maldades del mundo. "¿No crees que haya diversión en el teatro?", inquirió un amigo. "Por el contrario, creo que hay demasiada", fue su respuesta.⁵³

La creciente convicción de que todos sus actos surgían del egoísmo, le hizo orar con profunda desesperación: "Oh, mi Dios, quien quiera que tú seas, hazme conocer tu verdad; dígnate manifestarte a mí".⁵⁴

Empezó un estudio diligente de la Biblia, convencido de que ningún otro libro podía desentrañar los misterios en cuanto al estado no regenerado del corazón humano. Sin embargo, en ese entonces aún consideraba a Dios como un juez severo y no como un padre misericordioso.

Luego, a través de un libro que le prestó su pastor, titulado Miel fluyendo de la Roca, Félix recibió finalmente entendimiento espiritual. El libro había sido escrito por un inglés, Thomas Willcock. El siguiente pasaje llevó bálsamo al joven:

> "Si tú conocieras a Cristo, por nada del mundo desearías hacer una sola buena obra sin Él (2 Co 3:5). Si ya lo conoces, sabes que Él es la Roca de salvación, infinitamente más alto que cualquiera de nuestras justicias (Sal 81:3). Esta Roca te seguirá a todas partes (1 Co 10:4). De ella fluye la miel de gracia, la única que puede satisfacerte. ¿Acudirás a Jesús? Renuncia a cualquier idea en cuanto a tu propia bondad, y no lleves nada más que tu miseria y pecado.
>
> "¿Conoces todos los horrores del pecado? No te contentes con examinar su extensión en ti mismo. Acude a Jesús sobre la cruz; contempla en Sus sufrimientos la malignidad del pecado, y tiembla. Permite que el Espíritu de Dios te guíe en el estudio de la Biblia. Es una mina en la que está escondido el tesoro más preciado, esto es, el conocimiento de Cristo."⁵⁵

En el margen del libro estaban las palabras, "Félix Neff ha hallado paz aquí en estas dos páginas". Y de dicha experiencia, escribió:

"Cuando tras millares de votos inútiles y millares de esfuerzos inefectivos, finalmente aprendí que en mí no mora nada bueno, estuve feliz de haber encontrado un libro que describiera con exacta verdad el estado miserable de mi corazón, y me mostrara, a la vez, el único remedio eficaz. Recibí las buenas nuevas con gozo: que debemos acudir a Cristo con todas nuestras manchas, toda nuestra incredulidad y toda nuestra impenitencia."[56]

A pesar de que el ardiente nuevo convertido estaba lejos de sentirse satisfecho con la condición espiritual de la Iglesia nacional de Suiza, él no era un separatista, por lo que buscó profundizar la vida espiritual dentro de la Iglesia establecida, iniciando *réunions*—estudios bíblicos y reuniones de oración.

Durante el día Félix trabajaba en los viñedos; por la noche les hablaba a los aldeanos que se reunían para escucharlo. Sobre sus labores en Suiza, escribió:

"Hablé de la sencillez evangélica, en contraposición a la teología estéril[57]... A juzgar por la agitación de Satanás, todo este cantón parece estar preparándose para un gran avivamiento.[58]

"Ya he realizado trece reuniones de oración en siete diferentes aldeas, a las cuales ha asistido la mitad de la población del lugar. En los intervalos visito a todos los cristianos piadosos en sus casas, y a aquellos que hasta ahora solo están inquiriendo."[59]

Él vio claramente que el mundo toleraría a sus seguidores que profesaran meramente creer en la Biblia, pero que castigaría severamente a los que intentaran dirigir sus vidas bajo los preceptos bíblicos. Por eso habló por doquier acerca de la necesidad de separarse del mundo.

Estos principios impopulares que el joven exhortador sostenía y enseñaba, primero sorprendieron, y luego enfurecieron a los ministros que no permitían ninguna enseñanza religiosa que no estuviese bajo su supervisión directa. En una conversación con un diácono local, él defendió así su posición:

"Yo comenté que no alcanzaba a ver de qué forma las reuniones de oración realizadas sin un sistema regular, sin una liturgia o sin la celebración de sacramentos, podían ir de alguna forma en detrimento de los intereses o de la tranquilidad del ministro establecido; y añadí que o el ministro establecido recibe su autoridad de los hombres o la recibe de Dios. Si la recibe de los hombres, no tenemos por qué respetarla como divina. Si la recibe de Dios, que el ministro pruebe que la ha recibido, al respetar todo lo que Dios hace para promover el avance de Su reino celestial, y que no se arrogue el derecho de prescribirle a Dios los medios que Él debe usar para alcanzar este propósito".[60]

La mala salud obligó a Félix Neff a salir de la Jura sin demora. En Neuchatel, la oposición a sus *réunions* lo hizo registrar en su diario, el 10 de enero de 1821: "Recién recibí permiso para permanecer hasta el 5 de abril; muchos están muy enojados, pero hasta ahora el gobierno me tolera, y el Señor parece haber abierto muchos corazones".[61]

Por providencia, conoció a M. Blanc, pastor de Mens, Francia. Se arregló una entrevista con él, y Neff comentó: "Yo le informé que nunca seguí un curso regular de estudios, y que definitivamente nunca sería ordenado en Ginebra. Él no pareció pensar mal de mí por esto, y me invitó a visitarlo en Mens... Incluso me dijo que le gustaría que yo pasara algunos meses allí, en ausencia de su colega".[62]

A los veinticuatro años de edad, Neff abandonó su natal Suiza para ir a Francia, en donde los pocos protestantes tenían pocos clérigos. Trabajó durante seis meses asistiendo a un pastor en Grenoble, teniendo *réunions* como las que había tenido en la Jura, Suiza. De ellas, Neff escribe:

"Estoy más y más convencido de que estas réunions son un medio eficaz para promover la piedad práctica, pues instan a la confianza mutua, a la humildad, la sencillez y el amor fraternal. Es un error que proviene del orgullo y la presunción, el suponer que nosotros no tenemos nada que ver con los asuntos espirituales de nuestros hermanos. Por el contrario, todos somos miembros del mismo cuerpo, y por tanto miembros los unos de los otros; y si uno de los miembros sufre, todos los demás miembros sufren con él...

"Por experiencia sé que el estado muerto y sin vida del que todos nos quejamos, es ocasionado por nuestra propia culpa, ya que o no oramos, o no somos perseverantes y asiduos en la oración... Estando nuestro corazón por naturaleza lejos de Dios, no será un único paso el que nos acercará a Él, ni tampoco bastarán unos pocos minutos de frígida oración para sostener nuestras almas."[63]

En 1822 el joven evangelista se trasladó a Mens, y auxilió a M. Blanc en la instrucción de catecúmenos, que eran setenta en número. El joven asistente los visitaba una vez por semana. Solo una quinta parte de ellos residía en Mens; el resto estaba disperso en veinte aldeas distintas, en un territorio que era casi intransitable. Él estaba muy desanimado al descubrir que "no había una sola planta madura de maíz" en ese campo de siega tan grande, y se lamentaba del espíritu mundanal que predominaba. Al respecto escribe:

"Hay poca vida espiritual en este lugar, y no puedo evitar pensar que hasta el mismo B. parece estar más que satisfecho por el solo hecho de ser protestante, y está contento con eso... Percibo que tiene miedo de que se establezcan reuniones de oración, ya que a menudo me habla del peligro de las innovaciones, y de ir demasiado lejos... Pero estoy agradecido porque aprueba las doctrinas verdaderas y sanas del Evangelio, y confío en que Dios abrirá aún más sus ojos... Habiendo sido invitado a la sociedad, no escuché más que conversaciones mundanales, ya que B. jamás introduce temas espirituales, salvo con el fin de entrar en controversia".[64]

La enseñanza valiente y fiel de Neff empezó a dar resultados. Algunos casos impactantes de personas con una profunda convicción, que culminó en su salvación, animaron al evangelista. Ocurrió algo parecido a un avivamiento, que abarcó un área grande.

Hubo contratiempos descorazonadores. Una larga carta enviada por un ministro en Ginebra a M. Blanc, en la que delineaba las fallas y deficiencias de Neff, prevenía al pastor para que se cuidara de los lobos con piel de oveja. Luego, el ministro ausente, a quien Neff había sustituido, regresó y buscó su reinstalación. Cierta reticencia entre el pueblo ante esto, resultó en un espíritu dividido—el ministro hablando mal de Félix Neff en forma abierta, burlándose de sus rígidos lineamientos. Esto influyó en algunos que prometían gran futuro espiritual. Cerca de cien familias, temiendo que su fiel catequista los abandonara, ofrecieron recolectar un estipendio para él. Ellos lo consideraban un santo, pero sus alabanzas hirieron a Neff casi tanto como las injurias.

M. Blanc era muy tolerante con su joven asistente; en quien, a veces, descargaba su corazón. Incluso las represiones que Neff le hacía de vez en cuando, eran recibidas con gracia, ya que M. Blanc había llegado a conocer el excelente valor del joven, a quien no detenía el clima inclemente y nunca pensaba en sí mismo. En un resumen del ministerio de Neff en Mens, Blanc escribió:

> "Dotado de grandes habilidades naturales, especialmente con un grado inusual de elocuencia, y teniendo su corazón lleno de amor por su Salvador, él predicaba varias veces en el transcurso de un día, pero nunca repetía una misma prédica."[65]
>
> "Durante los casi dos años que residió entre nosotros, fue un instrumento valioso que realizó mucho bien. El celo por la religión creció; muchas personas fueron llevadas a pensar seriamente en sus almas inmortales; la Biblia se escudriñó más profundamente y se leyó con mayor cuidado; los catecúmenos estuvieron mejor informados en sus tareas cristianas, y mostraron su cambio a través de su conducta; la adoración familiar se estableció en muchas casas; el amor por el lujo y la vanidad disminuyó grandemente... se establecieron escuelas... un visible cambio había ocurrido en las costumbres y hábitos laborales de nuestros protestantes..."[66]

Para ser más aceptado por la Iglesia francesa, Neff procuró ser ordenado como ministro. Pero no pudo por carecer de estudios regulares. Así que lo solicitó a un cuerpo de pastores de las Congregaciones Independientes en Inglaterra, quienes accedieron a su petición.

Al regresar de Inglaterra, Neff se enteró que se había extendido la desconfianza en su contra por haber sido ordenado en el extranjero. Fue presentado como un enemigo oculto con conexiones religiosas extranjeras, que diseminaba doctrinas nuevas. Al magistrado local le habían hablado mal de las *réunions*, y pidió que ya no continuaran. Así que Neff tuvo que buscar otro lugar como campo de trabajo. Predicó su sermón de despedida sobre: "Es necesario que a través de muchas tribulaciones entremos en el reino". Volviendo sus pensamientos hacia los Altos Alpes, Neff escribió: "En los Alpes seré el único pastor. En el sur estaría rodeado de pastores; muchos de ellos están en buenos términos con el mundo, y yo me sentiría constantemente molesto".[67]

Tras muchas dificultades obtuvo su naturalización en Francia y un permiso de trabajo; finalmente, a los veintiséis años de edad, el ardiente evangelista inició la obra por la cual sería más recordado. Durante algunos años viajó constantemente de un lado a otro para poder apacentar al disperso rebaño de Dios, y para hacerlo debía atravesar peligrosos pasos montañosos en la parroquia más alta y fría de toda Francia.

La descripción que hizo en su diario de uno de sus viajes, nos permitirá vislumbrar las dificultades de los mismos. El día era tormentoso, y los aldeanos le suplicaron al joven ministro que no cruzara el *col* (paso montañoso) con tal clima. Pero Neff, sintiendo que debía predicar en Dormilleuse en el tiempo acordado, consiguió un guía, y armado con un largo bordón, encaró la montaña. Al respecto escribió:

"Requeriría la pluma de un poeta para describir la escalofriante y magnífica escena. Caminábamos con la nieve hasta las rodillas; una tormenta de granizo con un punzante viento, acompañaba los repetidos retumbos de los truenos, y las avalanchas caían desde las rocas más altas. Los relámpagos tronaban por arriba y debajo de nosotros, y las oleadas de nieve amenazaban con agobiarnos.

"Felizmente toda esta tormenta estaba a espaldas nuestras, y como no había un precipicio cerca, no había un peligro real. Finalmente alcanzamos el col, en donde encontramos tres pies de nieve y un viento insoportable. Al iniciar el descenso despedí a mi guía, y seguí descendiendo aún con mis rodillas entre la nieve. Luego se levantó una niebla por lo que apenas podían verse las puntas de las rocas, doradas por los rayos del sol. Canté unos versos del 'Te Deum', y apresurando mi paso descubrí los rastros de unas ovejas que habían sido llevadas por la nieve hacia el valle. Ya de día, llegué a Dormilleuse donde se sorprendieron al verme."

En una carta a un amigo, Neff describe el ambiente histórico y moral del pueblo en el que trabajó:

"Esta aldea (Dormilleuse), la más alta en el valle de Freyssinières, es célebre por la resuelta resistencia que durante más de sesenta años han presentado sus habitantes contra las incursiones de la Iglesia de Roma. Ellos son los descendientes directos y no adulterados de los Vaudois, y nunca doblaron sus rodillas ante Baal.

"...Todavía pueden verse las ruinas de fuertes y muros que ellos edificaron para impedir que el enemigo los sorprendiera. La naturaleza casi inaccesible de su región también fue un gran medio para su preservación. La población de esta aldea es totalmente protestante, así como la de las otras aldeas del valle. El aspecto de esta región, a la vez terrible y sublime, que le brindó abrigo a la verdad mientras el resto del mundo yacía en tinieblas; la recolección de esos mártires antiguos, fieles, cuya sangre hasta hoy salpica la rocas; las profundas cavernas a donde ellos se retiraban para leer las Escrituras y para adorar al Padre de las Luces en espíritu y en verdad—todo tiende a elevar al alma, y a excitar sensaciones y sentimientos imposibles de describir.

"Pero estos pensamientos pronto ceden ante el dolor, cuando los ojos de la mente se posan en la condición actual de los descendientes de aquellos antiguos testigos de Jesús crucificado, los cuales se han degenerado en todo sentido de la palabra. Y su estado le recuerda al cristiano que el pecado y la muerte son todo lo que los hijos de Adán pueden realmente heredar a sus descendientes; y que ciertamente, esa herencia es inalienable.

"No obstante, entre ellos se mantiene un gran respeto por las Escrituras, y esperamos que ellos todavía sean 'amados por causa de sus padres', y que el Señor hará resplandecer de nuevo Su rostro sobre ese lugar, que Él escogió como Su santuario...

"La obra de un evangelista en los Altos Alpes se asemeja en gran manera a la de un misionero entre los salvajes, ya que el grado similar de incivilización que prevalece en ambos, es un gran obstáculo para las labores misioneras. Entre los valles bajo mi cargo, el de Freyssinieres es el más atrasado. La arquitectura, agricultura, educación de todo tipo, están en su más temprana infancia.

"Muchas casas no tienen chimeneas, y muchas carecen de ventanas. Durante los siete meses invernales toda la familia se cobija dentro del establo, el cual se limpia una sola vez al año. Su vestido y comida son igualmente burdos y malsanos. Su pan, que hacen una vez al año, consiste en el centeno menos refinado... Si alguno de ellos se enferma, no tienen un médico, ni alguien que les administre medicina, ni comida para los enfermos... quien no puede valerse por sí mismo se considera feliz cuando puede obtener un poco de agua.

"Las mujeres son tratadas con rudeza, como entre las personas que aún están en un estado de barbarie. Ellas rara vez se sientan; generalmente se arrodillan o agachan. Nunca se sientan a la mesa ni comen con los varones, quienes les dan un pedazo de pan, sobre su hombro, sin siquiera volverlas a ver—un regalo miserable que ellas reciben con una leve reverencia, besando la mano del dador.

"Los habitantes de estas melancólicas aldeas eran tan salvajes cuando recién llegué, que al ver a un forastero, incluso a un campesino, corrían a esconderse en sus cabañas. A los jóvenes, especialmente a las muchachas, nadie se les podía acercar.

"Pero a pesar de todo eso, la gente participaba en una corrupción generalizada, hasta donde su pobreza se los permitía. Juegos de azar, bailes, maledicencias, peleas... era necesario tratar con todo esto, como en cualquier otro lugar..."[68]

"Son pocas las casas cuyos techos pueden proteger de las correntadas de nieve, o de los pedazos de rocas que caen. Desde el momento de mi llegada tuve un afecto peculiar por este valle, y sentí un deseo ardiente por convertirme en, por así decirlo, un Oberlin para el pueblo pobre. Tristemente, no pude pasar más de una semana con ellos en el transcurso de un mes."

Félix Neff, en su breve período de servicio, ayudó a edificar escuelas e iglesias para la adoración. También enseñó métodos mejorados para el cultivo de patatas, e introdujo la irrigación, ayudando a su implementación. Fundó escuelas, llevó maestros, pero por lo que sufrió dolores de parto fue por el avivamiento espiritual de este pueblo.

Pudo notar un mover genuino del Espíritu al visitar Freyssinières. Parecía como que el valle entero se había reunido, y una solemnidad y asombro reposaban sobre toda la congregación. Al pasar a otras aldeas, pudo presenciar aun mayores pruebas del mover del Espíritu:

"Todas las personas parecían entregarse a la lectura, la meditación y la oración; los jóvenes, especialmente, parecían estar llenos de un espíritu de santificación; una llama celestial parecía comunicarse de uno a otro. Y yo tenía apenas treinta horas de descanso durante la semana...

"Asombrado por lo aparentemente repentino de este despertar, casi no podía dar crédito a mis sentidos. Aun las rocas, las cascadas y el hielo parecían haber recibido vida, y ofrecían a mi vista un prospecto menos oscuro y desalentador que antes. Ahora que se ha convertido en la morada de hermanos cristianos, este agreste territorio ha llegado a ser amado y deleitoso para mí."[69]

Los esfuerzos de este humilde embajador de Cristo habían tenido un efecto devastador en su salud. En un escrito en su diario él comentó:

> "Fue hasta la primavera de 1828 que empecé a notar que mi estómago estaba seriamente debilitado por la tosca alimentación y la irregularidad de mis comidas, y tal vez también en cierto grado, a la poca higiene en los utensilios de cocina usados en esta región...
>
> "Por la severidad del invierno, mis frecuentes viajes alpinos fueron tanto difíciles como peligrosos... Los constantes dolores abdominales y la indigestión, me obligaron a observar un ayuno que no correspondía a la fatiga y al frío a los que estaba expuesto. Cerca de finales de marzo, una rodilla lastimada al caminar entre los fragmentos de una inmensa avalancha, detuvo repentinamente mi rumbo... Pronto percibí que era absolutamente necesario buscar asistencia médica—asistencia que, con toda su buena voluntad, estos pobres montañeses no podían proveerme."[70]

En 1827, a los escasos veintinueve años de edad, el enfermo evangelista dejó a su amado rebaño para ir a Ginebra. Después de los primeros meses de reposo se recuperó y empezó a trabajar tan duro, que la gente no creía que hubiese estado enfermo. Pero una recaída le sobrevino cerca de la primavera, y esta lo afectó tanto, que sus antiguos amigos casi no lo reconocían, y los desconocidos creían que su madre era su esposa, a pesar de que ella tenía sesenta y siete años.

Cuando el incansable obrero repasó sus años de labor, pudo ver que le había exigido un excesivo esfuerzo a su cuerpo a causa de su incesante trabajo:

> "Esta interrupción de mi actividad es una prueba que bien me merezco. En medio de mi más grande vigor, a

menudo temí que estaba poniendo demasiada confianza en mi fortaleza, y que me estaba agradando en el poder de mi actuación, la cual nada parecía poder interrumpir ni desgastar; pero aun así me corrí el riesgo de poder verme privado algún día de mi fortaleza en aras de mi bienestar espiritual."[71]

Cuán a menudo, en esos días de reposo obligado Félix anheló regresar a los Altos Alpes; él escribió:

"En espíritu visito frecuentemente sus valles, y anhelo poder soportar el frío y la fatiga y dormir en un establo sobre un lecho de paja, para poder proclamar la Palabra de Dios...

"Mis palabras a menudo los cansaron, y mi franqueza al hablarles muchas veces los ofendió, y muchos se alegraron cuando partí. Pero si volviera a estar entre ustedes, no cambiaría mi lenguaje porque la verdad es inmutable. Seguiría implorándoles, en el nombre de Jesús, que se reconciliaran con Dios."[72]

Durante esos largos, largos meses de enfermedad, no se escuchó salir un solo murmullo de sus labios. Durante las últimas semanas de su vida enfrentó gran agonía, y no soportaba leer ni recibir visitas. Conforme el fin se acercaba, se le oía susurrar: "Victoria, victoria, victoria en Cristo Jesús". Félix Neff pasó del escenario de sus cortas labores, a recibir el "Bien, buen siervo" de parte del Maestro.

¿Cuál fue el secreto de la resistencia de este joven, bajo condiciones tan duras, esfuerzo y malos entendidos? Desde temprano en su vida cristiana, él había entendido que "salir del campamento" es la suerte de todo cristiano verdadero. Había armado su mente con el pensamiento de que debemos llevar los padecimientos de Cristo.

Al escribirle con toda franqueza a su gran amigo M. Blanc, Neff revela su actitud interior hacia este tema:

"A menudo te he dicho por qué te parece tan difícil soportar el odio, el desprecio y la perfidia del mundo. Es porque no te has podido convencer de que así es como debe ser, y de que esta continua lucha es inseparable del Evangelio. Es porque al entrar al ministerio no tomaste esto en consideración, sino que buscaste la estima de los hombres, la facilidad y la comodidad del mundo. Mi caso es diferente.

"Al abrirse mis ojos por primera vez a la resplandeciente luz del Evangelio, pasé por el momento crítico de no ver otra cosa más que la rabia y la furia del lobo en contra de las ovejas del Buen Pastor; así que ahora considero como nada la poca oposición que encuentro. No obstante, no deseo jactarme, porque si por la gracia de Dios tengo cierta fortaleza, tengo muy poca en comparación con otros obreros que son miles de veces más fieles que yo. Además, yo tengo tantas razones para humillarme, que sería peor que necio si de alguna manera me estimara a mí mismo."[73]

"Lo único que puedo hacer es apuntar hacia el Dador de toda buena dádiva y don perfecto—a Él, quien cuando vino a abrirnos el reino de los cielos, estuvo lejos de que Su sendero terrenal estuviese cubierto de rosas, y encontró muy poca honra y respeto...

"Te suplico que no hables de 'ponerle fin a todo esto', o de que 'Satanás sea conquistado', etc. O depones tus armas y te rindes de una sola vez al enemigo, o decídete a guerrear toda una vida. Si te fuera concedida la paz exterior, mi temor sería que tu vida espiritual expirara... La paz perfecta en este mundo significa la muerte para el hombre nuevo... Para nuestra carne—ninguna paz, ningún reposo, ninguna honra, ninguna estima."[74]

CITAS DE FÉLIX NEFF

A aquellos que han hallado descanso para sus almas en Cristo Jesús, pero cuya vida espiritual gradualmente se ha vuelto débil y está languideciendo, les digo sin titubeos que este mal surge de su menosprecio a la oración y la meditación. Están contentos de conocer estas cosas, pero no las practican. Hablan de la gracia de Dios, pero no la buscan. Conocen a Jesucristo, pero no cultivan una comunión estrecha con Él. No son suficientemente cristianos en su vida privada. No buscan a

Cristo en lo secreto. Es en vano que esperemos hallar a Dios en el templo, si Él no nos acompaña allí. La fuente de vida no está en nosotros mismos; está en Dios. Y en la proporción en que descuidemos acudir a esa fuente en oración, lectura y meditación, nos volveremos secos e infructuosos, así como una pradera expuesta al sol en un terreno arenoso languidecerá y se extinguirá por falta de agua.[75]

"Permaneced en mí". No le es dado a ninguna criatura tener vida en ella misma. Solo en la proporción en la que Cristo more en nosotros, y nosotros en Él, tendremos vida verdadera dentro de nosotros.[76]

Robert Cleaver Chapman (1803-1902)
El pobre hombre rico

"Dejen en paz a Robert Chapman; nosotros hablamos de los lugares celestiales, pero él vive allí." Esta fue la respuesta que se dio cuando cierto crítico intentaba determinar la postura del Sr. Chapman en cuanto a la controversia que por entonces hervía en el Movimiento de los Hermanos Cristianos. Y en verdad, R. C. Chapman brilla por encima de todos los intereses y diferencias como un hombre de Dios amable, pero sin componendas; gentil, pero escudriñador; manso, pero con autoridad; talentoso, pero tan sencillo como un niño; humilde pero que jamás será olvidado.

¿Cuál fue su secreto? Aparte de su conversión, en los pocos relatos disponibles sobre su vida cristiana temprana hay una extrema escasez de su testimonio personal. La destrucción deliberada de sus escritos deja a la vista el "fruto del Espíritu", que se muestra muy apetecible, pero aleja la rama de nuestra vista. Sin embargo, la clave del secreto de esta hermosa vida cristiana es evidente, ya que su pasión era ser un cristiano bíblico, sin importar el costo. Ese costo era la cruz de Cristo.

Robert Cleaver Chapman era hijo de Thomas Chapman, de Whitby, y vivía en la costa de Yorkshire. Su padre era un rico mercader cuya familia ostentaba un antiguo escudo de armas. Al momento del nacimiento de Robert en 1803, la familia residía en Elsinore, Dinamarca. El joven creció rodeado de lujos, y nadie hubiera podido imaginar que sus años maduros transcurrirían en una pequeña casa ubicada en un distrito pobre de la clase obrera, y que dependería totalmente de Dios para suplir sus necesidades.

Cuando la familia retornó a Inglaterra, Robert continuó su educación en un respetable internado en Yorkshire. A los quince años salió hacia Londres donde, como aprendiz de clérigo, estudió leyes. El ambiente y sus tareas diarias, estaban lejos de corresponder a un muchacho del norte acostumbrado a la vida del campo. Pero el joven Chapman determinó que tendría éxito en esa profesión, y tras largas horas de estudio y diligente esfuerzo (cualidades que luego aplicó al estudio de la Palabra de Dios), se graduó de abogado cuando apenas tenía veinte años de edad.

Siendo un Chapman de Whitby, fue admitido en los círculos sociales de moda, y a menudo era invitado a fiestas selectas. Su porte y su confianza en sí mismo, que pronto se desarrollaron, hicieron de él un joven popular y muy aceptado en la sociedad.

No obstante todo esto, nunca alejó de sí los pensamientos religiosos. Tras haber leído la Biblia cuidadosamente, se convenció de que esa era la Palabra de Dios. Así que se esforzó por cumplir sus preceptos, y se dedicó a buscar su salvación por medio de buenas obras.

En una carta que a los noventa y un años de edad Chapman escribió al Sr. Gladstone, le dijo: "En su juventud, el abajo firmante buscó diligentemente y con determinado propósito establecer su propia justicia, con la esperanza de obtener así la vida eterna. A los ojos de todos los que lo conocieron, él era un joven irreprensible y devoto".

Gradualmente empezó a ver la inutilidad de obtener la aprobación de Dios de esa manera. "Yo abracé mis cadenas", dijo. "Yo no oía—no podía oír—la voz de Jesús. Mi cáliz era amargo por mis culpas y por el fruto de mis acciones. Estaba hastiado del mundo; lo aborrecía con pesadumbre de espíritu, era pero incapaz de deshacerme de él. Además, no estaba dispuesto a hacerlo."

Aun cuando Robert pertenecía a la Iglesia Anglicana, aceptó la invitación de un diácono de la Capilla John Street para escuchar al elocuente y piadoso pastor James Harrington Evans, un antiguo clérigo de la Iglesia de Inglaterra. Aunque de manera reacia, el joven finalmente accedió, preguntándose qué clase de servicio conducirían esos inconformes. El sermón destrozó su confianza en su propia justicia:

"¿Qué hemos de pensar de aquel que edifica sus esperanzas de perdón, aceptación y salvación, sobre sus propias obras indignas y miserables? ¿Qué hemos de pensar de quien, en vez de edificar sobre el fundamento seguro de un Salvador crucificado, está edificando sobre lágrimas, sobre oraciones, sobre limosnas, sobre servicios religiosos, o más bien irreligiosos, que edifica sus expectativas del cielo sobre las ruinas de la santa ley de Dios, y que piensa que para poder salvarlo, Dios debe dejar de serlo?

"Todo esto es arena—arena traicionera y movediza, porque tan posible sería que Dios dejara de ser, como que dejara de ser justo. 'Dios justo y Salvador, nadie hay más que yo.' Un Dios injusto no es Dios, y un Dios que pisoteara Su propia ley, no sería Dios".

Mientras el joven abogado escuchaba el mensaje del pastor Evans, sintió que su edificio de buenas obras se derrumbaba a su alrededor, y recibió la gracia divina para confiar solamente en los méritos de su Salvador. ¡Cuánta paz y gozo inundaron su corazón! En sus propias palabras: "En el tiempo bueno y señalado, tú me hablaste, diciendo: 'Este es el reposo con el que podrás dar reposo al cansado; y este es el refrigerio'. ¡Y cuán dulces Tus palabras: 'Hijo, ten buen ánimo; tus pecados te han sido perdonados!' ¡Cuán preciosa la visión del Cordero de Dios, y cuán glorioso el manto de justicia escondiendo de los ojos santos de mi Juez todo mi pecado y contaminación!"

Pocos podrían haber imaginado al futuro siervo de Dios, al ver a este joven ascender las gradas del púlpito un domingo por la mañana, para narrar con honestidad y sencillez lo que había ocurrido en su vida. Su levita, de color azul cielo con grandes botones dorados, evidenciaba su pertenencia al grupo que se vestía a la moda, y esto produjo gran asombro en aquella seria congregación. Pero un silencio solemne los embargó cuando el joven contó acerca de su recién encontrada paz.

Alguien dijo que las primeras veinticuatro horas en la vida de un convertido bien pueden determinar la calidad de su futura vida cristiana. Y Chapman mostró de inmediato, que prometía ser alguien que seguiría al Señor Jesucristo con todo su corazón. En sus meditaciones escribió:

"La ofensa de la cruz no había cesado. Tan pronto como te conocí y te confesé, me convertí en un extraño para los hijos de Agar, que solo producen esclavitud, y de los cuales había sido yo uno por naturaleza. Tu amor me llevó lejos de la senda del mundo, fuera esta perversa o devota. Me convertí en una ofensa para aquellos a quienes abandoné, aun para los de mi propia carne y sangre. ¿Y por qué estaban airados? Porque al llevar mi cruz me convertí en testigo contra ellos por gloriarme solamente en ti, y por considerar a todos los que son de las obras de la ley como bajo la maldición."

Durante toda esta oposición, el Sr. Chapman encontró alivio en el ambiente cálido y espiritual de la capilla, y por el profundo interés y cuidado del pastor, a quien llegó a amar, y a quien inconscientemente intentó, con muy poco éxito, imitar en su predicación. Especialmente valoraba y obtenía su fuerza del partimiento semanal del pan.

Desde temprano en su propia vida, el pastor Evans había visto los peligros del orgullo espiritual, y ahora, por gracia, se consideraba, consistente y honestamente, "menos que el más pequeño de todos los santos". Debido a su buena influencia, el joven Chapman fue sobrecogido por un deseo profundo de ser como nada, para poder "ganar a Cristo". Como resultado, pronto siguió a su humilde Maestro ministrando a los pobres y a los pecadores. En lugar de asistir a alegres fiestas como lo hacía antes, pasaba las noches que no dedicaba al estudio de la Biblia, extendiéndose a los marginados en los distritos alrededor de Gray's Inn Lane. Esto vino a ahondar más el abismo entre él y sus antiguos amigos y la mayoría de sus familiares.

Por tres años mejoraron sus prospectos materiales, y empezó a ejercer la abogacía por su cuenta. Su carácter y su aguda inteligencia le aseguraban el éxito. Sin embargo, a los veintinueve años de edad, él supo que Dios lo estaba llamando a vender todas sus posesiones, a regalar su fortuna privada, y a dedicar todo su tiempo a servirlo.

Aceptó una invitación para ser el pastor de una Capilla Bautista Estricta, en Barnstable, Devon. A su llegada buscó hospedaje temporal en una humilde casa en una calle aledaña. Más tarde alquiló una en New Buildings, cerca de la capilla, pero contiguo a una curtiduría que emitía los olores más nauseabundos.

Un pariente de Chapman, es más, el único que se dignó visitarlo en ese lugar, tomó un taxi que lo llevara allí. Cuando lo dejó en el Número 6, le aseguró al taxista que seguramente había un error, ¡porque esa no podía ser la casa de Robert Chapman!

Pero como al convertirse Chapman había entendido que el orgullo era el pecado que lo asediaba, llegó a aborrecer ese principio malévolo. Por eso escogió vivir en una choza de obreros en una calle aledaña, en el mismo pueblo en el que una vez se había conducido con sus parientes en carruaje con cochero y lacayo. En una ocasión admitió: "Mi orgullo nunca pudo recuperarse de esto".

En una ocasión comentó con la mayor solemnidad, que era una lástima que hubiese tan pocos A.P.'s (D.D.'s en inglés, una frase muy fuerte que significa "me importa poco", n.t.).

"¡Seguro que no!", replicó un hermano bastante alarmado.

"Sí", fue la respuesta. "Queremos que haya más personas como en el Salmo 119:25, 'Abatidas hasta el polvo' (Down in the Dust, D.D. n.t.). De esa manera tendríamos más vivificados 'según Su palabra'."

El joven soltero, persuadido de que Dios deseaba que su pequeño hogar fuera una "casa de huéspedes" para personas cristianas, abrió sus puertas de par en par a todos los que llegaran. Y cuando por un tiempo, nadie había aparecido, él "oró para hacerlos llegar". La cuestión del espacio no le preocupaba en lo más mínimo; su observación era: "El Señor se ocupa de eso". Y Él ciertamente lo hizo, ya que nunca se le cerró la puerta a persona alguna.

Chapman consideraba que era su deber lustrar las botas y zapatos de sus huéspedes. Cuando alguien protestaba, él respondía que Jesús nos enseñó a lavar los pies de los santos, y que en la civilización moderna lo que más se acercaba a obedecer ese mandato era lustrar sus botas.

Tal llegó a ser la fama de la presencia y del fluir del amor que se derramaba en su humilde choza, que a la puerta de su casa llegó una carta del exterior, dirigida a R.C. Chapman, Universidad del Amor, Inglaterra.

Un huésped norteamericano, quien tomó un breve "curso" en esta institución de aprendizaje celestial, escribió que Chapman se levantaba a las tres y media de la mañana, que pasaba toda la mañana en oración y leyendo la Biblia, a la vez que encendía los fuegos, realizaba la necesaria preparación del desayuno y otras tareas hogareñas. Era realmente asombroso ver a su anfitrión combinando la autoridad con la humildad. A él le pareció que el Sr. Chapman explicaba las Escrituras casi como un oráculo, así que cuando él lo acompañó a la estación, trató de escuchar hasta la última palabra, como si no deseara perderse alguna que pudiera brindarle mayor iluminación espiritual.

La comunión de Chapman con Dios era muy íntima. "Cuando me postro ante Dios, Él se inclina ante mí", declaró. "Así como el padre y el hijo hacen todo lo que pueden por agradarse el uno al otro, así hago yo todo lo que puedo por agradar a Dios, y Él hace todo lo que puede por agradarme a mí."

Le contaron acerca de un "perfeccionista" que decía que ya había revertido su vida a la condición de Adán, nacido sin pecado, y con la posibilidad de hacer algo malo solo en algún momento que estuviera desprevenido.

"¡La condición de Adán!" exclamó Chapman con vehemencia. "¡De vuelta a la condición de Adán! Yo no cambiaría de lugar con Adán antes de la caída, ni por cien millares de mundos."

Chapman cultivó la gracia del amor fraternal. Cuando su pariente lo visitó y vio su despensa, le preguntó si podía llevarle algunos abarrotes. Chapman consintió, con la condición de que se los comprase a cierto tendero, de quien le dio el nombre. Este comerciante, gratificado por la cuantía de la orden, estaba desconcertado y totalmente asombrado, cuando se le dijo que debía entregarlo a Chapman, a quien detestaba. Después de llevar el pedido, este hombre que anteriormente había hecho de Chapman el blanco de sus abusos, fue visto postrado con lágrimas sobre su rostro ante el hombre de Dios, implorando perdón.

Cuando le contaban algo acerca de las fallas de alguien más, Chapman solía decir: "Vamos con nuestro hermano a decirle esto". Un día, una mujer miembro de la capilla lo buscó para expresarle su molestia por la conducta de cierta hermana. Él la escuchó, y cuando ella concluyó sus quejas él se retiró del salón por unos minutos. Regresando con su sobretodo y su Biblia, le dijo: "Vamos".

"Pero Sr. Chapman, yo vine por su consejo."

Su respuesta fue: "Yo se lo daré después de que usted me acompañe a ver a la hermana. Verá, yo nunca juzgo por apariencias, así que siempre debo escuchar a ambas partes."

La visitante lo acompañó de manera reacia, pero después de haber conversado los tres por un tiempo, ella humildemente confesó su falta de amor.

Cuando alguien criticaba en su presencia la presentación pública de un predicador, su reacción era: "Digámoselo a la persona", y en ese momento se levantaba de su silla. Esta actitud acallaba de manera muy efectiva cualquier crítica posterior, y hacía que los miembros de su congregación entendieran que él aborrecía los chismes.

En cierta ocasión, cuando visitaba de casa en casa acompañado de uno de los miembros de su iglesia, se encontró con una mujer que pensaba que era su responsabilidad reconvenirlo de la forma más severa. Él la escuchó por un tiempo sin hacer comentarios. Entonces llamó a su colega al otro lado de la calle: "Amado hermano, escucha a esta hermana; ella me está diciendo todo lo que hay en su corazón". No es necesario indicar que las vituperaciones se detuvieron al instante.

Dios le concedió a su siervo una vida larga y útil; predicó su último sermón justo antes de su cumpleaños noventa y ocho. A la madura y anciana edad de noventa y nueve años, Robert Chapman expiró, con las siguientes palabras en sus labios: "La paz de Dios, que sobrepasa todo entendimiento". Sin lugar a duda, las arcas de la literatura cristiana se vieron empobrecidas porque Robert Chapman, en un espíritu de autonegación, destruyó la mayoría de sus escritos. Sin embargo, de la limitada provisión disponible, las pocas citas que incluimos revelan el carácter de este gran hombre.

"Nuestra necesidad de oración es tan frecuente como los momentos del día, y conforme crezcamos en espiritualidad de mente, sentiremos más y más esa continua necesidad."

"Nos es de gran ayuda ver que nuestras oraciones y nuestro trabajo son como el grano de trigo que cae en tierra. Si buscamos primero morir y ser enterrados, podremos proseguir con paciencia, y en el debido tiempo ciertamente cosecharemos una siega abundante. Una de las mejores respuestas a la oración es poder proseguir en oración. Para ser fuertes en la fe se necesitan dos cosas—tener una muy baja estima de nosotros mismos, y una muy alta estima de Cristo."

"Lo que es más precioso a los ojos de Dios, es a menudo lo menos notado por los hombres."

"Para poder elevarnos más allá del primer Adán, debemos vivir en el postrer Adán. Entonces podremos, en espíritu, usar el lenguaje del Salmo 8, y tener todas las cosas debajo de nuestros pies."

"La ruina de un reino es algo pequeño a los ojos de Dios, en comparación con la división entre un puñado de pecadores redimidos por la sangre de Cristo."

"Un buen obrero obtiene destreza a través de sus errores."

"Cristo pasó dos veces al lado de los ángeles. Él se hundió muy por debajo de ellos en Su humillación; y Él se levantó muy por encima de ellos en Su exaltación."

EL CORAZÓN CONTRITO

El corazón contrito es dulce incienso,
Para Ti, oh Dios de gracia;
Que adora en tu propiciatorio
En perfecta libertad.

El corazón contrito es largo y ancho,
Tus misterios conoce;
Que mora en el Calvario para llorar,
Y de tu reposo puede compartir.

Morada adecuada de la Paloma celestial
Que temblando con temor santo,
Y enfermo de amor, a Cristo el Esposo,
Espera hasta que venga a aparecer.

Imagen expresa de tu amado Hijo,
El Cordero ahora exaltado;
Mansamente dice: "Sea hecha tu voluntad",
Y sea tu nombre santificado.

En cada suspiro da una nota,
De melodía divina,
A la cual atento, oh Dios Altísimo,
Tú inclinas tu oído.

Aquel don que tú no despreciarás,
Impártenos,
Y luego acepta nuestro sacrificio—
Un corazón contrito y quebrantado.
              –R. C. Chapman.[77]

"Tener nada, y no ser nada, eso es riqueza, quietud, reposo."
–R. C. Chapman

Ann la Santa (1810-1904)

La santa irlandesa

"¡Pobre Ann, nunca puede aprender nada!", exclamó el maestro de escuela con tono de desesperación. La pequeña niña había estado tan solo una semana en la clase, pero le era tan difícil dominar el ABC, que se llegó a la conclusión de que cualquier esfuerzo que se hiciera en una niña tan inepta sería un desperdicio total de tiempo. Así que fue despedida de inmediato para que regresara a su humilde covacha irlandesa con techo de paja en Ballamacally, condado de Armagh, Irlanda. A pesar de ello, en sus años maduros Ann llegó a ser famosa por su amplio conocimiento de la Biblia, y por tener todo un récord de respuestas a sus sencillas oraciones de fe, que dejaban callados a los más infieles e incrédulos.

En el hogar en el que ella nació en 1810 no existía la religión. Los seis hijos que les nacieron a James Preston y su esposa se vieron obligados a buscar empleo tan pronto fueron capaces; y dado que Ann no podía captar ni siquiera los principios más sencillos de la educación, fue contratada para cuidar niños, o para cuidar ganado, generalmente por familias que no conocían a Dios. Finalmente fue llevada a un hogar cristiano, en donde el ama se preocupaba por el bienestar espiritual de todos los que llegaban bajo su techo. Por su invitación, la joven sirvienta asistió a las reuniones de las clases metodistas, en donde algunos lloraban por causa de sus pecados, y otros alababan a Dios agradeciéndole Su gracia salvadora.

Para la mente de Ann, tan completamente ignorante de todo lo espiritual, esta reunión fue desagradable. Sin embargo, el domingo siguiente accedió a asistir a un servicio metodista en un hogar privado. El texto del ministro fue aquel mandato de nuestro Salvador: "Mas tú, cuando ores, entra en tu aposento, y cerrada la puerta, ora a tu Padre que está en secreto; y tu Padre que ve en lo secreto te recompensará en público". Casi sin saber por qué, esa noche subió a un pequeño lugar en el ático y estalló en fuerte llanto mientras permanecía arrodillada junto a la única silla que había allí. Sospechando lo que ocurría, su ama subió las escaleras y le preguntó: "¿Qué te pasa, Ann?"

"No lo sé", fue la respuesta. Sin embargo, pronto hizo esta confesión: "Sí lo sé. Veo ante mí los pecados que cometí desde que tenía cinco años; están todos escritos en la silla frente a mí, uno por uno. Lo peor de todo es que veo el infierno abierto, listo para tragarme."

En su gran agitación de alma, habiendo ya despertado ahora a su verdadera condición ante Dios, se retiró a su habitación en donde continuó clamando a Dios por misericordia hasta la medianoche. Entonces, cuando surgió de sus labios la pregunta: "¿No hay misericordia para mí, Señor?", le fue dada la certeza divina de que a través de la sangre de Jesús, sus pecados eran limpiados.

Ann tomó un Nuevo Testamento que había en la mesa, y colocando su dedo en un verso, oró así: "Padre, tú que has quitado de mí esta terrible carga, ¿podrías ayudarme a leer una de estas pequeñas cosas?" ¡Y se produjo un milagro! Ann pudo leer por lo menos una parte del verso: "Cualquiera que bebiere de esta agua, volverá a tener sed; mas el que bebiere del agua que yo le daré, no tendrá sed jamás".

Y eventualmente ella, que había sido condenada por su maestro de la infancia a una vida de total ignorancia, recibió la habilidad de leer la Palabra de Dios. Sin embargo, por razones que solo nuestro Padre Celestial conoce, Él nunca abrió la puerta de su mente para poder leer asuntos seculares. Una familia para la cual trabajó, se rehusaba a creer que fuese posible una situación tan inusual. Para probar su veracidad, colocaron frente a ella un periódico y le pidieron que leyera cierto párrafo. Ella no entendía nada, hasta que la palabra "Lord" (Señor, en inglés) llamó su atención. Entonces ella exclamó: "A mí me parece que esta palabra es 'señor', pero no puede ser mi Señor, porque mi corazón no arde cuando la leo". El artículo describía a Lord Roberts, un caballero que figuró con prominencia en la Guerra Sudafricana.

Con el paso del tiempo Ann obtuvo un empleo en el hogar de un Dr. Reid, cuya esposa era cristiana. Cuando la familia decidió trasladarse a vivir a Canadá, ellos la invitaron a acompañarlos. Para dolor de sus padres, Ann consintió. Después de dos meses de viaje, los Reid, junto con Ann, se establecieron en Thornhill, Ontario, no muy lejos de la ciudad de Toronto.

Debido a todos los cambios por los que había pasado, la vida espiritual de la pequeña sirvienta irlandesa parecía haberse estancado, a pesar de que aún profesaba ser cristiana. La Sra. Phoebe Palmer, notable por su defensa de la doctrina de la santidad, fue por un tiempo líder de la clase en la Iglesia Metodista de Thornhill. Un día, a regañadientes, Ann cedió ante la persuasión de la Sra. Reid para que la acompañara al servicio.

Cuando Ann ya había estado con la familia Reid unos diez años, la esposa y madre murió repentinamente. La familia con niños pequeños quedó bajo el cuidado de Ann, y ella fue fiel a lo que se le había encomendado, hasta que ellos alcanzaron la madurez, y abandonaron la casa paterna.

Ni el Dr. Reid ni Ann habían alcanzado un nivel de estabilidad en la vida cristiana. Ella, para su tristeza, frecuentemente cedía ante violentos estallidos de enojo cuando los niños colmaban su paciencia. Por momentos, la inconsistencia del Dr. Reid en los asuntos religiosos molestaba mucho a Ann. Incluso, en cierta ocasión, durante el tiempo devocional familiar, ella llegó a taparse los oídos con sus dedos para evitar escuchar la voz del Doctor. Lo más que ella podía esperar era pecar y arrepentirse, hasta que la luz de Dios le mostró una vida completamente victoriosa sobre el pecado.

A un joven cristiano que visitaba al Dr. Reid se le pidió que dirigiera el tiempo regular de alabanza familiar vespertina. Cuando él leía el Salmo 34, el verso 16 le habló muy fuertemente a Ann: "La ira de Jehová contra los que hacen mal, para cortar de la tierra la memoria de ellos". A petición de ella, el joven hizo una seña en la página en donde estaba el verso. Ann fue de inmediato a su habitación, abrió la Biblia y empezó a pedirle a Dios que le mostrara lo que eso quería decir. El gran enemigo de las almas le susurró: "Pero tú no puedes leerlo".

Con una fe sencilla ella replicó: "El Señor me lo permitirá". De nuevo ocurrió un milagro. ¡Ann pudo leer el verso! Prosiguiendo en oración, ella preguntó: "¿Qué es el mal?". A esto siguió tal revelación del pecado de su corazón, que Ann pasó el resto de la noche en denodada súplica por liberación. El poder de la oración perseverante le fue abierto, y como el Jacob de antaño, al despuntar el día, con agonía de alma y aferrándose a Dios, ella exclamó: "Moriré, pero lo obtendré". Levantándose de sus rodillas, bajó las escaleras y encontró al joven huésped, quien le preguntó por la razón de su inquietud.

Su respuesta fue: "Yo quiero ser completamente santificada—cuerpo, alma y espíritu." Él le explicó que la fe en las promesas de Dios le daría la santidad de corazón que tanto ansiaba, y citó el verso: "Pedid y se os dará; buscad, y hallaréis; llamad, y se os abrirá."

De nuevo Ann recurrió a sus rodillas, y oró así: "Señor, he estado llamando toda la noche. ¡Ábreme! ¡Ábreme!" Y el cielo respondió a su perseverante oración. Al instante su llanto se convirtió en gozo, y durante dos horas la pequeña casa se convirtió en una casa de alabanza. En efecto, esa casa nunca más volvió a ser algo que no fuera alabanza, conforme Ann anduvo con Dios y fue conducida más y más profundamente a encontrar los secretos que Él revela a quienes le temen.

Fue por esta época que se le llegó a conocer como "Ann la Santa"; aunque quizás quienes la llamaron así al principio fueron algunos de los muchachos del vecindario, en son de burla. Pero cuando ella se dio cuenta del verdadero significado del nombre, su oración fue: "Padre, me están llamando Ann la Santa. Por favor, hazme santa para que los jóvenes no estén mintiendo". Su sencilla petición halló una respuesta en la fragancia de su humilde y fiel testimonio cristiano, que afectó las vidas de todos los que la conocieron. Ella se convirtió en "Ann la Santa" para la generación que la conoció, y también para las posteriores.

Fueron muchas las historias de respuestas a su oración. Una de las más importantes tuvo que ver con el pozo del Dr. Reid, que siempre se secaba por varios meses durante el verano. Sus jóvenes hijos debían acarrear el agua desde lejos para suplir no solo las necesidades familiares, sino también las del ganado. Un día, mientras Ann les hablaba acerca de un Dios que responde a las oraciones, y les contaba algunas de sus propias experiencias, Henry Reid dijo en son de broma: "Ann, ¿por qué no le pides a tu Padre que envíe agua a ese pozo para que no tengamos que trabajar tan duro?"

La pregunta resultó ser un desafío directo a su fe. A solas en su dormitorio, ella oró: "Padre, tú oíste lo que Henry dijo esta noche. Si yo me paro ante los miembros de la clase bíblica (en la iglesia Metodista, n.t.) y digo, 'Mi Dios suplirá todas vuestras necesidades conforme a Sus riquezas en gloria en Cristo Jesús', los jóvenes no creerán que yo soy lo que profeso ser, si tú no envías el agua a ese pozo". Tras seguir orando un tiempo, ella recibió la certeza de que su petición había sido escuchada. Con estas palabras en sus labios: "Padre, si yo soy lo que profeso ser, habrá agua en el pozo mañana por la mañana", se fue a la cama y se durmió profundamente.

A la mañana siguiente, cuando Henry estaba preparándose para una larga caminata para sacar el agua que supliera las necesidades de ese día, ante sus asombrados ojos Ann tomó dos cubetas vacías y se acercó al pozo, del cual él había dicho que estaba "tan seco como el piso de la cocina". En cuestión de minutos ella regresó a la casa donde estaba observándola el incrédulo joven, con las mismas dos cubetas rebosantes con agua clara.

"Y ahora ¿qué dices?", fue la triunfal pregunta de Ann al sorprendido joven, quien a su vez solo atinó a preguntar: "¿Por qué no hiciste eso hace mucho tiempo, para ahorrarnos todo el trabajo?" Años después, un amigo de Ann que conoció a fondo este incidente, comentó que desde entonces el pozo nunca más había vuelto a secarse, ni siquiera durante los veranos más calurosos. ¿Quién puede decir que el día de milagros ya pasó?

La larga vida de Ann, noventa y seis años, fue una vida llena de oración y alabanza a Dios por lo que Él había hecho en ella, y por lo que pudo hacer por otros. Sus años postreros los pasó en hogares de amigos, que consideraban un honor el poder ministrarle. El Alcalde de Toronto asistió a su funeral. El domingo después de su muerte, él dijo: "Esta semana he tenido dos privilegios. Ha sido mi privilegio el poder entrevistarme con el Presidente de los Estados Unidos de Norteamérica. Ese es un gran honor. Luego, fui uno de los que cargó el féretro en el funeral de 'Holy Ann' Preston (Ann 'la Santa' Preston). Y sin faltar de manera alguna el respeto al Presidente Theodore Roosevelt, él añadió: "De estos dos honores, el más apreciado es el segundo".

COSAS PEQUEÑAS

El era tan solo un joven de Jerusalén,
Ni especialmente malo, ni bueno.
Pero fue directo al Maestro y le dijo:
"He aquí mi pequeña porción de comida.
No es mucho, mas es todo lo que tengo.
Mi madre me la dio;
El pan es poco; los peces, solo dos:
Con gusto te los doy a ti."
Era una porción tan solo para uno,
Pero en aquel día esa porción fue multiplicada.
Dios ha escogido las cosas que no son,
Para que Él pueda ser glorificado.

Ella era tan solo una humilde doncella aldeana
A quien Gabriel una noche llegó;
"Eres muy favorecida de Dios", le dijo,
Pero ella tembló al verlo.
"No temas", añadió él, "traigo buenas nuevas.
Un Hijo de ti nacerá:
El reino de David Suyo será,
Y, Jesús, Su nombre será."
Tan solo una humilde doncella aldeana,

En quien Dios había llegado a morar.
Pero Él ha escogido las cosas que no son,
Para poder ser glorificado.

−G.R.H.W.

Isaac Marsden (1807-1882)
El denodado predicador mercante

la encargada de la posada Wellington Inn, en Doncaster, escuchó cuando el joven Isaac, de veintisiete años, entretenía a los parroquianos de la taberna con las nuevas de que para él la vida vieja ya había terminado. Ella recordaba bien las ocasiones cuando este líder desenfrenado, disoluto e infiel había volteado mesas, quebrado vasos de vino y mantenido cautivados a los asistentes con sus representaciones del más reciente orador político o de algún humilde predicador de la Capilla Wesleyana. Pero era un buen cliente, y además se hospedaba en la posada, ya que su padre, fabricante de telas, había tomado en alquiler dos habitaciones. Una la usaba para mostrar sus materiales a los clientes, y la otra era un dormitorio en donde él o su hijo podían pasar la noche al regresar de las ferias o mercados vecinos.

Sin embargo, cuando Isaac se arrodilló en el suelo arenoso, y con tremendo denuedo le imploró a Dios que salvara las almas de los jóvenes que él había sido culpable de conducir hacia el vicio, el asombro de la encargada se convirtió en cinismo y risas de burla. ¡Isaac pronto regresaría a sus antiguos caminos!

No obstante, desde la niñez Isaac había tenido buenas influencias en su vida. Tuvo la bendición de nacer de una madre piadosa y de un padre industrioso el 3 de junio de 1807, en Skelmansthorpe, Yorkshire, Inglaterra. A la muerte de su hermano mayor, Isaac asumió el rol del hijo mayor de una familia de diez. De pequeño, Isaac era muy quieto y retraído. Se contentaba con jugar dentro de las paredes de su propia casa con objetos tan sencillos como los carretes, conocidos en casi todas las casas de Yorkshire del Sur, en donde continuamente los telares se podían escuchar hilando las telas de lana.

Tanto los metodistas wesleyanos, como los primitivos[78] eran muy activos en Yorkshire del Sur, pero aún no había un lugar de reunión en el poblado en donde vivían los Marsden. Ann, madre de Isaac, a menudo se lamentaba por el hecho de que rara vez podía asistir a los servicios en los distritos vecinos, debido a las demandas de su creciente familia. Por tanto, ella inició reuniones informales en su propia cocina, que se convirtieron en reuniones de clases regulares.

¡Un avivamiento llegó a Skelmansthorpe! Aunque joven, Isaac fue tocado por el Señor; y si en ese tiempo hubiese confiado sus conflictos internos a algún adulto, habría evitado años enteros de vida desperdiciada y desenfrenada. Su madre fue muy bendecida en este tiempo, y se convirtió en una fuerza para bien. Pero su padre, aunque exteriormente parecía muy respetable, no tenía interés en las cosas espirituales, y no aprobaba que su familia asistiera a los servicios de la iglesia.

William Marsden era un hombre de férrea disciplina que poseía una aguda mente para los negocios. A él no le importaba cuán atrevidas fuesen las travesuras de Isaac, o cuán picarescas sus actuaciones. A él solamente le importaba que fuera diligente en la escuela y en el trabajo. A costa de considerables sacrificios familiares, el muchacho se mantuvo en la escuela hasta los doce o trece años de edad; pero aunque aprendió a escribir y a hacer algunas sumas, no mostraba mucho interés por los estudios. Su deleite era la lectura, y devoraba cualquier libro o periódico que estuviese a la mano. Pero las compañías que frecuentaba en la escuela no le ayudaron a ser responsable, ni a tener una conducta recta; así que su padre lo sacó de la escuela y lo envió a aprender el tejido en telar.

El muchacho no tenía aptitud para un trabajo que requiriera concentración y en el que tuviera que permanecer encerrado, así que muchas veces arruinó las telas con las que trabajaba. Entonces, su padre lo puso a "sembrar", labor que realizó hasta los dieciséis o diecisiete años. Posteriormente, el creciente negocio de su padre requirió que Isaac, como su asistente, entregase telas y cobrara facturas. Resultó ser muy eficiente en el empacado, en la visita a ferias y mercados y en la venta de las telas. Esta ocupación le sentaba muy bien al joven, quien con un físico inusualmente vigoroso, podía trabajar duro todo el día y luego divertirse durante una buena parte de la noche sin sentir ninguna dificultad a la mañana siguiente.

Ann Marsden veía muy poco a su hijo, quien generalmente dormía en las posadas de los vecindarios en que había ferias o mercados. Como resultado de su amplia gama de lecturas, Isaac poseía un cúmulo de conocimiento mayor que muchos de los compañeros con quienes pasaba las noches en juergas. Así, él los divertía con sus caracterizaciones de oradores políticos y religiosos. La habilidad de Isaac para dirigir a los fuertes y para coaccionar a los débiles, le dio entre los jóvenes una influencia muy grande para conducirlos al mal.

Conforme la madre observaba a su descarriado hijo, su oración constante era: "Oh Dios, salva a mi Isaac. Él está fuera del alcance de cualquier brazo, excepto del tuyo." Parientes y amigos habían perdido toda esperanza; otros predijeron que eventualmente él y sus amigos terminarían en la cárcel. Pero la madre siguió aferrándose a Dios en intercesión por su hijo. Una noche, la llama de un deseo ardiente en su corazón la movió a orar hasta la madrugada. A las cuatro de la mañana ella recibió el testimonio interno de que su hijo se convertiría.

Entre tanto, Isaac se desenfrenaba más y más. Sus libros, los escritos de Paine y Voltaire, eran complementados por otros de la misma naturaleza impía, que pudiera encontrar. Pero Dios obra a través de diversos caminos. Cuando el Rev. Robert Aitkin iba a predicar en Doncaster, el disoluto joven fue a escuchar al notable ministro, esperando descubrir en el orador alguna peculiaridad que él mismo pudiera usar para divertir a su círculo de amigos. El servicio vespertino fue particularmente duro para el varón de Dios. Alguien que describió ese servicio dijo: "La palabra parecía rebotar en su propio vientre. Él se sacudió, rugió como un león y dijo: 'Por mucho tiempo he oído que Doncaster era la capital del reino del diablo, pero ahora lo he comprobado'."

Al volver a casa después del sermón, el Sr. Aitkin reunió a la gente de oración para interceder por el servicio de esa noche. Mientras tanto, Isaac Marsden estaba aprendiendo bajo el ojo escrutador del Espíritu de Dios. Nunca antes había escuchado a un hombre proclamar vehementemente los terrores de la ley, como Aitkin lo había hecho. El orador parecía verlo directamente al rostro, mientras denunciaba exactamente sus pecados. Su refugio de mentiras y los muros protectores de sus estudiados argumentos se derrumbaron ante las palabras ungidas. Anonadado, se vio impelido a quedarse allí y entrar al cuarto de búsqueda (en donde podían entrar los inconversos que buscaban la salvación). Cuando algunos cristianos le preguntaron por qué había dado ese paso, él no supo qué responder—una parálisis lo había capturado, ya que él "no pensaba, ni sentía nada".

La influencia de ese sermón fue permanente; pero aunque estaba bajo convicción, Isaac aún no buscaba con denuedo la misericordia de Dios. Es más, la semana siguiente se encontró en la banca posterior en la Fiesta de Caridad en Skelmansthorpe, papel y lápiz en mano, con la intención de anotar los nombres de los oradores y de bosquejar el contenido de sus discursos, para poder hacer sus parodias en la posada. La gente estaba muy feliz, mientras que él se esforzaba por tomar sus notas. Su propia madre se puso de pie y relató la forma en que había estado orando por su hijo descarriado.

De pronto, el Espíritu del Señor hirió de nuevo al joven con sentimientos de arrepentimiento:

> "Isaac", parecía decirme Él, "tú has conocido a estas personas toda tu vida. En enfermedad y en salud, en prosperidad y en adversidad, ellos han sido fieles a sus principios. Algunos de ellos han sufrido persecución por amor a Cristo, y aun así han mantenido honrosamente su profesión de fe. Tú nunca oíste que alguno de ellos hiciera alguna obra torcida o deshonesta. Nunca te dijeron una mentira, ni trataron de engañarte. ¿Están mintiendo ahora, o están diciendo la verdad? Si ellos están hablando la verdad, tú estás en el lado equivocado de la barda".[79]

En un instante el joven vio que sus impíos argumentos parecían vacíos y sin valor, y ya no pudo resistir tan notable evidencia. Guardó su cuaderno, y poniéndose de pie les dijo que la felicidad de ellos había llevado convicción a su vida. Les aseveró que él era un infeliz, y que había resuelto que si existía un cielo, él lo ganaría; y que si había un infierno, lo rehuiría. Después, con gran énfasis golpeó la puerta con sus largos brazos como con un mazo, diciendo: "Y si llego a convertirme, que se cuide el diablo".

Los interlocutores no sabían como recibir esta información. ¿Se trataría de otra broma? Pero el conmovido joven sabía en lo profundo de su corazón, que de allí en adelante su vida iba a ser muy diferente. La semana siguiente, en la Fiesta de Caridad en Doncaster, hizo una declaración similar de sus intenciones. En años posteriores, el Sr. Marsden se refirió a estas expresiones públicas como hitos importantes en su vida.

En Doncaster había cuatro santos varones de Dios, de diversas edades: el joven Butler, un sastre que asistía a las reuniones de clase; el reverendo William Naylor, con un espíritu suave y benigno; el Amigo Unsworth, un piadoso zapatero; y el Amigo Waring, un anciano connotado por su piedad y sabiduría. Estos cuatro tomaron a Isaac bajo su especial cuidado, y lo llevaban a todas las reuniones, tanto en la iglesia como en sus propias casas.

En la vida de Marsden ocurrió el acontecimiento decisivo del nuevo nacimiento un domingo por la mañana, el 11 de octubre de 1834. A las 6 de la mañana Isaac había asistido a la reunión temprana de oración, y allí les había pedido a sus amigos que oraran por él cada hora del día, ya que él quería caminar seriamente con Dios. Se veía a sí mismo como el más vil de los pecadores, no solo por haber desperdiciado diez años preciosos de su propia vida, sino por haber sido un instrumento del diablo entre los jóvenes. En Su misericordia infinita Dios lo perdonó, y fue cuando se encontraba a solas en su propia habitación, que el Espíritu le dio testimonio de su aceptación delante Dios.

Lo primero que hizo este hijo pródigo fue regresar a casa y contarle a su madre todo cuanto había acontecido. Ann Marsden palideció y casi sintió desmayarse; sin embargo lo oyó con cierto escepticismo. Pero el notorio cambio en la conducta de su hijo pronto la hizo regocijarse, ya que observó que ahora pasaba las noches en casa, y se retiraba a solas a su propio dormitorio. Con la Biblia abierta en una silla frente a él, meditaba y oraba estudiándola con deleite. En ocasiones acudía a alguno de sus cuatro nuevos amigos para recibir mayor instrucción, pero inmediatamente después se retiraba a la quietud de su habitación y continuaba su estudio. A él siempre le había gustado la lectura, pero ahora solo un Libro lo deleitaba.

La historia de su conversión se extendió como un incendio. En las ferias y mercados se convirtió en la comidilla de todos y en el último chisme. Se escuchaban carcajadas, ya que algunos que lo habían conocido anteriormente esperaban ver su siguiente actuación representando a alguien. Sin embargo, sus cuatro amigos sabían que el joven estaba caminando con determinación y seriedad, y que el diablo se valdría de cualquier estratagema para atraparlo de nuevo. Así es que le recalcaron al recién convertido que su resguardo residía en hablar abiertamente de Dios. Él debía llevar la guerra al propio territorio del diablo, en donde antes él había ayudado y propiciado el mal.

Siguiendo su consejo, tras vender sus rollos de tela Isaac se subía a su carreta y la usaba como plataforma para predicar. Cuando era el día de fiesta del pueblo, él se situaba entre dos tabernas para testificar a los parroquianos. En las carreras de caballos de Doncaster, colocaba letreros en los árboles y cercos. En las posadas en donde debía reunirse con sus clientes para recibir pagos, el otrora bebedor pedía un vaso de agua pura, y pagaba por él el precio que habría costado un vaso de cerveza. Luego daba un discurso sobre la abstinencia del licor, y lo intercalaba con el Evangelio.

Mientras tanto, Isaac observaba que sus cuatro amigos piadosos poseían la bendición de la santificación completa, la predicaban, la vivían y la impartían. Luego le dijeron a Isaac que "él nunca tendría el poder del aprendizaje, o de la cultura, o de la riqueza, o de la posición social, pero que sí tendría el poder de la bondad". Ellos lo instaron a que se les uniera en todos los medios de gracia posibles. Le señalaron mandatos escriturales tales como "Sed santos, como yo soy santo". Antes de que saliera para sus rondas semanales, se reunían con él temprano en la mañana, y estaban allí el sábado, listos para orar con él cuando regresaba. Ellos habían acordado orar el uno por el otro siete veces al día.

Aunque oraba sin cesar en un esfuerzo por subyugar sus fuertes pasiones e intemperancias, Isaac aún no alcanzaba la bendición del "Perfecto Amor", en la que sus cuatro buenos amigos insistían cada vez que se reunían. Dieciséis meses después de su conversión, Isaac halló que había sido respondido el clamor de su corazón, y escribió:

> "Allí me atreví a darle a Dios todo mi corazón, y a creer que la sangre de Jesucristo me había limpiado de todo pecado. Esto ocurrió en un lugar llamado Langworth, en la posada donde me hospedaba. Antes de acostarme tenía la costumbre de leer de rodillas una porción de la Escritura, y hacía lo mismo en la mañana. De esa manera ya había leído la Biblia dos veces y media. Y cuando fui a orar, este pasaje llegó a mi mente: "Dame, hijo mío, tu corazón". Y yo le dije a Dios: 'Aquí está, Señor, tú lo tendrás', creyendo que un Dios tan puro y santo no mantendría pecado en Sus manos. ¡Y, bendito sea Dios! Yo todavía puedo sentir que la sangre de Jesucristo me limpió de todo pecado. ¡Oh Dios mío, que esta sea siempre mi experiencia!"[80]

Hacia finales de 1836 el Sr. Marsden fue llamado a predicar, para lo cual fue colocado en el Plan Metodista[1]. Ya con anterioridad había estado testificando fielmente, y había visto que sus amigos y sus clientes se acercaban a Dios. Pero sentía cierta dificultad para ajustarse a la conducta ortodoxa que era exigida en el púlpito. En realidad nunca se conformó a ella, y muchas veces lanzaba al viento todo

---

1   El Plan Metodista era un sistema en el cual predicadores "locales" o "laicos" se rotaban para predicar cada domingo en una iglesia diferente de su circuito respectivo.

lo que restringiera su libertad. Los cristianos adormecidos se quejaban de sus innovaciones, pero él sentía que los hombres perecían por carecer del Evangelio, y expresó así en su diario los sentimientos de su corazón. "¡Oh que el Señor esté siempre conmigo, y me haga arder!", escribió. "Dios está ardiendo—el cielo está ardiendo—los demonios están ardiendo—el infierno está ardiendo. Y para poder salvar mi alma y las de los que me escuchan, yo debo estar ardiendo, o corro el peligro de ser condenado en el púlpito. Las almas están al borde del infierno. Debemos estar ardiendo para poder arrebatarlas como tizones del fuego eterno".[81]

Las notas de su diario en 1838 revelan los mismos sentimientos:

> "Que Dios me ayude a vivir este año para Su honra y gloria, como nunca antes lo hice. Estoy determinado, con la ayuda de Dios, a gastar y ser gastado en Su servicio. Yo siento que Su sangre me limpia diariamente de todo pecado. La evidencia es más clara que nunca. ¡Cuántos millares en la Iglesia viven sin esta bendición! Oh, Dios mío, despierta a la Iglesia para que busque todos sus privilegios. El Sr. Harris dice: 'Por tanto tiempo nos hemos acostumbrado a contentarnos con las cosas pequeñas, que hemos hecho mucho por descalificarnos para recibir cosas grandes'. Oh, Dios mío, abre mis ojos para contemplar todos mis privilegios. Dale a mi alma un impulso, y elévame más cerca de tu trono. Yo quiero que ocurra un terremoto espiritual en mi alma cada día."[82]

> "Nosotros somos lánguidos en nuestras oraciones, cuando debiéramos estar ungidos. Lo que hemos esperado, solo es nuestra fragilidad. Todo nos da lo mismo, y no esperamos nada más. Asistimos a predicar, asistimos a escuchar, asistimos a las reuniones de clase, asistimos a reuniones de oración, pero todo nos da lo mismo y no deseamos algo más. Asistimos al trabajo como lo haría un anciano de ochenta años que va a picar piedra en un frío día de invierno."[83]

"Sumérgeme en los abismos más profundos, y elévame a los privilegios más altos de la experiencia espiritual. ¡Oh, que tengamos las arras del Espíritu de poder y de gloria! Vivifícame en cada momento. Capacítame para vivir como algún ser inmortal enviado desde tu Trono. Haz que yo no sepa lo que es temer al hombre, y ayúdame a llevar conmigo una atmósfera de salvación. Señor, Señor, guía a tu criatura ignorante e indigna, en cada hálito, pensamiento, palabra, sentimiento, acción, día, noche, hora, momento, y tú tendrás la alabanza."[84]

El Sr. Marsden era un predicador poderoso y no toleraba la quietud mortal y el exceso de formalidad en su auditorio. A la mitad de una prédica se detenía y hacía algún comentario para sorprender a sus oyentes y dejarlos pensativos. Los inducía a pensar. Por eso no sorprende que los más poderosos y respetables resintieran su franqueza llana; y que lo acusaran de estar loco. Hasta hicieron circular la mentira de que se había suicidado. Muchos la creyeron, hasta que él se presentó para probar que era una falsedad.

Durante diecisiete años predicó 3,370 sermones en Yorkshire, Nottinghamshire, Lincolnshire y Lancashire, lugares en donde Dios lo respaldó notablemente, y en donde centenares de almas fueron conducidas al Reino. En Wigan fue particularmente respaldado por el Señor, y llegó un avivamiento. Cada vez que alguna iglesia vivificada deseaba atacar alguna guarida malvada de iniquidad, o alguna taberna, o alguna parte de la ciudad de mala reputación, llamaban a Isaac Marsden para pedirle ayuda.

Marsden fue excepcionalmente dotado en la ministración personal, y a menudo desmontaba de su caballo para hablar con algún picapedrero, excavador o transeúnte, con quienes generalmente se hincaba para orar por su salvación. Cuando iba a iniciarse alguna serie de servicios en un distrito nuevo, apelaba primero a los líderes y miembros para que se consagrasen totalmente a Dios. Cual soldado, antes de un ataque hacía un reconocimiento. Recorría la ciudad, notando sus puntos salientes y sus debilidades. Cada extraño que pasaba era abordado, invitado a los servicios, y recibía un tratado. El domingo en la noche, después del servicio, las tabernas y tiendas que estaban abiertas eran visitadas por este ardiente pescador de hombres, quien invitaba a los clientes a los servicios, y muchas veces se arrodillaba para orar por ellos.

"¿Podría usted decirme en cuál de estas casas vive el Señor Jesús?" Esto se lo preguntaba a algún extraño con tal de iniciar una conversación, y lo dejaba pensativo.

Si en la iglesia donde estaba predicando estaban reunidos solo cristianos profesantes, él procedía muy normalmente con su predicación, y luego cerraba repentinamente su Biblia y anunciaba: "El diablo está en la capilla. No puedo predicar. Oremos." Luego derramaba su corazón con un torrente de palabras que revelaban su carga por alguien que no estaba allí—¿o sería que sí estaba allí? Se intercedía por el violador del sabbath, por el libertino, el borracho, el ladrón, hasta que la congregación temblaba. En el servicio de la noche, el lugar de adoración se llenaba de personas que no estaban acostumbradas a asistir a la iglesia con regularidad. Los miembros respetables no entendían la estrategia, pero sus inusuales métodos atraían a los pecadores a la casa de Dios.

Al igual que muchos de los primeros predicadores itinerantes, Isaac Marsden tenía una visión profética. ¡Estos siervos del Señor manifestaban los dones del Espíritu en su ministerio, sin estar plenamente conscientes de que los poseían. Este varón de Dios vivía tan cerca del cielo en oración, que a menudo captaba aun los susurros más tenues del Espíritu. Sus advertencias a pecadores rebeldes, dadas a menudo ante la congregación, muchas veces se cumplieron al pie de la letra. En la oración pública Marsden suplicaba por las necesidades individuales, de manera que asombraba al oyente que sabía que dichos detalles no podían ser conocidos por un extraño, a menos que "el secreto de Jehová" estuviese con él, y que el Señor le revelara Sus secretos.

A los niños nunca se les desatendía en sus ministraciones. A menudo celebraba fiestas de naranjas, manzanas o panecillos, e invitaba a los niños a que cantaran aleluya en las reuniones. Muchos de ellos llegaron a ser ministros honorables y obreros útiles, habiendo recibido sus primeras impresiones del Evangelio gracias a la forma de ser paternal y amable de Isaac Marsden. William Booth tenía solo catorce años cuando oyó a Isaac Marsden, quien después lo pastoreó como uno de sus corderos. Posteriormente siguió con profundo interés su labor en el Ejército de Salvación.

Conforme era reconocido como predicador poderoso, las invitaciones de las iglesias se hicieron excesivas. Como resultado, su negocio empezó a decaer, y Marsden se vio confrontado con la pregunta: "¿Debo atender el negocio y amasar una fortuna, o debo dejar que el negocio decline y entregarme al evangelismo?" En una anotación en su diario el 11 de mayo de 1846, escribió:

> "Si el Señor alguna vez me coloca en una situación en la que yo pueda entregarle mi negocio, yo prometo este día que, con Su ayuda, dejaré el mundo y tomaré Su Evangelio y lo predicaré hasta mi muerte. Señor, ayúdame. Tú conoces la debilidad del hombre, y los pactos de nada sirven sin el socorro divino. Hazme fiel a tu causa, en cada llamamiento en la vida".[85]

A través de todos esos años Isaac fue un hijo devoto de su madre, quien estaba delicada de salud y sufría crónicamente. Antes de partir para realizar algún viaje, acudía al cuarto de la enferma y oraba fervorosamente para que fuera sostenida en su ausencia. Al regresar corría a esa habitación, y de rodillas le daba gracias a Dios de que ella aún estuviera viva. Allí, a su lado, rogaba a Dios durante horas enteras. La vida de Ann Marsden terminó en paz y triunfalmente en 1847. Su hijo insistió en predicar en el funeral, ya que sentía que nadie más podía hacer justicia a la vida de santidad que ella había vivido.

En uno de sus viajes de predicación conoció a la hija de un granjero respetable, y surgió entre ellos un afecto mutuo. Debido a que él todavía tenía la responsabilidad de ser la cabeza de su familia, y que ella debía velar por el bienestar de su padre, no fue sino hasta siete años después que consideraron casarse. Isaac Marsden tenía cuarenta y siete años de edad.

Mary Barker era la persona indicada en todo sentido para ser la ayuda idónea de este gran hombre. Aunque eran diferentes en muchos aspectos, cada uno suplía al otro lo que necesitaban. Ella era líder de una clase bíblica, y una obrera exitosa en la iglesia. Ambos se mantenían tan ocupados, que rara vez pasaban juntos los domingos, y la mayoría de noches también tenían compromisos de predicación. Pero la esposa había estado de acuerdo en que su matrimonio no iba a ser un obstáculo para que Isaac cumpliera con el llamamiento de Dios. El calendario del Sr. Marsden jamás se vio alterado por tener que acompañar a la esposa que escogió.

Poco después de su matrimonio cambiaron sus circunstancias económicas, de manera que él pudo cortar su relación con el negocio familiar y transferirlo a otros miembros de la familia.

Cuando este hombre de Dios se acercaba al final de sus labores, ¿cómo veía la experiencia que había tenido a los veintitantos años?

"Siempre siento una convicción firme de la necesidad de una salvación plena, especialmente para la labor desde el púlpito, y el avivamiento permanente de las iglesias. Por mucho tiempo la Iglesia ha estado declinando hacia el mundo, a tal grado que la distinción entre ambos casi se ha perdido. El nacimiento de la Iglesia fue el día de Pentecostés—el festival del Espíritu Santo. Lo que hace a la Iglesia realmente cristiana no son las formalidades y costumbre externas, sino el Espíritu Santo. Él es el alma que la llena, que le da vida, y que reune a todos sus miembros individuales en la unidad de un cuerpo.[86]

"¿Qué se debe hacer para resucitar al Metodismo? Mi respuesta es una misma para el púlpito y para la congregación: no un ritual espléndido, ni capillas espléndidas, ni sermones espléndidos, ni conciertos espléndidos, ni pláticas espléndidas, ni bazares. El Pentecostés es lo único indispensable para el púlpito y la congregación. Sin esto, todas las demás cosas son pecados espléndidos, y profesiones espléndidas y farsas espléndidas."[87]

Las largas y frecuentes travesías en que se expuso al clima inclemente, fueron debilitando su robusto cuerpo. Empezó a sentir una languidez que le robó el apetito y el reposo. Su esposa lo cuidó tiernamente en las largas noches de enfermedad, mientras él yacía cual un cordero, y sentía que su tempestuosa misión estaba por terminar. Un día Isaac dijo: "Yo no siento nada ni pienso nada sobre Isaac Marsden; todo es Cristo... He estado viendo hacia atrás y revisando setenta años, ¡pero no veo nada más que la Expiación—la Expiación en cada paso!"[88]

El 17 de enero de 1882, a los setenta y cinco años de edad, el espíritu militante de Isaac Marsden se unió a la Iglesia triunfante. El predicador guerrero había utilizado todo el poder disponible para la extensión del reino de Dios.

¿Cómo pudo el Sr. Marsden mantener esa experiencia a través de tan largos años, y no cejar en su celo y visión por los perdidos? El secreto se encuentra en su lugar privado de oración. Siete veces al día este varón buscaba el rostro del Señor, a pesar de que sus íntimos nunca supieron de esta práctica. Dice su biógrafo: "Literalmente, él oraba sin cesar". Él aborrecía todo lo que fuese frivolidad o conversación necia, chisme o difamación.

"Las cenas sociales no son de mi agrado", aseveraba. "Soporto una ligera plática a la hora del té para luego estar libre y tranquilo; pero tan pronto como termina el desayuno, anhelo irme a mi habitación con mis libros y mis papeles. La vida es breve, y yo siento que no tengo siquiera cinco minutos que perder".

Siendo recién convertido, Isaac Marsden había colocado una silla en su dormitorio para estudiar la Biblia y orar; ahora que ya era un guerrero anciano, seguía cumpliendo con su quieta cita con Cristo, a pesar de que las demandas de la iglesia eran grandes sobre él.

CITAS POR ISAAC MARSDEN

"¿Seremos, pues, contados entre los hombres muertos? ¡Oh, no! Debemos ser contados entre los vivos—entre los hombres de vida superior. Un varón con vida real se verá vivo, y hablará un lenguaje vivo. Sus oraciones tendrán el fuego en ellas, y tendrán alas de fuego que ascenderán al cielo y regresarán con respuestas, antes de que se levante de sus rodillas. Pero las alas de las oraciones de un hombre muerto son de hielo, y lo congelarán pronto bajo las alas de la muerte".[89]

"...Porque este mundo nos llamará 'locos'. No solo hay un 'celo loco' al servir a Cristo y sacar a los hombres de sí mismos; hay cierta clase de locura que es peor—la tibieza, la indolencia, la incredulidad. Muchos han leído que Cristo nació en un establo y que fue puesto en un pesebre, pero nunca acuden a verlo. Si ellos leyeran que Él nació en un palacio, habría viajes baratos a ese lugar y los ricos seguramente irían para ofrecerle sus dones. Pero el cristianismo permanece sin ser alterado. Nunca puede adaptarse a nociones necias, o a falsas teorías".[90]

"La incredulidad es el moho que brota en las almas ociosas y perezosas. Mantente laborando, siempre trabajando con Cristo, y entonces Jesús se encargará de que Su esposa camine con Él vestida "de blanco". Nunca seas parte de los que dicen: "No puedo", o "Yo no soy digno", o "Prefiero no hacerlo"; sino levántate y hazlo. Que quede claro en tu propia mente que eres indigno, pero no lo digas. Hablar mucho sobre esto es orgullo, o mera hipocresía. Sé un alma noble. Tú eres indigno, pero tu Jesús es digno—y digno de ti. Tú eres débil, pero Él es fuerte. Deja que Él sea tu Alfa y Omega—tu todo en todo".[91]

Alfred Cookman (1828-1871)
Lavado en la Sangre del Cordero

"Si trazas un círculo de un metro alrededor de la cruz de Jesús, allí cabe todo lo que pudiera haber de Alfred Cookman", escribió De Witt Talmage, tras la muerte de este gran hombre. No siempre fue así con este talentoso y devoto ministro. Cuando solo tenía veinte años de edad, Alfred Cookman sufrió una grave caída espiritual cuando asistía a una conferencia ministerial, por haber participado en conversaciones necias e inútiles. La caída de la gracia abundante duró por diez largos años. Pero las lecciones que aprendió con ese fracaso, fueron el medio que Dios usó para moldear a un cristiano promedio en un verdadero santo, quien después inscribió en sus manos, sus pies, sus labios: "Consagrado para Jesús".

Su padre, George Cookman, un inglés de Yorkshire, se convirtió a los dieciocho años de edad. Mientras asistía a una reunión de negocios en los Estados Unidos, recibió un claro llamado de Dios para retornar a esa tierra como predicador del Evangelio. Después de pasar un tiempo en ese país, regresó a Inglaterra por su prometida, Sarah Barton, cuyo hogar estaba en Doncaster. Como nueva convertida, ella había mostrado fidelidad en su recién hallada fe, a pesar de la persecución que sufrió de parte de su tía, en su propio hogar. En febrero de 1827 abandonó con agrado su cómodo ambiente, para aventurarse valientemente con su esposo y compartir juntos los retos del nuevo país.

Alfred nació en Columbia, Pennsylvania, en enero de 1828. La conciencia que sus padres tenían de su responsabilidad espiritual, conllevó que entregaran a Dios de una manera especial al mayor de sus seis hijos. Él nunca olvidó su herencia piadosa, y así lo escribió:

> "Nunca dejaré de estar agradecido por la instrucción y el ejemplo de un padre fiel y de una madre tierna. Yo no puedo recordar un solo período en mi vida, aun en mi

niñez más temprana, cuando no haya tenido ante mis ojos el temor de Dios. Cuando tenía alrededor de siete años, persuadí a mis padres para que me permitieran asistir a una vigilia de toda la noche de Año Nuevo. Mi padre predicó sobre la Segunda Venida de Cristo. Pensando que seguramente el fin del mundo estaba a las puertas, me di cuenta por primera vez de que no estaba preparado para enfrentarme al juicio, y temblé ante esa idea. Yo dato mi despertar espiritual desde ese tiempo."[92]

Siendo un joven de once años, Alfred asistió a uno de los servicios de su padre, en el que muchos buscaron el arrepentimiento y perdón. También su corazón recibió un toque del Espíritu Santo. Como no parecía haber espacio para él al frente, se colocó en una esquina de la iglesia. Allí, la oración sincera del quebrantado niño fue: "Precioso Salvador, tú estás salvando a otros; ¿podrías salvarme también a mí?" - Después él relató esa experiencia:

"Mientras lloraba, y oraba, y luchaba, una mano tierna se posó sobre mi cabeza. Abrí mis ojos y vi que era el Sr. James Hamilton, un miembro prominente y anciano de la Iglesia Presbiteriana. Él había observado mi interés, y obedeciendo el mover de su corazón cristiano tierno y afectuoso, llegó para animarme y ayudarme. Recuerdo con cuánta dulzura me explicó la naturaleza de la fe, y el plan de salvación. Yo le dije: "Yo creeré, yo sí creo, ahora creo que Jesús es mi Salvador, que Él me salva en este momento", e inmediatamente:

"Los cielos abiertos a mi alrededor me alumbraron
Con rayos de bendición sagrada;
Y Jesús me mostró Su misericordia,
Y me susurró que soy suyo."[93]

A pesar de ser muy joven, con la vida espiritual que recibió surgió en él el deseo de ayudar a otros; así que inició una reunión de oración para jóvenes de su misma edad, de los cuales varios se convirtieron.

Ese mismo año su padre fue asignado a la Capilla Wesley

en Washington D.C., en donde también fue elegido para servir como capellán del Senado de los Estados Unidos. En 1841 sintió que debía visitar a su anciano padre (abuelo de Alfred) en Inglaterra. Preguntó a su hijo si deseaba acompañarlo, pero sintiendo la responsabilidad para con su madre y los miembros más jóvenes de su familia en ausencia de su padre, Alfred declinó la invitación. El Sr. Cookman zarpó de Nueva York hacia Liverpool, pero la nave nunca llegó a su destino y jamás se pudo determinar su suerte. La tragedia, casi sobrecogedora por su efecto sobre la ahora viuda Sra. Cookman, resaltó lo mejor del carácter de Alfred. Con hombría y valor intentó ocupar el lugar de su padre, y su madre comentó que solo la eternidad podría revelar lo que él fue como hijo y hermano para la adolorida familia.

La muerte del esposo y padre obligó a la familia a cambiar de residencia, y la ciudad de Baltimore llegó a ser el sitio del hogar de los Cookman. Antes de cumplir los quince años Alfred ya era maestro de Escuela Dominical, y junto con otros jóvenes organizó al año siguiente una misión dirigida a los marineros y niños pobres que frecuentaban los muelles del puerto de la Bahía Chesapeake. Alquilaron un salón al que pusieron por nombre "Ciudad Betel", y allí celebraban servicios.

A pesar de ser Alfred el miembro más joven del grupo, mostró tan claramente su habilidad como orador, así como el toque divino sobre su vida, que sus amigos empezaron a reconocer en él el posterior llamado que le haría Dios al ministerio. Su primer esfuerzo notable en esta dirección, fue la presentación de un sermón funerario por la muerte de un amigo cristiano, cuando escogió como texto: "Morir es ganancia".

Así fue que a los dieciocho años, Alfred Cookman le dijo adiós a su familia para iniciar su carrera ministerial. Entre las palabras de despedida de su madre estuvo esta exhortación: "Hijo mío, para que seas supremamente feliz y extensamente útil en tu ministerio, debes ser un siervo de Jesús completamente santificado". Esa amonestación dejó una impresión muy profunda en su mente y corazón. Él aseveró:

"Frecuentemente me sentí movido a rendirme a Dios, y a orar por la gracia de una santificación completa. Pero luego me parecía que esa experiencia se alejaba de mí como un monte de gloria, y pensaba: 'No es para mí. Es imposible que yo pueda escalar esa cima resplandeciente. Y si lo pudiera hacer, mis asedios y pruebas serían tales, que no podría mantener exitosamente una posición tan elevada'."[94]

Su itinerario lo llevó a diversas asignaciones de predicación, y en una de ellas su corazón se alegró por la llegada del Obispo Hamline y su esposa para la dedicación de una nueva iglesia. Este santo varón permaneció allí una semana, predicando varias veces con la unción del Espíritu Santo. De manera muy directa conversó con Alfred respecto a la necesidad de la santificación. Sus exhortaciones tuvieron un efecto tan beneficioso en el joven ministro, que lo impulsaron a orar con denuedo. Con sus propias palabras él describe lo que sucedió:

"A solas y de rodillas, me presenté ante Cristo con una consagración total... Pacté con mi propio corazón y con mi Padre Celestial que toda esta ofrenda, aunque indigna, permanecería sobre el altar, y que de allí en adelante yo agradaría a Dios con solo creer que el altar (Cristo) santifica la ofrenda. ¿Me preguntas cuál fue el efecto inmediato? Yo respondo: la paz—una paz amplia, profunda, plena, grata y sagrada. Esto procedía no solo del testimonio de una buena conciencia delante de Dios, sino también de la presencia y la operación del Espíritu en mi corazón. Aun así, yo no podía decir que ya estaba completamente santificado, sino que me había apartado exclusivamente para Dios.

"Al día siguiente, al encontrar al Obispo Hamline y su esposa, me atreví a contarles acerca de mi consagración y de mi fe en Jesús, y al hacerlo fui rodeado por una luz y una fuerza mayores. Un poco de tiempo después, la Sra. Hamline propuso que pasáramos un tiempo en oración. Postrados ante Dios, oramos. Mientras estábamos en eso,

Dios, por amor de Cristo, derramó sobre mí el Espíritu Santo de una forma como nunca antes, de tal manera que me vi constreñido a concluir, y a confesar:

'¡Hecho está! Tú en este momento salvaste,
Con plena salvación me bendijiste;
Por tu sangre tengo redención,
Y amor y paz sin mancha.'

"La gran obra de santificación que tantas veces pedí y esperé, había sido hecha en mí; sí, en mí. Yo no podía dudarlo. En mi caso, la evidencia de esta experiencia fue tan directa y clara, como lo había sido la que tuve de ser hijo de Dios cuando fui recibido como parte de la familia del cielo. ¡Oh, fue glorioso, divinamente glorioso!

"¿Hará falta decir que la experiencia de santificación inauguró una nueva época en mi vida espiritual? ¡Oh, qué bendito reposo en Jesús! ¡Oh, qué experiencia más permanente de limpieza por medio de la sangre del Cordero! ¡Qué unión consciente y comunión constante con Dios! ¡Cuánto incremento de poder para hacer o sufrir la voluntad de mi Padre Celestial! ¡Qué deleite en el servicio al Maestro! ¡Cuánto temor de contristar al Espíritu infinitamente Santo! ¡Cuánto amor por los enteramente santificados, y cuánto deseo de estar con ellos! ¡Cuánto gozo en la conversación espiritual! ¡Cuánta confianza en la oración! ¡Cuánta iluminación en la lectura atenta de la Palabra Sagrada! ¡Cuán grande el aumento de la unción para realizar los deberes ministeriales!"[95]

Pero esta sagrada experiencia fue anulada cuando, asistiendo a su primera conferencia de la Iglesia Metodista, él se unió a otros ministros en conversaciones que contristaron al Espíritu Santo. Él diría después:

"Olvidando cuán fácilmente el Espíritu infinitamente Santo podía ser contristado, me permití deslizarme con el espíritu de los tiempos. Y después de ceder ante las bromas necias y contar historias vanas, me di cuenta de que había sufrido una pérdida grave. Mi siguiente campo de labor lo realicé con una disminución evidente de poder.

"Quizás para acallar mi conciencia, empecé a defender el argumento de quienes insistían que la santificación, como una obra del Espíritu Santo, no podía involucrar una experiencia separada de la regeneración."[96]

A pesar de que el joven ministro no tenía la certeza interior de la salvación plena, su predicación durante la siguiente década fue muy aceptada en las iglesias que pastoreó; llegó a ser el predicador más popular en la Conferencia, y con frecuencia era invitado a muchos púlpitos. En rápida sucesión llegaron llamados de iglesias de las ciudades más grandes. Mas a pesar del éxito exterior, él no estaba satisfecho; sabía que nada podía reemplazar a la piedad personal. Al aconsejar a su hermano menor, quien consideraba ingresar al ministerio, le escribió:

"No dejes que ningún pecado ocioso, ni secreto, ni la indisposición por esforzarte, o sacrificarte, o sufrir, te desvíe del entendimiento pleno de tus privilegios en el Evangelio del amado Hijo de Dios. Por muy imperfectas que te parezcan tus capacidades mentales y físicas, no hay razón para que no puedas llegar a ser un Fletcher, un McCheyne o un Summerfield, en su casi seráfica pureza, celo y devoción. Si atiendes primeramente el tema más importante, que es la piedad personal, a lo demás no le temo."[97]

Durante el avivamiento que iluminó Norteamérica en 1857, Alfred Cookman fue desafiado a retomar su posición en defensa de la doctrina del "Amor Perfecto". En ese tiempo estaba pastoreando la iglesia en Green Street, Filadelfia, y reconocía que había gastado gran parte de su energía batallando con el conflicto interior que había en él. El Espíritu estaba llevándolo de vuelta a la sencilla fe de su primera consagración, pero también estaba encaminándolo a tener un entendimiento más maduro de la doctrina y una a experiencia más alta. Diez años después escribió lo siguiente, en cuanto a su restauración:

"¡Oh, cuántos años preciosos desperdicié en nimiedades y debatiendo diferencias teológicas, sin ver que yo me estaba oponiendo a una doctrina que debe ser discernida espiritualmente, y cuya tendencia es abiertamente conducir al pueblo más cerca de Dios!

"Mientras tanto, yo había caído neciamente en el hábito de usar tabaco, una indulgencia que, además de ser agradable al paladar, parecía ayudar a mi naturaleza nerviosa y social. Los años pasaron. Cuando yo confrontaba la necesidad de una consagración completa, la renuncia a mi necio hábito se presentaba como una prueba de obediencia. Yo obedecía, y la luz, la fortaleza y la bendición eran el resultado.

"Después se presentaba la tentación, y escuchaba opiniones como éstas: "El tabaco es una de las cosas buenas de Dios."'Tu religión no exige de ti un camino de ascetismo". "Esta indulgencia no está específicamente prohibida en forma literal en el Nuevo Testamento."'Algunas buenas personas que conoces son adictas a ese hábito". Así, buscando acallar una conciencia inquieta, yo regresaba lentamente a mi antiguo hábito.

"Después de un tiempo empecé a ver que por lo menos había duda de que ese hábito no fuera desagradable a Dios; vi también que el darle el beneficio de la duda provenía más de mi carnalidad, que de mi experiencia cristiana. No me iba a dañar el dejarlo, mientras que persistir en esa práctica estaba afectando demasiado mi gozo espiritual.

"Encontré que a pesar de todas mis objeciones a la santificación como una obra diferente de gracia, había, no obstante, un vacío consciente en mi propia experiencia espiritual; ya que ésta no era fuerte, robusta, plena, permanente. Yo me preguntaba frecuentemente: '¿Qué es lo que necesito y deseo, en comparación con lo que tengo y profeso?'

"Vi los tres pasos de santidad que mis amigos predicaban: 'Primero, la consagración completa; segundo, la aceptación de Jesús momento a momento como un Salvador perfecto; tercero, una mansa y definida profesión de la gracia recibida'—y dije: 'Esto es escritural y razonable... Apartaré de mí todas las teorías preconcebidas, las indulgencias dubitativas y la incredulidad culpable, y me retractaré de mis pasos'. ¡Por qué tuve que desviarme de la luz, y luego malgastar tantos años, vacilando entre Dios y "el yo"! ¿Podré alguna vez perdonarme a mí mismo? ¡Oh, qué memorias más amargas!

"El reconocimiento que hago es obligado por la honestidad y pureza de ánimo, y la preocupación por otros. Esta es la mayor humillación de mi vida. Si pudiera hablarles a quienes han ingresado a una luz más clara de la pureza cristiana, les rogaría e instaría, con el interés y la sinceridad de un hermano, que mi error les sirviera de advertencia. Oh, que ellos prefirieran morir diez veces, si eso fuera posible, antes de apartarse voluntariamente de la senda de santidad, porque incluso si se vuelven de sus caminos, aun permanecerá el recuerdo de cómo la pureza original fue manchada, y eso será una gota de amargura en su copa más dulce...

"Una vez más acepté a Cristo como mi Salvador de todo pecado, reconocí el testimonio del mismo Espíritu, y desde entonces he caminado en la luz—entendiendo y experimentando la doctrina del compañerismo y la comunión con los santos. Con un corazón humilde y agradecido testifico que la sangre de Jesús me ha lavado de todo pecado.

"'Por tanto, de la manera que habéis recibido al Señor Jesucristo, andad en él'. Eso significa, según yo entiendo: 'Mantened ante Dios la misma actitud que asumisteis cuando aceptasteis a Cristo como vuestro todo suficiente Salvador'. Yo lo recibí a Él con un espíritu de completa consagración, fe implícita y humilde confesión. He hallado que la repetición constante de estos tres pasos me capacita para andar en Él. No puedo permitirme ni por un momento quitar mi ofrenda, o dejar de ver a Jesús, o apartarme del espíritu de confesión."[98]

En 1851 el reverendo Cookman se casó con Annie Bruner. Su relación fue feliz, pues estuvo basada, como enfatizó Alfred en su décimo aniversario de bodas, sobre las "rocas" de amor, verdad, pureza, bondad, fidelidad, sinceridad, constancia, gratitud, santidad y, primordialmente, Cristo como el Fundamento.

No obstante sus constantes y agotadoras actividades espirituales y evangelísticas, Alfred Cookman fue básicamente un hombre de familia. Su mayor deleite fueron sus nueve hijos. Las cartas que les dirigió durante sus ausencias obligadas están llenas de afecto paternal, y de consejos encaminados a su bienestar espiritual. Dos de ellos le precedieron en su muerte—una dulce bebé, Rebecca, y su primogénito, Bruner, a los dieciséis años. Para consuelo de sus padres, el joven había sido un cristiano firme desde el momento de su conversión, a los diez años de edad. Cookman consideró la vida de Bruner como un "préstamo temporal" que "hizo la tierra más bella, y el cielo más atractivo."

Sus compromisos como predicador conllevaron largas separaciones de su esposa amada. En una ocasión, cuando la soledad casi lo abrumaba, él le escribió:

> "Yo doblé mis rodillas para orar, y dulcemente me di cuenta de que estaba en la mejor compañía. Mi compasivo Salvador llegó pronto en mi auxilio, y la habitación se transformó en la cámara de audiencias de la Deidad. ¡Oh, cuán inefablemente dulce, cuan indescriptiblemente valiosa es la comunión del Señor Jesús!"[99]

Este hombre inusual recibió su fortaleza en el Propiciatorio. Su esposa contaba que cuando ella lo reconvenía a causa de sus vigilias nocturnas, su respuesta era que él no podía reposar mientras tuviera sobre sí la carga del pueblo. A menudo se le oía en su estudio luchar en oración hasta el amanecer. El resultado de esa comunión íntima con el Señor se manifestaba en sus oraciones en público. Cuando un hombre en un servicio oyó su profundo clamor, abrió sus ojos y vio al ministro de rodillas con sus manos extendidas hacia el cielo, y luego lo vio levantarse para extenderse hacia arriba todo lo que podía. Después cayó de rodillas otra vez, dándole gracias a Dios por las bendiciones que le había pedido.

Un inteligente joven recién convertido, fue impresionado por el piadoso Alfred Cookman. Cuando le preguntaron: "¿Cuál sermón le oíste predicar?" Su respuesta fue: "Yo nunca lo he oído predicar, pero lo he observado cuando camina en la calle".

Viviendo en los difíciles tiempos por los que atravesaba el país en la época de la secesión y la esclavitud, Cookman no podía permanecer como un silencioso observador. Antes de que estallara la Guerra Civil en Estados Unidos, él predicó un sermón en contra de la esclavitud basado en Isaías 8:12,13: "No llaméis conspiración [confederación, en la versión inglesa; n.t.] a todas las cosas que este pueblo llama conspiración [confederación]; ni temáis lo que ellos temen, ni tengáis miedo. A Jehová de los ejércitos, a él santificad; sea él vuestro temor, y él sea vuestro miedo". Mientras hablaba, su rostro resplandecía con una luz celestial, y sus palabras estaban cargadas del énfasis y poder divinos.

Durante la guerra que siguió, sirvió en el frente como miembro de la Comisión Cristiana, no solo de manera material, aliviando la miseria física de los soldados, sino también distribuyendo Biblias y tratados, así como predicando y haciendo visitas personales.

No es de sorprender que la ardua vida pública de Cookman minara sus fuerzas. En lugar de tomar vacaciones, se involucraba en esfuerzos extenuantes en campamentos. A pesar de que él mismo sentía que sus fuerzas físicas se extinguían, no rehusaba ninguna oportunidad de elevar su voz como trompeta proclamando el Evangelio. El 22 de octubre de 1871 predicó su último sermón. Al anunciar el tema, sosteniendo una hoja seca en su mano, leyó solemnemente el texto: "Y caímos todos nosotros como la hoja" (Is 64:6). Posteriormente la congregación comentó sobre el inusual resplandor que emanaba de su rostro. Al terminar la predicación le entregó la hoja a un amigo, con estas palabras: "La hoja y el predicador son muy similares; ambos se están extinguiendo".

Estaba tan débil ese día, que dos amigos debieron acompañarlo hasta su casa. Él les comentó: "Yo sé que no es popular predicar la doctrina de la santidad, pero pensé que debía cumplir con mi deber allí; sentí que esta podría ser mi última oportunidad".[100]

Entre sus expresiones finales se encuentran: "Estoy deslizándome a través de las puertas" y "lavado en la sangre del Cordero". Dios concedió a este amado hijo suyo, que solo pasó cuarenta y cuatro años en este valle de lágrimas, una vislumbre de la eficacia del lavamiento de la "sangre del Cordero inmolado", que muy pocos en esta tierra han tenido. Pero esa afirmación no fue solo una declaración testimonial en esa ocasión; ese fue el tema en su habitación de enfermo, que creó el ambiente santo que se formó en ese lugar.

Indudablemente, la misma realidad que permitió a los mártires cantar en medio de las llamas, permitió que el sufriente predicador se regocijara en los frutos de la redención, según ésta se aplicaba a sus necesidades vitales de cada momento. Sus pies estaban sumamente adoloridos debido a una forma peculiarmente violenta de reumatismo. Él explicó que si cada hueso de sus tobillos y la planta de sus pies fueran un diente con el nervio de la raíz palpitando agudamente en cada uno, eso sería comparable con el dolor que sufría. Pero para él se tornó en bendición. Leamos lo que explica:

> "Yo he sabido por muchos años lo que significa ser lavado en la sangre del Cordero; ahora entiendo el significado pleno de aquel verso: 'Estos son los que han salido de la gran tribulación, y han lavado sus ropas, y las han emblanquecido en la sangre del Cordero'. Yo solía decir que la sangre era suficiente, pero estoy llegando a conocer que la tribulación nos lleva a la sangre que limpia".[101]

Cuando su madre le recordó que el bendito Salvador había sufrido en Sus pies, él comentó: "Sabes, los clavos se hincaron en sus preciosos pies, y Él puede simpatizar conmigo en mis sufrimientos".

El Sr. Cookman tuvo una visión del cielo durante su enfermedad final; dijo que había sido más que un sueño. Se encontraba justo adentro de las puertas, y quien primero lo saludó fue su abuelo, quien dijo: "Cuando estabas en Inglaterra me gustaba enseñarte los distintos lugares de interés; ¡ahora te doy la bienvenida al cielo, nieto mío, lavado en la sangre del Cordero!" Seguidamente lo recibió su padre, cuyos rasgos eran tan claros para él, como lo habían sido durante su niñez. El saludo siguió el mismo tenor: "¡Bienvenido, hijo mío, lavado en la sangre del Cordero!" Luego su hermano George lo abrazó y exclamó: "¡Bienvenido, hermano mío, lavado en la sangre del Cordero!" Por último, su hijo Bruner repitió: "Bienvenido, padre mío, lavado en la sangre del Cordero." Cada uno de ellos, a su vez, lo presentó ante el Trono. El comentario de Alfred a su esposa fue: "Esa fue una entrada plena".

Oigamos a este defensor del lavamiento por la sangre proclamar una vez más el mismo mensaje:

> "Las mejores horas de mi enfermedad sucedieron cuando los fieros fuegos del sufrimiento se encendían y abrasaban todo a mi alrededor. Esto me ha convencido de que la salvación plena es la única preparación para las diez mil contingencias que corresponden a la carrera de un mortal. Oh, cuán reconfortante sentir, hora tras hora, que el alma ha sido lavada en la sangre del Cordero, y experimentar la inspiración de ese perfecto amor que echa fuera el temor que atormenta".[102]

Y así, conforme el fin se acercaba, ¡les dio a todos el mismo testimonio! A su médico le dijo: "Lavado en la sangre del Cordero". A un ministro presbiteriano le confesó la certeza de su salvación plena, diciéndole: "Dichas visiones de la presencia de Cristo conmigo —¡dichas visiones de Su sangre, limpiadora nunca antes las había tenido!" A un amado colega en el ministerio le dijo: "Yo he tratado de predicar la santidad; la he declarado honestamente; y ¡oh, cuán reconfortante me es ahora! He sido fiel a la santidad, y ahora Jesús me salva— me salva plenamente. He sido dulcemente lavado en la sangre del Cordero". Y a su hermano, justo antes del final, le dijo: "La muerte es la puerta a la gloria sin fin; yo soy lavado en la sangre del Cordero". Otro ser amado lo oyó susurrar: "Este es el día en que he estado más enfermo en toda mi vida, pero todo está bien; estoy agradecido porque he predicado la salvación plena; ¿qué haría yo sin ella ahora? Aunque olvides todo lo demás, recuerda mi testimonio: 'Lavado en la sangre del Cordero' ".[103]

Y así pasó a través de "las puertas" el 12 de noviembre de 1871, para unirse a esa gran hueste de cristianos "lavados en la sangre del Cordero".

Las palabras del Obispo Foster en el servicio fúnebre del Sr. Cookman, bien pudieran haber sido expresadas por muchos más: "El hombre más santo que yo he conocido es quien yace en ese ataúd".

CITAS POR ALFRED COOKMAN

"¡Los cristianos nunca se separan por última vez! Nos separamos, pero lo hacemos de la misma forma que los ángeles, yendo y viniendo para realizar la voluntad divina, con la certeza de que nuestro hogar está delante del Trono. Gracias a Dios, nosotros pertenecemos a la raza nacida en el cielo, guiada por el cielo y volviendo hacia el cielo; y dulcemente la marcha de paz suena: ¡A casa, hermanos, a casa!"

"La unción es esa influencia sutil, intangible e irresistible del Espíritu Santo, que sella la instrucción en el corazón en el cual es dada. Las palabras que por más tiempo permanecen influenciando los corazones humanos, no son las de los hombres elocuentes de este mundo, ni las de los oradores de las grandes ocasiones. A menudo, la unción puede estar en las expresiones de un discípulo humilde, y no en la presentación de un sermón poderoso. De esto me preocupo más que por cualquier otra cosa."[104]

"Seamos un pueblo santo. La santidad es poder. Lo que la Iglesia necesita, lo que el mundo a nuestro alrededor busca y espera es más poder. Nosotros debemos tener la santidad para poder cumplir nuestra misión suprema y santa: eso es, la conquista espiritual del mundo."

Elizabeth Baxter (1837-1926)
Una "pregonera" del Cristianismo

En el apacible valle de Evesham por el cual fluye el río Avon, el nacimiento de una hija, Elizabeth, el 16 de diciembre de 1837, alegró los corazones de Thomas y Edith Foster. Al contemplarla, poco podían ellos imaginar que esta pequeña vida estaba destinada a afectar a multitudes. Elizabeth Foster Baxter llegó a ser la editora de *El Heraldo Cristiano*, y a través de su piadosa vida y de su ministerio con la pluma y la palabra, llevó salvación, santidad y sanidad a un gran número de personas.

Elizabeth tenía mucho que agradecer por el trasfondo cuáquero de su padre, un hombre de fe y principios firmes. Su madre era fiel miembro de la Iglesia Anglicana, y en ese ambiente familiar creció y fue enseñada. A casa de los Foster, en la Calle High, llegaba en tiempos de elecciones el candidato del Partido Liberal. La niña permanecía callada bajo la mesa, escuchando los detalles de las batallas parlamentarias.

Acerca de las influencias religiosas en su hogar, ella dijo:

"Aunque nací de padres temerosos de Dios, que observaban estrictamente el Día del Señor y las oraciones familiares, yo ignoraba, no obstante, las cosas divinas... Al igual que los demás niños pertenecientes a la Iglesia Anglicana, a mí me enseñaron el Catecismo Eclesiástico, y vez tras vez analicé las palabras de que en el bautismo yo fui "hecha un miembro de Cristo, una hija de Dios y una heredera del reino de los cielos". Yo no podía explicar lo que eso significaba, pero sí sabía que si algo quería decir, tendría que ser algo que se relacionaba con Dios, que había algo real en ello, y que yo estaba segura de que nada se eso había ocurrido dentro de mí.

"También puse mucha atención a las promesas que mis padrinos de confirmación hicieron a Dios en mi nombre: que yo 'renunciaba al diablo y a todas sus obras, a la pompa y a la vanagloria de este mundo con todos sus deseos codiciosos, y a los deseos carnales; y que yo no los seguiría, ni sería dirigida por ellos'.

"¿Qué quería decir todo esto? Para mí era una cuestión de suprema importancia entender qué significaba y cuán responsable era yo personalmente."[105]

Elizabeth se quedó después de una clase de confirmación, para preguntarle al vicario si antes de ser confirmada ella era responsable de esas promesas. Un apresurado "Buenos Días", al tiempo que él salía apresuradamente, la dejó medio amargada. Les hizo la misma pregunta a dos clérigos más, y ninguno de los dos pudo darle una respuesta satisfactoria. Así es que ella se dijo: "La cuestión quedó sin resolver, y yo quedé sin ser salva".

Se contrató a una institutriz para que instruyera a Elizabeth hasta los once años de edad. Luego, durante cinco años estudió en un internado de una escuela en Worcester. Durante ese tiempo tomó buenas resoluciones y practicó el dominio propio. Leía su Biblia, pero sentía que ésta no le hablaba tanto como ella hubiera deseado. Tampoco conoció a alguien que pudiera explicarle cómo la gracia inconmensurable de Dios podía hacer desaparecer su pecado. Sus propias palabras describen este difícil período:

"Ante el mundo, yo era una muchacha alegre y despreocupada; pero muchas veces pasaba a solas largas horas clamándole a Dios que me ayudara, sin tener una idea clara de cómo podría llegar esa ayuda. No era que me doliera por algún pecado, ya que yo no sentía que hubiera en mi conciencia algún pecado en particular, sino más bien era un sentir general de que todo estaba mal, algo como una "búsqueda temerosa del juicio y de la fiera indignación de Dios". Por otra parte, yo tenía la fe cierta de que Dios es amor. Si tan solo hubiera podido ver que su justa ira por el pecado podía reconciliarse con Su amor, habría podido tener paz. Mi única idea del sacrificio de Cristo era que Él había muerto como mártir por Su propia vida santa y llena de amor, y que era malentendido por los hombres".[106]

Cuando tenía solo dieciocho años, la muerte de su padre la afectó profundamente, porque ella lo había amado más que a nadie en la tierra. Frente a su tumba hizo voto de que felizmente cedería su vista o su oído, con tal de saber cómo podía deshacerse del pecado. Después de la muerte de su padre, pasó algún tiempo con un tío que era vicario en Suffolk. En esa época visitó a una niña moribunda que le preguntó: "Señorita Foster, ¿conoce usted el camino?"

Ella solo pudo responder: "Daría el mundo entero por conocer el camino. Pero si me permites cerrar la puerta, yo creo que puedo pedirle a Dios que nos muestre el camino a las dos". Luego ella oró, pidiendo que se les mostrara a las dos la senda hacia la salvación de Dios.

En poco tiempo la muchacha moribunda le envió este mensaje a una amiga: "Dile a la señorita Foster que he hallado el camino". El corazón insatisfecho de Elizabeth experimentó algo semejante a celos, y gustosamente hubiera cambiado lugar con ella. Al observar el cortejo fúnebre desde su ventana, su corazón dolido le hizo susurrar: "¡Oh Dios, muéstrame también a mí el camino para encontrarte a Ti".

Su oración fue respondida a través de una antigua amiga de la escuela, Caroline Smith, quien también había perdido a su padre y deseaba consolar a Elizabeth por su pérdida. A ella misma, el Rev. Robert Aitken, de Pendeen, le había mostrado el camino a Cristo. Caroline abrió la Biblia en Isaías 53:6: "Todos nosotros nos descarriamos como ovejas... mas Jehová cargó en él el pecado de todos nosotros".

Después Elizabeth se refirió de esta manera a ese tiempo tan difícil que jamás olvidaría:

> "Las palabras me eran familiares; pero cuando ella las dijo, la luz del Espíritu Santo entró en ellas. Yo vi que todos mis pecados fueron puestos sobre Jesús; y mi alma entera se inclinó en adoración inefable..."[107]
>
> "Sin una sola palabra, sin decir una oración formal, Jesús fue revelado ante mí como el justo, y el justificador de aquél que cree. Yo obtuve lo que tanto anhelaba—

comunión con Dios, donde Jesús me hablaba a mí y yo a Él. "Y durante muchas noches no pude hacer tiempo para dormir. Él hizo que no me fuera difícil dejarlo todo por Él; fue muy natural. Bailes, actuación, novelas, vestidos de moda, joyas, caricaturas, etc., todo esto salió de mi vida, por el poder absorbente de la nueva vida que había en mí. Me hizo sentir que yo poseía un conocimiento que salvaría a los hombres del infierno, y casi todo mi tiempo lo pasé hablando con diferentes personas, tratando de ganarlas para Cristo."[108]

Ella tuvo que sufrir la incomprensión de su familia, y sus antiguas amistades la evitaban en las calles como se evita a quien ha cometido algún delito. Pero se aferró a su Salvador, y testificó por doquier por Él y ante Él. Su corazón, ahora unido en amor a Cristo, anhelaba más y más de Su gracia.

Dios envía a nuestras vidas no solo personas sino también libros, para ayudarnos a descubrir mayores niveles y profundidades de las provisiones de gracia. Ambos llegaron a la vida de Elizabeth en este tiempo de prueba. Acerca del libro que tanto la ayudó, ella dijo:

"Unos meses más tarde, más de medio año después de mi conversión, a pesar de que veía continuamente que las almas eran salvas, aun así yo sentía la necesidad de una obra más profunda de gracia. Llegó a mis manos un número de la revista Guía a la Santidad, que incluía un artículo escrito por la difunta Sra. Phoebe Palmer. Lo llevé ante el Señor, y allí mismo fui movida a rendirme como un sacrificio vivo y a aceptar la limpieza de todo pecado, hasta donde yo lo entendía entonces; y de alguna forma acepté que el Espíritu Santo me poseyera".[109]

Su cercanía al Rev. Aitken de Pendeen, un poderoso varón de Dios, probó ser una bendición inimaginable. Elizabeth escribió de él de esta manera:

"El me ayudó a elevarme en mi vida espiritual... Durante mi vida he oído a muchos predicadores benditos del

Evangelio, pero ninguno con el poder de lo alto, como estaba sobre él. Su gran dedicación a la oración, su intensidad, su conocimiento de las Escrituras, y la presencia de Dios que estaba siempre con él, abrieron un nuevo panorama en mi vida espiritual. Adquirí una mayor conciencia de Dios, un mejor entendimiento de la Biblia y una consagración más profunda hacia Dios y Su servicio."[110]

"Después de ese tiempo, durante ocho años mi vida espiritual creció de fortaleza en fortaleza. No era sino una pequeña área de trabajo la que Dios me había dado en un pequeño poblado y las aldeas circundantes, pero Él obró derramando mucha bendición, y me dio una mayor influencia a través de correspondencia y notas en las Escrituras."[111]

En 1856, después de que el hogar familiar de Elizabeth en Evesham se hubo disuelto, el Rev. Pennefather y su esposa le pidieron que llegara a Mildmay. Como resultado de su invitación, ella se hizo cargo de las diaconisas y diseñó el famoso bonete y vestido de diaconisas de Mildmay, que ella misma adoptó desde entonces. Esta labor en Mildmay la llevó a los pobres de Londres Oriental, en donde durante la mortal epidemia de cólera ministró sin cesar y con grandes sacrificios a los enfermos y moribundos.

Después de dos años en Mildmay, surgieron circunstancias que provocaron su renuncia. Al esperar fervientemente en Dios para saber cuál era el siguiente paso para su vida, un ofrecimiento de matrimonio de parte del Sr. Michael Baxter sorprendió a la diaconisa de treinta y un años. Él había escrito un libro titulado "Luis Napoleón, el Destinado Monarca del Mundo", que causó sensación entre los cristianos. Elizabeth lo había leído, y después había mantenido correspondencia con él. Pero fue en una Conferencia de Mildmay donde lo vio por primera vez. Él recordó siempre esa primera vez; la vio vestida de negro, partiendo algo en la mesa, con los rizos dorados que colgaban sobre sus hombros.

Su matrimonio fue feliz y de beneficio para la obra del Señor. Tenemos una vislumbre de Michael Baxter, en su biografía, escrita por su propio hijo:

"Naturalmente afectivo, el entusiasta evangelista anhelaba encontrar una esposa que compartiera sus esperanzas e intereses, y que cooperara con él en su misión. Ya que, aunque enamorado, su vocación era más importante; y aunque quería una ayuda idónea, buscaba una mujer que, al igual que él, antepusiera a Dios y subordinara toda consideración personal como comodidades o riquezas, ante la gran empresa de buscar la salvación de los perdidos.

"...Así, la elección de su esposa fue dirigida por su anhelo de encontrar una mujer que sintiera lo mismo que él en cuanto al rescate de los desposeídos y de los perdidos. Él no era dado a escoger a la ligera, ni era propenso a dejarse engañar por algo inferior al afecto verdadero; así que esperó hasta que le fue dada la esposa que Dios había sido ordenado para él. Él buscó por buen tiempo a su pareja, y cuando conoció en Mildmay a la dama que habría de convertirse en su esposa, fue para él un caso de amor a primera vista, de todo su amor; una grata rendición de él mismo al don que Dios le estaba dando."[112]

En su luna de miel, la nueva esposa se acercó a la ventana de su apartamento atraída por una voz familiar que hablaba afuera. Su esposo estaba teniendo un servicio al aire libre, y anunciaba que habría una mujer predicadora esa noche. Así, tan pronto, se enroló Elizabeth como la compañera de los esfuerzos evangelísticos de su marido.

Elizabeth y Michael fueron bendecidos con dos niños. Rachel, una hija que les dio gozo y alegría por escasos cuatro breves meses, y que luego partió a pesar de todo el amoroso cuidado que le brindaron. Michael Paget Baxter, un hijo que nació al año siguiente, sobrevivió a sus padres y continuó con la obra de su padre.

Después de cinco años de vida matrimonial, se hizo evidente otro importante desenvolvimiento del propósito de Dios en sus vidas. El Sr. Baxter, un gran expositor de la Segunda Venida de Cristo, había estado publicando una pequeña revista mensual llamada "Señales de Nuestros Tiempos".

Cuando D. L. Moody organizó campañas en Londres, los Baxter decidieron hacer de la revista una publicación semanal, en la que se mantendría informado al público de esos esfuerzos evangelísticos. En la esposa recayó la parte comercial de esta nueva empresa—reportaje, revisiones y contaduría.

Esto, aunado a que ella debía ministrar cada noche a muchas almas necesitadas, resultó en un esfuerzo extremo, que requirió de un viaje a Suiza para poder recuperar la salud y las fuerzas. De esta manera se abrió para ella un ministerio aún más amplio en Europa. Mientras tenían servicios en Suiza, que probaron ser muy efectivos, Elizabeth conoció a la Baronesa von Gemmingen, de Gernsbach, Alemania, quien la invitó a visitarla.

A pesar de que aumentaban las llamadas de pastores solicitando que se realizara más evangelismo en Suiza, después de un día de ayuno y oración la Sra. Baxter tuvo una impresión más profunda de que Dios la estaba conduciendo a Alemania. Las palabras, "Ve a Gernsbach" resonaban constantemente en su alma.

"Pero Señor", inquirió ella, "¿y qué del idioma? Tú sabes que yo no puedo hablar alemán".

"Jamás podré olvidar la respuesta", escribió. "No fue con una voz audible, pero en las profundidades de mi alma llegó la respuesta: 'Yo sí puedo, y voy contigo.'"

A la mañana siguiente le contó a su marido la impresión de su alma por el llamamiento divino a Alemania. Su respuesta fue: "Debes hacer lo que Dios te diga".

Sus amigos trataron de disuadirla de tomar ese riesgo. "Pero el hecho de que Dios y mi marido fueran uno al respecto, simplificaron las cosas para mí" – explicó—"y decidí ir a Gernsbach".

Y Dios no le falló a Su mensajera en el asunto de la barrera idiomática, según registra la Sra. Baxter de una manera asombrosa:

"Bajé las escaleras a donde estaba Frau von Gemmingen, y le dije que estaba segura de que Dios quería que yo fuera a Schauern esa noche para dirigir algunas palabras a la gente. Durante largo tiempo ella utilizó un argumento tras otro para disuadirme de ir; al no lograrlo me llevó con su marido, quien me dijo que si lo hacía, iba a lucir como una tonta; a lo cual le respondí que eso no tenía importancia, siempre que estuviera haciendo la voluntad de Dios.

"El parecía no entender o creer que Dios pudiera guiarme de esa manera. Luego la Baronesa dijo: 'Allí está la diaconisa del piso de abajo que enseña en la escuela de infantes. Ve con ella, y si la puedes hacer entender que quieres tener una reunión en su salón de clases, entonces creeré que Dios te ha enviado'. Una quietud santa llegó a mi espíritu, y al llegar al salón en donde estaba sentada la diaconisa, el suficiente alemán llegó a mis labios para hacerle mi petición, y ella prontamente asintió y dijo que reuniría a las mujeres a la hora señalada.

"Con una Biblia bilingüe en francés y alemán, Dios me permitió dar esa noche una pequeña enseñanza bíblica, que me dijeron había sido comprendida por la mayoría. Eso verdaderamente había sido del Señor, ya que el alemán de Badische es un dialecto especial que yo nunca había oído hablar; pero de cierto, es igualmente posible confiar en el Señor para que haga entender a la gente lo que Él le impele a uno a hablar, como lo es el confiar en Él para enseñar o predicar. Esa noche Él hizo ambas cosas, y un alma manifestó haber hallado paz; y no solo una, porque con el tiempo su familia entera la siguió para volverse al Señor con plena entrega de corazón.

"Dos o tres veces durante la media hora o más que estuve hablando, me volví hacia una amiga que estaba conmigo para preguntarle alguna palabra, pero ese titubeo fue tan solo momentáneo; el habla me llegó, aunque no siempre estaba familiarizada con el significado pleno de las palabras que me llegaban. Pero los rostros de las personas denotaban que entendían lo que estaban oyendo. Este fue el principio de la bendición, pues tuvimos varias reuniones más, y todas fueron similares a la primera. El Barón mismo asistió a la segunda reunión, y se sorprendió mucho por lo que vio. A pesar de esto, en la mesa, en las tiendas o en cualquier lectura que no fuera la Palabra de Dios, yo no podía hablar o sostener una conversación en alemán. Oh, ora para que mi vida pueda ser toda Getsemaní desde ahora en adelante."[113]

Pero Dios estaba preparando Su instrumento para un campo de servicio aún mayor. Para consolar a otros y procurarles sanidad, ella misma debía conocer las profundidades del dolor y el sufrimiento. Aquejada de una forma aguda de neuralgia, pasó noches enteras en una agonía de dolor. Las cartas a su marido en este tiempo revelan el hecho de que entendía el propósito de Dios en esta prueba peculiar:

"15 de marzo de 1880. Yo creo que estoy cerca del final de este tiempo de sufrida humillación, ya que Dios está dejándome más y más claro en qué he estado actuando conforme a mi voluntad en mi servicio a Él. Dios sabe que yo solo vivo para servirlo, pero ese servicio debe ser hecho a Su manera, en Su tiempo, así como en Su fortaleza. Bendito sea."[114]

"23 de marzo de 1880. Dios está humillándome como nunca antes. Él es tan fiel. Oh, que todo vestigio de mi ego pueda ser erradicado para que Dios pueda cumplir toda Su voluntad en mí. l no puede investirnos de poder conforme a la luz que tenemos, mientras quede en nosotros algo de ego. Yo creo que lo alabaré por toda la eternidad por este tiempo de sufrimiento. Él me habría enseñado por otros medios; pero como yo no había disminuido lo suficiente, se vio obligado a usar la vara. 'Tu vara y tu cayado me infunden aliento'."[115]

"3 de abril de 1880. Me produce temor reverencial el estar aliviada del dolor, siento como si mi vida debiera ser más Suya que nunca, y tengo una simpatía tan intensa para con los que sufren, que me parece entender a Cristo. Oh, ora para que mi vida pueda ser toda Getsemaní desde aquí en adelante."[116]

Quienes han tenido una experiencia más profunda de gracia, muchas veces cometen el error de idolatrar esa experiencia, en vez de aceptar la disciplina de Dios, diseñada para revelar nuestra nada y Su Omnipotencia. Los escritos de la Sra. Baxter jamás habrían podido ayudar a innumerables cristianos confundidos, si ella no hubiera conocido estos tratos divinos. En un artículo escrito en marzo de 1887, dijo:

"Yo no sabía en ese tiempo cuán ocupada estaba yo conmigo misma y con mi propia santidad. Caí en el orgullo espiritual. Esto abrió el camino a otros pecados de temperamento, etc. Estaba muy decepcionada de mí misma; sentía como que Dios me había fallado. Yo había concebido un estándar muy alto, ascético, y me había quedado miserablemente por debajo de él; y a pesar de que clamaba a Dios por horas durante el día, y por horas durante la noche, mi gozo y paz no volvieron.

"En el año 1873 vi por primera vez el libro Felicidad en Jesús, por el Rev. W. E. Boardman; y al leerlo mis ojos fueron abiertos y pude ver que todo ese tiempo yo había estado tratando conmigo misma, en vez de actuar verdaderamente como en mi primera consagración de mí misma a Dios, y permitirle que Él tratara conmigo. Desapareció toda mi confianza en mi propia experiencia para llevar salvación a otros. Mi experiencia inicial renacía otra vez, es verdad, pero yo estaba en el lado divino de ella, viendo a Jesús como mi santificación, Jesús viviendo en mí para ser paciencia en mí, amor en mí y todo lo demás que yo necesitaba.

"Desde ese momento Dios ha estado tratando con mi conciencia muy de cerca. A la vez que impide que yo peque cuando confío en Él, también me enseña de vez en cuando Sus propias perspectivas respecto al pecado, de manera que ciertas cosas que hace un año no eran pecado para mí, ahora sí lo son. Pero el conflicto es transferido; la batalla es del Señor. Él limpia, Él ayuda, Él pelea. Yo solo confío en Él y lo alabo. Él me ha dado la misma fe bendita para el cuerpo y para el alma."[117]

El relato de la vida y mensaje de la Sra. Baxter estaría incompleto sin incluir algunas palabras en cuanto a "Bethshan", un hogar que se abrió para la sanidad y la santidad. Este establecimiento bendito del cielo fue fruto de una preocupación entre los cristianos, en cuanto al papel que la sanidad desempeña en el ministerio del Espíritu Santo. La Sra. Baxter había tenido contacto anteriormente con el ministerio del Pastor Stockmayer, en Hauptweil; con el de Samuel Seller, en Mannedorf; y con los de otros ministros en Europa. Como resultado, ella se entusiasmó por establecer un ministerio similar en Inglaterra, donde se manifestara la fidelidad de Dios a todos los que confían en Él por las necesidades del cuerpo, alma y espíritu.

Mientras tanto, en los Estados Unidos, el Dr. Cullis de Boston, apesadumbrado por la repentina pérdida de su joven esposa, había iniciado una relación más profunda con Dios. Como consecuencia, fue movido a establecer un hogar en donde pudiera comprobarse el poder de Dios para sanar a pacientes que la profesión médica había desahuciado.

Igualmente, el Rev. W.E. Boardman había recibido en Inglaterra una nueva infusión de gracia que le permitió decir: "Yo siento que floto en Dios y en Su voluntad, como un pájaro flota en el aire, o un pez en el mar". Realizando frecuentemente obra misionera en los Estados Unidos, él visitó al Dr. Cullis y observó los métodos que usaba en su obra. Al regresar a Londres comenzó una obra similar en instalaciones alquiladas en esa metrópolis, lo cual eventualmente devino en "Bethshan".

La Sra. Baxter, como versátil sierva de Dios, se involucró en ese ministerio y eventualmente llegó a ser el motor principal de este refugio para enfermos. Ella y su marido aportaron ayuda financiera, y conducían diariamente estudios bíblicos para quienes deseaban saber más de los propósitos de Dios en cada dificultad. La vida profunda de permanencia en Jesús fue mostrada a los que sufrían, y era grande el regocijo de aquellos que encontraban sanidad del cuerpo, mientras el Consolador que moraba en ellos suplía las necesidades de sus almas. La santidad y la sanidad dependían una de la otra. Al escribir acerca de la obra en "Bethshan", la Sra. Baxter relató:

"Muchas fueron las sanidades que ocurrieron aquí, y muchas fueron las almas que fueron bendecidas... El Rev. Andrew Murray de Wellington, Ciudad del Cabo, estuvo allí como uno de nuestros invitados. Él desarrolló con profundidad el tema de la sanidad del Señor; y estando tan convencido de que él mismo confiaba en Dios por sanidad, ayudó a muchos y escribió un libro sobre el tema."[118]

Cuando varios valiosos colaboradores fueron llamados a un servicio más alto (eso es, en el cielo), la Sra. Baxter entendió que ese ministerio había ya cumplido su propósito. Su testimonio había llegado hasta los confines de la tierra a través de las páginas de *El heraldo cristiano*, así como por testimonio personal.

Las multitudes que perecían en casa y en el extranjero se convirtieron entonces en su mayor preocupación, y eso la condujo a fundar el Hogar de Entrenamiento, en donde muchos jóvenes recibieron instrucción cristiana antes de obedecer el llamado de Dios para ir hacia los campos misioneros.

Acompañada por el Pastor Stockmayer y su esposa, la Sra. Baxter hizo una gira mundial, cumpliendo abundantemente la promesa, "Me seréis testigos... hasta lo último de la tierra." Su profunda vida espiritual también fue plasmada en cuarenta libros acerca de la experiencia cristiana, así como en numerosos folletos y en artículos y estudios bíblicos escritos por ella para *El Heraldo Cristiano* y otras publicaciones.

La útil vida de la Sra. Baxter terminó a los ochenta y nueve años de edad. Tenía dieciséis años de haber enviudado cuando Dios se la llevó, el 19 de diciembre de 1926, pero su influencia espiritual continúa viviendo en sus escritos. Antes de su muerte ella había expresado las palabras por las cuales deseaba que se le recordara, y que fueron citadas en el libro especial del servicio preparado para su funeral: "Cuando fuere que sea llamada para salir de este mundo, quisiera que mi testimonio fuera: 'Dios es fiel' ".

CITAS POR ELIZABETH BAXTER

Dios se revela a Sí mismo como el gran "Yo Soy", y el Señor Jesús, una y otra vez, durante el tiempo de Su ministerio sobre la tierra, hablaba de Sí mismo como "Yo Soy". Ahora, la gente casi siempre nos dice cómo es y cómo se siente. Algunos dicen: "¡Yo soy tan ignorante!"; otros: "Yo soy tan pecador."; otros: "Yo soy tan tonto."; y algunos otros: "Yo soy tan tímido". Pero cuando el Espíritu Santo toma posesión de nosotros, Él acalla todos los "Yo soy" de nuestra naturaleza, y nos vuelve al único gran "Yo Soy" de Dios.

Es una vida gloriosa en la cual Dios es el "Yo Soy", y en la cual nosotros ocupamos nuestro lugar al lado de Pablo y decimos: "Nada soy", o en la que descendemos aún más hacia Aquél que es "manso y humilde de corazón", y decimos: "No puedo yo hacer nada por mí mismo" (Juan 5:30). Es una vida en la que no esperamos nada de nosotros mismos, y en la que sabemos que Dios no espera nada de nosotros; y si nuestras compañeras criaturas sí lo esperaran, a nosotros nos tiene sin cuidado, porque nuestra "vida está escondida con Cristo en Dios".

El obstáculo más grande es que trates de ayudar a Dios a hacerlo, ya que hay una cosa que Dios jamás hará—Él nunca mezclará Su obra con la nuestra. Ríndete sin reservas a Él. Tú dices: "Yo soy débil"; y sí lo eres, pero el verdadero "Yo Soy" se une a Su nombre "Dios Todopoderoso".

¿En dónde es Él todopoderoso? En donde Él mora. Tan solo permite que el Espíritu Santo llegue a ti y more dentro de ti, y entonces Su omnipotencia te acompañará a dondequiera que vayas. Si Satanás te tienta en el antiguo pecado, hay un poder total en Aquél que mora en ti, y ciertamente no necesitas preguntarte si la tentación será vencida o no. Dios tiene la capacidad para hacerlo, aunque tú no la tengas.

¿Será que el "Yo soy" de nuestra propia vida es el mismo que el de Pablo: "Con Cristo estoy juntamente crucificado"? Hay un fin de mí mismo, un fin de todas mis quejas acerca de mí mismo, un final de aquel antiguo canto de lo que yo soy—"Con Cristo estoy juntamente crucificado, no obstante, yo vivo."

Lilias Trotter (1853-1928)
La pionera frágil

la alta y joven mujer de veintitrés años y de cabello castaño, caminaba por las colinas boscosas que descendían hacia el Lago Coniston, llevando la mente envuelta en un tumulto de conflictos. A pesar de que ya había visitado antes "Brentwood", el hogar de John Ruskin, y había disfrutado plenamente de la belleza de sus alrededores y del temperamento intelectual y artístico de su anfitrión, esta vez era diferente.

John Ruskin le había rogado a Lilias Trotter que reconsiderara su decisión de abandonar su prometedora carrera artística, ya que ella había estado contemplando buscar almas, sometiéndose totalmente a otro Amo. En cierta ocasión Ruskin le había escrito: "Estoy tratando de pensar cómo puedo convencerla del don maravilloso que está en usted". Ahora él la estaba presionando para que siguiera perfeccionando sus habilidades artísticas, ya que estaba convencido de que ella dejaría una importante huella entre los artistas de vanguardia.

Que un hombre tan famoso apreciara su talento, quizás habría sido una tentación demasiado grande para ella, a no ser porque el "amor de Aquél que es más fuerte" se le había acercado y tocado su corazón. La suerte estaba echada. Dándole la espalda a un futuro muy prometedor, Lilias resumió así su decisión: "Ahora veo tan claro como la luz del día, que yo no puedo entregarme a la pintura de la manera en que él (John Ruskin) desea, y aún así continuar buscando 'primeramente el reino de Dios y su justicia'."

Todo en la vida de Lilias Trotter había favorecido su carrera artística. La naturaleza la había dotado ricamente. Las circunstancias en las cuales nació, en 1853, le proveyeron seguridad financiera mientras estudiaba. Su padre, de ascendencia escocesa, era un "personaje encantador lleno de amor, generosidad y gentileza, combinados con altas cualidades intelectuales y logros personales". Siempre animó a sus nueve hijos para que siguieran estudios científicos y artísticos. Les había buscado institutrices francesas y alemanas, y los frecuentes viajes al continente europeo habían dotado a los niños de ese aplomo que solo adquieren las personas que han viajado mucho.

Su madre fue Isabela Strange, cuyo padre había sido miembro de la Corte Suprema de Justicia de Halifax, Nova Scotia, Canadá. A pesar de que era la segunda esposa de Alexander Trotter, supo ser una madre buena y capaz para los seis hijos que él tuvo con su primera esposa. Lilias fue la primera de los tres hijos del segundo matrimonio, que llegaron a su espaciosa casa.

Cuando tenía doce años, la niña, sensible en alto grado, sintió el duro golpe que sobrevino a la familia cuando murió su amado padre. Pero su dolor hizo manifestarse en ella una respuesta hacia el amor de su Salvador. Cuando todos pensaban que estaba afuera jugando con muñecas, ella estaba dedicando su tiempo a la oración.

Cuando Lilias tenía veintiún años, ella y su madre asistieron a una convención en "Broadlands", convocada por Lord Mount-Temple, un estadista cristiano. Los oradores ese año fueron Andrew Jukes, Theodore Monod y una mujer cuáquera americana, la Sra. Pearsall Smith, autora de *El Secreto del cristiano para una vida feliz*. Los mensajes predicados se refirieron a los temas de la consagración, y al don de Dios de Su Santo Espíritu. Los ojos de Lilias "fueron abiertos para ver la ternura del Hijo de Dios, y el derecho que Él tenía a controlar su vida redimida por Él".

Al año siguiente ocurrió otro evento que ayudó a moldear el carácter de esta impresionable joven. D.L. Moody llegó a Londres, y ella y una de sus hermanas asistieron a los servicios y cantaron en el coro. Lilias fue profundamente impresionada por aquel fervor evangelístico que condujo noche tras noche a la salvación de muchas almas.

La YWCA (Asociación Cristiana de Mujeres Jóvenes) estaba prosperando entre las jóvenes trabajadoras, por lo que Lilias y una amiga alquilaron un salón de música y lo convirtieron en un hospedaje para esas jóvenes. Durante la conducción de servicios especiales, con frecuencia se organizaban reuniones de oración, y a veces había vigilias de oración durante toda la noche, para derrotar a las fuerzas del mal en muchas vidas. Como resultado, se hicieron contactos con muchachas cuyo "negocio" era el pecado, y con quienes Lilias oraba hasta entrada la madrugada.

En 1876, la Sra. Trotter y su hija viajaron a Venecia. Una carta de Ruskin cuenta cómo descubrió el talento latente en esta incipiente artista:

> "Cuando estuve en Venecia en 1876—es casi lo único que hoy me alegra de haber ido allí—dos damas inglesas, madre e hija, estaban hospedadas en el mismo hotel que yo, el 'Europa'. Un día la madre me envió una linda nota en la que me solicitaba que viera los dibujos de su joven hija.
>
> "Un tanto a regañadientes accedí, y me enviaron unos cuantos de ellos. Pude ver un trabajo sumamente bien pensado y cuidadoso, pero carente de técnica. Le envié de vuelta una solicitud pidiendo autorización para que la joven llegara a hacer unos bosquejos conmigo. Ella parecía aprender todo en el mismo instante en que se le mostraba, y aun mucho más que lo que se le enseñaba."[119]

Ruskin expuso las pinturas de Lilias, y desde ese tiempo se convirtió en su amigo y su apoyo. Sin poder comprender el amor que impulsaba a esta joven para pasar su vida trabajando a favor de las mujeres de la calle, él escribió:

> ¿No soy lo suficientemente malo?
> ¿No soy lo suficientemente bueno?
> ¿No soy lo que sea que necesite ser suficiente, para que me cuiden un poco al enfermar, como a esas benditas Magdalenas?[120]

Mas la obra entre esas mujeres que Lilias amaba, siguió absorbiendo su tiempo y sus fuerzas durante los siguientes diez años. La razón de tal devoción y sacrificio se expresa en uno de sus himnos favoritos:

> Un Extranjero sin hogar, entre nosotros vino,
> A esta tierra de muerte y lamento,
> Anduvo en una senda de dolor y vergüenza,
> Por insultos y odio y burla.
>
> Un Varón de dolores, de sufrimiento y lágrimas,
> Un Varón desechado, un solitario;
> Pero Él me vio, y durante años sin fin
> He de amarlo, amarlo solo a Él.
>
> Luego, de esta tierra triste y afligida,
> De esta tierra de lágrimas, Él partió;
> Pero la luz de Sus ojos, y el toque de Su mano,
> Dejaron roto mi corazón.[121]

Durante este mismo período ella hizo amistad con dos muchachas cuya influencia cambiaría el rumbo de sus labores, por más de cuarenta años. Después Lilias escribió:

> "Yo esperaba pasar toda mi vida en la YWCA y no estaba interesada en el trabajo misionero; pero Adelina Braithwaite y Lelie Duff me ofrecieron algo muy bueno, y sentí que ambas habían tomado en serio las tinieblas en el exterior, de una manera en que yo no lo había hecho. No recuerdo que ellas me hubiesen dicho personalmente algo al respecto, pero yo lo podía sentir. Ellas estaban resplandecientes. Yo podía ver que ellas tenían una comunión con Jesús que yo desconocía. Así es que empecé a orar así: '¡Señor, dame la misma comunión contigo por los paganos que les has dado a ellas!'
>
> "No pasaron muchas semanas antes de que yo empezara a sentir un extraño y anhelante amor por aquellos que estaban en "la tierra de sombra de muerte"—sentía que Jesús podía hablarme acerca de ellos, y que yo le podía hablar a Él—era como si una gran barrera hubiese sido derribada y eliminada entre Él y yo.
>
> "En esos momentos yo no había pensado en salir de Inglaterra; ni siquiera había pensado en motivar a otros para a ir a otras tierras. Pero, tan recta como puede serlo una línea, antes de que pasaran dieciocho meses Dios me

proveyó una senda para dirigirme hacia las tinieblas. Y por toda la eternidad estaré agradecida con Él por esa llama silenciosa en los corazones de mis dos amigas, y lo que eso produjo en mí. A ninguna de ellas le ha sido abierto el camino para salir a laborar en el extranjero, pero la luz del día que viene, mostrará lo que Él les ha permitido hacer para encender otras almas."[122]

Cada vez que Lilias oraba, las palabras "África del Norte" resonaban en su alma como si una voz estuviese llamándola. En mayo de 1887, el Señor Glenny sostuvo una reunión misionera en la que habló de las necesidades en esa área. Cuando hizo el llamado al final del servicio, Lilias se levantó y dijo: "Dios está llamándome". En menos de un año ya estaba en África acompañada de otras dos jóvenes. De nuevo, su canto favorito se convirtió en su propio testimonio:

> Y me aferré a Él, cuando volteó Su rostro
> De la tierra que ya no era mía;
> La tierra que yo había amado en días antiguos,
> Allí conocí el amor que era más fuerte.
>
> Y yo permanecería en donde Él permanece,
> Y seguiría Sus pasos por siempre;
> Su pueblo, mi pueblo; Su Dios, mi Dios,
> En la tierra allende el río.

En una carta que envió a casa, ella escribió:

"Yo no desearía estar en otro lugar que éste, el más duro de todos, pero junto a un Cristo invencible. Ninguna de nosotras habría recibido la aprobación de un médico para trabajar con alguna sociedad misionera; además, no conocíamos una sola persona en el lugar, ni una sola palabra en árabe, y no teníamos idea sobre cómo iniciar una obra en un territorio que aún no había sido tocado. Lo único que sabíamos era que teníamos que hacerlo. ¡Si Dios necesitaba debilidad, en nosotras la tenía! Al parecer estábamos embarcándonos en una locura, y lo seguimos haciendo, y nos gloriamos en ello, ya que el mundo musulmán, que durante más de doce siglos ha desafiado a Cristo, aún no ha escuchado la última palabra de Cristo."[123]

Las jóvenes e intrépidas misioneras alquilaron en Argel una gran casa, similar a una fortaleza. Se rumoraba que tenía trescientos años de antigüedad. Su zaguán fue conocido por mucho tiempo como "la puerta de las mil hendiduras", ya que, con todo y su gran espesor, los jóvenes rebeldes y los adultos inconformes, la golpeaban. Esos fueron años sumamente difíciles para estas pioneras, ya que enfrentaron hostilidad, sospechas de parte de las autoridades, y el odio inherente del Islam en contra de Cristo.

Después de siete años en el campo musulmán, Lilias regresó a Inglaterra con los nervios destrozados, y con el corazón desgastado por el esfuerzo y la tensión. El calor extremo también la había debilitado mucho. ¡Cuánto apreció la quietud y la soledad de su tierra natal, en donde pudo recuperar la energía de cuerpo, alma y espíritu, que aparentemente había perdido!

¡Conforme la quietud había llegado a su alma, Dios empezó a darle mayores revelaciones de lo que significa ser "enterrado" con Cristo! Ella escribió:

> "No solamente 'muerta' sino 'enterrada', silenciada en la tumba; el 'Yo no puedo' y el 'Yo sí puedo' puestos en silencio uno al lado del otro, en la quietud de una 'tumba junto a Él', con el sello de Dios en la lápida, y Él velando para que no se vea nada que no sea la vida resucitada de Jesús.
>
> "'Dame una muerte en la cual no haya vida, y una vida en la cual no haya muerte.' Esa era la oración de un santo árabe, Abed-al-Kadar. Vi esa oración el otro día. ¿Acaso no es maravillosa?"[124]

Fue entonces que pudo ver lo aborrecible de todo lo que procede de la carne y no del Espíritu. La lección le había sido enseñada por los mensajeros de las decepciones, del aparente fracaso, y de las frustraciones. Dos de las mujeres convertidas más fieles, murieron como resultado de un envenenamiento lento. Otra había caído bajo el maleficio de una hechicera. Las misioneras llegaron a la conclusión de que cinco de cada seis casos de las personas convertidas que caían de la gracia, se debía a que habían sido drogados. Lilias y sus amigas habrían visto con gozo el ingreso triunfal al cielo de cualquier recién convertido, en lugar de tener que ver sus mentes y cuerpos aniquilados bajo la acción a las drogas. Estas mujeres indefensas fueron llevadas hasta el trono de gracia, ya que sin el auxilio divino no habrían podido enfrentar las tremendas fuerzas satánicas en una tierra musulmana hostil.

Quizás Lilias estaba pensando en este período de oposición cuando escribió:

> "Me llena la esperanza de que cuando Dios demora en cumplir nuestros pequeños pensamientos, es para dejarse espacio a sí mismo para realizar Sus grandes pensamientos. Y más y más, conforme el tiempo pasa, siento que mientras Él más tiempo espera, nosotros podemos esperar más, porque nuestro "yo" va siendo minado de una forma más profunda y amplia; y mayor será el número de los que serán sacados de los muros de sus prisiones. Cuando logramos captar esa visión, podemos devolverle al diablo sus burlas por los años aparentemente desperdiciados que quedan atrás".

Un día surgió la inusual oportunidad de mostrar la obra de la Banda Misionera de Argel a seiscientos delegados norteamericanos de la Convención Mundial de Escuelas Dominicales, que iban rumbo a Roma. Su itinerario incluía una breve parada en Argel, así que solicitaron pasar una hora con la Señorita Trotter, para poder familiarizarse con los esfuerzos cristianos entre los musulmanes.

Sin hospitales ni escuelas, con poca organización y con pocos resultados aparentes que mostrar tras veinte años de labor, el desánimo llenó el corazón de Lilias cuando se enteró de esta petición. ¿Cómo podría hacer entender a estos entusiastas y exitosos hombres de negocios? Las misioneras presentaron el problema a Dios, creyendo que "las dificultades proveen el ambiente propicio para los milagros". Y decidieron mostrarles no lo que ya hubiera sido hecho, sino lo que estaba por hacerse, confiando en que Dios usaría esa debilidad y aparente fracaso para interesar al grupo. Y Dios hizo precisamente eso, y los delegados americanos se convirtieron rápidamente, y durante muchos años, en amigos de la Misión en Argelia. La realidad era que mucho se había logrado en esos veinte años. Se habían abierto centros en sitios estratégicos; el viaje por tren o por camello había llevado a las misioneras a partes remotas y casi inaccesibles, en donde habían podido proclamar el mensaje del amor de nuestro Redentor.

Cuando llegaron tiempos de enfermedad para Lilias, ella no los desperdició sino que se dedicó a escribir. Escribió *Parábolas de la Cruz*, utilizando sus habilidades artísticas al dibujar en sus páginas preciosas ilustraciones de la naturaleza. También ayudó a unos amigos en una revisión de la Biblia en árabe clásico. Como resultado de este esfuerzo, pudieron distribuirse ampliamente los Evangelios de Lucas y de Juan en esa área.

Sintiendo la necesidad de misticismo en los musulmanes, escribió *El camino del secreto de siete partes*, basado en los siete "Yo soy". Ella estaba segura de que si se podía hacer llegar la literatura cristiana a los hogares del mundo árabe, esta sería leída sin la oposición que encaraban los esfuerzos evangelísticos realizados en público. Probablemente Lilias tuvo mayores logros al preparar material de lectura para la gente, que a través de sus contactos personales. Su conocimiento del país, su familiaridad con el idioma, y su experiencia con la oposición musulmana, hicieron que la literatura fuese mucho más efectiva para presentar el Evangelio.

Durante sus últimos tres años de vida, sus fuerzas se vieron afectadas por un debilitamiento extremo. Su corazón, gastado como el de un buen soldado, quizás habría dejado de funcionar mucho antes, de no haber sido por el espíritu guerrero que había en ella. Desde su lecho, apoyada con almohadas, dirigió por medio de la oración la obra de la Banda, mencionando en oración a cada obrero por su nombre durante las vigilias nocturnas cuando el sueño se rehusaba a llegar.

Hasta el final, el Maestro estuvo moldeando la vida de esta obrera para conformarla más a Su imagen. Ya la ciudadela de su corazón había sido tomada desde hacía mucho tiempo, pero aún había áreas en su vida natural, tales como su naturaleza compasiva, que necesitaban ser subyugadas al Maestro. En sus propias palabras:

> "Se ha abierto un área totalmente nueva que debe ser sujeta a Dios—la del temperamento natural que yace en el fondo de la vida del yo, que necesita ser transformada por la renovación de nuestra mente. Transformada no significa aniquilada, sino transfigurada porque el Espíritu Santo llegó para vivir en ella de una manera nueva. Él puede tomar ese mismo temperamento, que ha sido una trampa, y convertirlo en un medio de contacto con Él mismo, haciéndonos sensibles al Espíritu Santo. Bien vale la pena toda la humillación y el escrutinio del corazón, y el quebrantamiento de una profundidad tras otra, si eso significa acercarnos al lugar donde los ríos de agua viva nos libertarán."[125]

En otra cita de su propia pluma, ella describe el creciente dominio del Espíritu Santo sobre su vida:

> "En una corriente en la que el agua llega a la altura del tobillo, podemos caminar según nuestra propia voluntad. Cuando llega a la rodilla, ha empezado la 'atracción'. Cuando llega a la cintura, esa 'atracción' se ha vuelto casi irresistible. Y lo siguiente es que 'ya no se puede pasar' sobre ellas; son 'aguas que deben pasarse a nado'. El significado literal de Hebreos 6:1 es 'Llevado a la perfección'. 'Porque ciertamente allí será Jehová para con nosotros fuerte, lugar de ríos, de arroyos muy anchos' (Is 33:21)."[126]

Esta santa, que había escogido compartir la vida de su Señor resucitado, en lugar de disfrutar de los honores que podía darle un mundo pasajero, había participado profundamente de los secretos de ese Compañero divino. En un panfleto, *Una vida madurada*, ella comparte las profundas revelaciones que había obtenido a través de la comunión estrecha con Dios:

"En aquel día estará grabado sobre las campanillas de los caballos: SANTIDAD A JEHOVÁ. En todo el Antiguo Testamento el caballo parece representar el poder natural. En cada uno de nosotros existe un punto más fuerte; podría tratarse del poder intelectual, o de alguna facultad, la música, por ejemplo; o el poder de planificación, el poder de la influencia, el poder de amar. Y, cualquiera que este sea, ese punto fuerte seguramente será un punto de tentación, tal como los caballos fueron una tentación para Israel.

"Tracen la historia. A pesar de la advertencia de Dios (Dt 17:16), ellos los 'aumentaron' (1 Re 4:26; 10:28) y 'confiaron' en ellos (Is 31:1), y cuando los aumentaron, les fue dado poder a sus enemigos (1 Re 10:29), quienes después se volvieron contra ellos para su propia ruina.

"¿Acaso no podemos algunos de nosotros leer entre líneas nuestra propia historia? ¿Acaso no hemos desarrollado estas facultades, 'multiplicándolas' por así decirlo, con el deseo exultante de incrementar nuestro propio poder, y no para Dios? ¿Acaso no hemos confiado en nuestros caballos? ¿Por ejemplo en el 'tema' bien elaborado, pero con independencia del poder del Espíritu? ¿Acaso no hemos hecho cautiva nuestra alma, haciéndola depender de esas facultades, aun cuando las mismas hayan sido creadas por Dios? Por tanto, la mayoría de nosotros, al crecer en gracia, encontramos que la mano de Dios cae con firmeza sobre nuestras áreas más fuertes, como cayó sobre los caballos de Israel (Zac 12:4; Os 1:7). Sea por medio de alguna circunstancia externa, o por tratos internos, Él las lleva al lugar de muerte, al lugar en el que perdemos el control sobre ellas, y nuestra confianza en ellas; al lugar donde podemos decir con Efraín, 'No montaremos en caballos' (Os 14:3). Y en ese lugar de muerte, Dios nos puede dejar durante meses y años, hasta que el reflejo de nuestra vida vieja realmente haya terminado de salir de nosotros, y el antiguo encanto mágico haya desaparecido, y ya no sea un esfuerzo prescindir de él, porque la corriente de nuestra vida ha entrado en la corriente de la voluntad de Dios.

"Luego llega el día, como en el caso de Israel de antaño, cuando Él puede devolvernos los caballos llevando escrito sobre ellos 'Santidad a Jehová', con la brida del freno de Cristo. ¿En dónde están nuestros caballos? ¿Estamos cabalgando sobre ellos con la antigua fuerza natural, o yacen ellos inertes e inútiles en el lugar de muerte, o nos han sido ya devueltos con sus bridas santas?"

En mayo de 1928 empezaron semanas de sufrimiento, pero la mente de Lilias retuvo su claridad, y nunca perdió de vista al "Maestro de lo imposible". Conforme el final se acercaba, viendo hacia fuera de su ventana, exclamó: "¡Un carro y seis caballos!"

"Estás viendo cosas bellas", le dijo una amiga.

"Sí, muchas, muchas cosas bellas", fue la feliz y postrer respuesta a quienes la rodeaban. ¿Había sido llevada por la carroza al cielo, como el profeta Elías? No lo sabemos. Pero sí podemos estar seguros de que las trompetas de los ángeles resonaron por el arribo de la guerrera cristiana que se había atrevido, al llamado del "invencible Cristo", a cambiar la comodidad, la tranquilidad, la fama y los amigos terrenales, por una tierra desconocida.

"Y donde Él murió, allí moriría yo;
Porque más amada es una tumba junto a Él,
Que un lugar regio entre los hombres,
Ese lugar que le negaron a Él."

CITAS POR LILIAS TROTTER

"Oh, que tengamos un entusiasmo por Cristo que no busque ser popular donde Él es impopular; que se avive en vez de apagarse, cuando Sus demandas no sean reconocidas y Su Palabra sea menospreciada; que nos emocione el gozo, si Él permite que compartamos aunque sea en grado más mínimo Su deshonra y soledad; que hará palpitar todo pulso con alegría, conforme 'vamos adelante... hacia El'."

"Vacío, rendición, quebrantamiento—esas son las condiciones para el fluir del Espíritu. Esa fue la senda que siguió el Príncipe de Vida para liberar la avasalladora corriente de Pentecostés."

"Ah, los dolores por los que Dios debe pasar para llevarnos a este 'abandono'—para estar igualmente dispuestos a callar o a hablar, para estar quietos o para hacer inmediatamente y sin titubear lo siguiente que Él nos pida, sin que nos afecte lo que nos rodea ni sus consecuencias. Cuánta reserva y conciencia propia debemos ceder algunos de nosotros, antes de rendir en Sus manos el control absoluto y la responsabilidad que conlleva."

John Hyde (1865-1911)
El misionero "que oraba"

la congregación esperaba expectante a que empezara su mensaje el orador, quien en las dos noches anteriores había dado mensajes de rico contenido. Pero John Hyde, aunque totalmente preparado, permaneció en silencio. "Durante dos días", dijo alguien que estuvo en esa conferencia, "él se presentó ante la convención, diciendo que a él no se le permitía decir nada más, hasta que fuera aceptado el reto del primer mensaje, y se le diera el lugar correcto al Espíritu Santo. Convocó a todos a orar, y luego permaneció en silencio. Al principio hubo críticas violentas, pero sus críticos fueron quebrantados bajo el poder del Espíritu, y la obediencia de Hyde se tradujo en que hubiera muchos obreros llenos del Espíritu en la Iglesia de Punjab, India."[127]

Una visión retrospectiva de la vida y disciplina de este hombre de oración, nos permite entender cómo llegó a convertirse en ese vaso especial que Dios pudo usar.

John Hyde era hijo de un ministro. Desde que nació en 1865, hasta 1882, la familia vivió en Carrolton, Illinois. El hogar del Dr. Smith Hyde rebosaba cultura y refinamiento, a lo cual se añadía la influencia de una espiritualidad verdadera. El fervor de sus padres en el altar familiar contribuyó decisivamente al poder de John en la oración intercesora.

Cuando su padre aceptó pastorear una iglesia presbiteriana en Carthage, Illinois, John se inscribió como estudiante en ese pueblo. Su habilidad intelectual era tan sobresaliente, que después de graduarse le pidieron que se quedara como maestro en su alma máter. Esa profesión no le atraía en absoluto, y en obediencia a lo que él sabía que era el llamado de Dios, decidió ingresar a un seminario en la ciudad de Chicago.

El alma de John fue conmovida en una reunión misionera en la que fue presentada poderosamente la urgente necesidad de obreros para el servicio misionero. Más tarde buscó a un compañero de estudios que había participado en el programa, y le dijo: "Dame todos los argumentos a favor de la obra misionera en el extranjero".

"Tú no necesitas argumentos", replicó su amigo. "Lo que debes hacer es ponerte de rodillas, y quedarte allí hasta que el asunto sea resuelto de una u otra manera".

Y Hyde hizo precisamente eso. Al esperar en el Señor, se convenció de que el plan divino para su vida solo podría ser cumplido en algún lugar de ultramar. Desde ese momento en adelante, el servicio misionero en el extranjero se convirtió en su principal tema de conversación. Sus oraciones buscaban que sus compañeros también vieran los campos blancos para la siega, en tierras en donde Cristo no era conocido. Sus fervientes peticiones fueron abundantemente respondidas, ya que de de los cuarenta y seis graduados de su clase, veintiséis se ofrecieron para realizar el esfuerzo misionero en el extranjero.

John zarpó hacia la India después de graduarse en octubre de 1892, pero sus aspiraciones estaban mezcladas. Ciertamente él deseaba rescatar a los millones de moribundos en la India, pero también esperaba hacerse un nombre para sí, dominando las lenguas necesarias para poder convertirse en un misionero famoso. Cuando llegó a su camarote encontró una carta con un tipo de letra que le era familiar. Era de un amigo ministerial de su padre, a quien el joven admiraba mucho por la profundidad de su vida espiritual. Al leerla, se sobresaltó. "Yo no cesaré de orar por ti, amado John, hasta que seas lleno con el Espíritu Santo". Claramente, la implicación era que todavía no tenía esa llenura. Más adelante, él confesó:

> "Mi orgullo fue lastimado y me sentí muy airado; aplasté la carta, la arrojé en un rincón del camarote y subí a la cubierta Yo amaba al escritor; conocía la vida santa que vivía. Y en lo profundo de mi corazón tenía la convicción de que él estaba en lo correcto, y de que yo no era apto para ser misionero...

"Desesperado, le pedí al Señor que me llenara con el Espíritu Santo, y en el instante en que lo hice todo el ambiente se aclaró. Empecé a verme a mí mismo y la ambición egoísta que tenía. Fue una lucha que duró casi hasta el final del viaje, pero mucho antes de llegar a puerto yo estaba determinado a que, fuera cual fuere el costo, yo sería realmente lleno con el Espíritu".[128]

Cuando arribó a la India, John asistió a una reunión en la que, en términos muy claros, se enfatizó el hecho de que Jesucristo puede librar de todo pecado. Cuando uno de los oyentes se acercó al predicador al final del servicio y le preguntó: "¿Es esa su experiencia personal?", John se sintió sumamente agradecido de que no le hubieran hecho la pregunta a él. En su interior reconoció que a pesar de haber estado predicando el Evangelio, él no participaba de la experiencia de poder proclamada por el mismo.

Era claro que no podía evadir más la cuestión espiritual que ahora confrontaba. Sin el bautismo en el Espíritu Santo que los 120 experimentaron en el aposento alto en Jerusalén el día de Pentecostés, él era un rotundo fracaso. Se retiró a su habitación, y le dijo a Dios: "O me das la victoria sobre todo mi pecado, y particularmente sobre el pecado que tan fácilmente me asedia, o me regreso a América a buscar algún otro trabajo. Yo soy incapaz de predicar el Evangelio si no puedo testificar de su poder en mi propia vida".[129]

John estaba ahora precisamente donde Dios lo quería. Con una fe sencilla él se volvió a Cristo buscando la liberación de pecado que su corazón ansiaba. Después diría: "Él sí me libertó, y desde entonces no he tenido duda alguna sobre eso. Ahora puedo pararme sin titubeo para testificar que Él me ha dado la victoria".

Por diversas razones halló que el idioma era un tanto difícil. Una de esas razones era que padecía de una ligera sordera. Otra era el hecho de que él creía que tener un conocimiento minucioso de la Palabra de Dios, era más importante que cualquier otra cosa para tener éxito como misionero. Cuando el comité examinador mostró insatisfacción por la falta de progreso en la lengua vernácula de la gente con la que él había llegado a trabajar, su respuesta fue: "Debo poner primero lo primero." Sin embargo, con el tiempo llegó a dominar varios idiomas de la India, los cuales hablaba casi con la fluidez de un nativo.

Dios adiestra sabiamente al instrumento que Él quiere usar grandemente, trayendo a su vida las circunstancias más inesperadas, y a veces menos deseables. En 1898 John guardó cama durante siete meses. Contrajo fiebre tifoidea, seguida de dos abscesos en su espalda. Esto le produjo una depresión nerviosa que requirió un reposo absoluto. Al escribir acerca de este período, dijo:

> "Por mucho tiempo, tras mi enfermedad de mayo pasado, la debilidad nerviosa me mantuvo en las colinas, a pesar de que deseaba ardientemente volver al trabajo... Durante todo el año, la oración de Jabes registrada en 1 Crónicas 4:10 seguía inundando mi alma con su melodía. "Ensancha mi territorio", resonaba día a día durante interminables semanas... La respuesta fue una enfermedad que limitó mi fuerza y esfuerzos, me debilitó y me impidió trabajar durante meses enteros, enseñándome lecciones en cuanto a esperar, así como la gran lección de "No mi voluntad, sino la tuya". Pero con la espera y los tratos de Dios, vino también el ensanchamiento espiritual. Con cuánta frecuencia Dios retiene lo temporal, o lo demora, para que nosotros podamos anhelar y buscar lo espiritual".[130]

Durante veinte años, con excepción de un tiempo sabático debido a su salud, Hyde trabajó en las aldeas de la India. Con una tienda de campaña y algunos obreros nativos, viajó de un lugar a otro proclamando las buenas nuevas de salvación. Él oraba constantemente por una obra del Espíritu Santo entre la población de la India, que se encontraba sumergida en la oscuridad. Creía que sus peticiones serían respondidas porque decía: "Si el corazón es recto, la bendición no puede ser retenida; solo puede ser demorada".

A principios de 1899, de entre las profundidades del desaliento a causa de las pocas conversiones entre los paganos, Hyde fue llevado a una profundidad de vida de oración que nunca antes había alcanzado. Sin considerar al mundo, a menudo luchaba con Dios hasta la medianoche. O antes de que el sol de un nuevo día saliera, él estaba sobre sus rodillas implorando por un derramamiento de la gracia divina sobre las aldeas de la India.

En 1902 John regresó a los Estados Unidos para recuperar su salud. Allí, una y otra vez enfatizó la necesidad para todos de recibir la llenura del Espíritu Santo para que la causa de las misiones pudiera avanzar. Citando como prueba Pentecostés, Hyde declaró que la oración unánime de parte de los cristianos produciría un crecimiento tremendo de la Iglesia nacional y extranjera.

A su regreso a la India, el avivamiento llegó a la escuela para niñas en Sialkot, en Punjab, la sede de la Misión Presbiteriana Unida, bajo la cual John laboraba. Fueron notorias las conversiones muy claras y las confesiones públicas de pecado.

El Espíritu de Dios también se movió en el seminario cercano. Algunos de los alumnos de teología, encendidos por el amor divino, visitaron la escuela para varones en donde, extrañamente, no se les permitió testificar de lo que Dios había hecho por ellos. Los jóvenes regresaron al seminario, en donde ellos y otros se unieron en oración clamando por una visitación del Espíritu Santo sobre esa rama de la obra. "Oh, Señor", imploraron, "concede, por favor, que el lugar en donde se nos prohibió hablar esta noche se convierta en el centro desde donde fluyan grandes bendiciones para todas partes de la India".

La administración de la escuela de varones pronto pasó a otras manos, y se anunció una convención en Sialkot, en abril de 1904. El propósito era unirse en oración por un mover del Espíritu de Dios en toda la India. Tan solo unos pocos cristianos de oración respondieron a la invitación; entre ellos, John Hyde. Se convocó a otra sesión de oración en agosto. Como preludio, John y un amigo pasaron treinta días y noches en súplica denodada por un avivamiento.

Canon Haslam estaba presente en esa reunión, y veintiocho años después, en un discurso relacionado con Hyde, ofreció su impresión personal de esos servicios, y del cambio notable que provocaron.

"Poco después del inicio de la convención, el Sr. Hyde tuvo una experiencia que lo definió como un hombre poderoso en Dios, y como un misionero verdaderamente notable. Siempre he pensado que este cambio ocurrió como un arrepentimiento y confesión vicarios, en nombre de toda la Iglesia...

"Durante el crecimiento de la Iglesia, muchos entre la población intocable habían sido bautizados, y sin duda eran cristianos; pero, en general, la vida de la Iglesia estaba en su punto espiritual más bajo. Se necesitaba algo drástico... A Hyde le fue revelado que la causa por la que la Iglesia no tenía poder, era la existencia de pecado que no había sido limpiado; y que ese pecado solo podía lavarse mediante un arrepentimiento y confesión verdaderos.

"El era parte de esa Iglesia. Así que cargado con ese pensamiento, después de vigilar toda la noche y de ayunar y orar un día, llegó ante un gran grupo de cristianos indios y habló abierta, aunque reservadamente, y con gran angustia de espíritu, de su conflicto personal con el pecado secreto que muchas veces se repetía en su vida, y de cómo Dios lo había llevado a tener victoria. El efecto de esta confesión abierta fue electrizante... Esa experiencia significó el inicio de una vida de gran poder espiritual en el caso de John Hyde, y el inicio de un avivamiento profundo en la Iglesia de Punjab."[131]

John mismo captó una visión fresca de la doctrina de la santidad. Sus lecturas bíblicas fueron marcadas no solo por un entendimiento personal más profundo de las verdades divinas, sino también por la capacidad de explicárselas a otros.

La Convención de Sialkot de 1905 fue precedida por mucha oración. El resultado glorioso fue que al final del primer servicio, la congregación entera continuó de rodillas hasta la madrugada siguiente, orando y confesando su desvío espiritual. Desde ese tiempo, la Misión Presbiteriana Unida de Sialkot fue elevada a un plano espiritual más alto que el que había alcanzado antes. Los "buenos" misioneros fueron conocidos como los misioneros "poderosos". El efecto se sintió en toda la India, y el aliento del cielo que soplaba sobre esa tierra podía ser trazado hacia la figura arrodillada de Hyde "el hombre de oración".

Al siervo de Dios solo le quedaban siete años más de labor. Durante ese tiempo ingresó profundamente en el espíritu de intercesión. Literalmente, la oración se convirtió en su alimento y bebida, de manera que el lado físico de su naturaleza parecía elevarse por encima de sus necesidades normales.

En algún momento durante 1908, empezó a orar por la conversión diaria de un alma. En sus viajes a aldeas, o en los servicios en carpas, no perdía oportunidad alguna para instar a muchos o a pocos a cumplir las demandas de Dios. Al final del año supo de cuatrocientas conversiones y bautismos. Le dio la gloria a Dios, pero la meta que fijó para los siguientes doce meses fue de dos conversiones diarias. De nuevo, la fe y oraciones intercesoras de Hyde fueron recompensadas, y al final del año, a través de sus contactos, supo que ochocientas personas habían llegado al Salvador.

La última convención a la cual asistió fue la de 1910; su salud estaba decayendo. Rogándole a Dios por la conversión de cuatro almas al día, la certeza divina le fue dada de que ese sería el caso. A menudo, más de ese número se convertía en respuesta a sus oraciones, y esto elevaba el corazón de Hyde hacia Dios en cánticos de alabanza y acción de gracias. El comentario de una persona que estaba en el campo, y que pudo evaluar los resultados, fue: "No había nada de superficial acerca de la vida de esos convertidos, y casi todos eran cristianos activos".

Hyde, "el hombre de oración", había aprendido un secreto muy valioso para mantener la vida espiritual. Uno de sus colaboradores más cercanos, Pengwern Jones, recordó un sermón que John dio en una convención, que dejó una impresión profunda en su vida. Él dijo:

"Yo creo que el Espíritu lo usó para darnos a todos una visión totalmente nueva de la cruz. Ese fue uno de los mensajes más inspiradores que yo haya oído. Empezó su presentación diciendo que desde cualquier ángulo que veamos a Cristo sobre la cruz, vemos heridas, vemos señales de sufrimiento. Desde arriba, vemos las marcas de la corona de espinas; desde atrás de la cruz, vemos las heridas provocadas por los azotes, etc. Él profundizó en la cruz con tal iluminación, que nos olvidamos de Hyde y de todos los demás.El "Cristo moribundo, pero vivo" estaba delante de nosotros. Luego fuimos conducidos paso a paso, para ver al Cristo crucificado como suficiente para cada una de nuestras necesidades, y conforme él explicaba que Cristo era suficiente para toda emergencia, yo sentí que tenía lo que necesitaba para este tiempo y para la eternidad.

"Pero para mí, el clímax de todo fue la forma en que enfatizó la verdad de que Cristo sobre la cruz exclamó triunfalmente: 'Consumado es', cuando todos los que estaban alrededor creían que todo había terminado. A Sus discípulos les parecía que Él no había podido cumplir Sus propósitos; a Sus enemigos les parecía que, al fin, su peligroso 'enemigo' había sido vencido. Todo apuntaba a que la lucha había terminado, y que Su vida había llegado a un trágico final. Luego resonó el triunfal grito de victoria: 'Consumado es'. ¡Un grito de triunfo en la hora más oscura!

"Luego Hyde nos mostró que si estamos unidos a Cristo, nosotros también podemos gritar triunfalmente, aun cuando todo apunte a la desesperación. Aunque nuestra labor pareciera haber fracasado, y el enemigo pareciera estar venciendo, y estemos siendo desechados por todos nuestros amigos, y seamos vistos con lástima por nuestros compañeros obreros, aun allí podemos estar firmes con Cristo sobre la cruz, y gritar: '¡Victoria, victoria, victoria!'

De ese día en adelante, nunca he estado desesperado por mi labor. Cuando me siento apesadumbrado, siento que oigo la voz de Hyde que grita: '¡Victoria!' Y eso de inmediato lleva mis pensamientos al Calvario, y oigo a mi Salvador en Su hora de muerte gritando con gozo: Consumado es'. Como dijo Hyde: 'Esta es la verdadera victoria, gritar triunfalmente aunque todo alrededor sea tinieblas.' "

Otro amigo cercano, R. McChyene Paterson, explica lo que él considera que fue el secreto del extraordinario éxito de John:

"Esta dependencia en Cristo y en Su Espíritu fue el secreto del éxito de John Hyde en todo. ¡Este es el secreto abierto de todo santo de Dios! Su palabra es esta: 'Mi fortaleza florece hasta la perfección a través de la debilidad'. Así es que 'cuando soy débil, soy fuerte'; fuerte con la fortaleza divina. ¡Mientras más crecemos en gracia, más dependientes nos volvemos! Jamás olvidemos este hecho glorioso, y así podremos darle gracias a Dios por nuestros malos recuerdos, por nuestros cuerpos débiles, por todo, y en ese sacrificio de alabanza estará Su deleite, y también el nuestro. ¡Así, este fruto llenará toda la tierra!"

Las arenas del tiempo se estaban terminando para este hombre de Dios, y se le desarrolló una seria condición cardiaca que requirió un período indeterminado de descanso. A principios de 1911 John navegó a los Estados Unidos, donde se enteró que también tenía un tumor cerebral. Una operación solo le trajo un alivio temporal, y en menos de un año de haber abandonado su amada La India, John Hyde le dijo adiós a este mundo con las siguientes palabras en hindi, en sus labios: "Proclamen la victoria de Jesucristo".[132]

Cierto es que, muy alto en el listado de honor de Dios, tanto en la tierra como en el cielo, está escrito indeleblemente el nombre de Hyde, el hombre de oración, el intercesor por los perdidos.

UN POCO MÁS LEJOS

Un poco más lejos, permíteme ir contigo,
Para compartir los dolores del Getsemaní;
Oh, permíteme velar contigo en esta última hora,
Y probar el poder de tu Espíritu para el conflicto.

Aún un poco más lejos contigo voy,
Hasta el monte del solitario Calvario,
Para que muera todo lo que roba de ti mi vida,
Para que tú puedas derramar tu vida a través mío,
De forma fresca.

Aun un poco más lejos hasta que vea
A tus ovejas descarriadas que se apartan lejos de ti;
Y luego el amor divino hará que mi corazón resplandezca,
Y encendido por Dios adelante iré.

Un poco más lejos, viendo lo que está delante,
Las pisadas mismas de mi Maestro;
Aun un poco más lejos, y estaré
A salvo en la Tierra de Gloria, en casa contigo.

–Mary Bazeley

Samuel Logan Brengle (1860-1936)
Soldado y siervo

¡Quién lo hubiera imaginado! ¡El otrora ambicioso joven Brengle, de rodillas, limpiando dieciocho pares de botas! El mismo que había declinado el llamado a un púlpito muy apetecible de una gran iglesia metodista en una ciudad norteamericana, estaba realizando esta humilde labor en el Cuartel de Entrenamiento del Ejército de Salvación en Londres. La lucha fue dura, pero breve. Brengle se preguntaba si todas sus ventajas educativas y talentos personales, estaban siendo desperdiciados. Luego, el Espíritu Santo llevó a su memoria su gran ejemplo: "¡Si Jesús pudo lavarles los pies a los discípulos, yo puedo limpiar las botas de los cadetes!", fue su feliz conclusión. Así fue que el joven Brengle aceptó de buen grado los rigurosos métodos de entrenamiento de "los soldados de la cruz", que William Booth había instituido, y durante casi medio siglo fue un especialista altamente usado para promover el concepto profundo de una vida santa y consagrada, en el círculo mundial de influencia del Ejército de Salvación.

Samuel Logan Brengle, hijo de William y Rebecca Brengle, nació el 1 de junio de 1860 en Fredericksburg, Indiana, Estados Unidos. Cuando Samuel tenía solo dos años, su padre, que era maestro de escuela, respondió al llamado de su país para servir en el Ejército del Norte durante la Guerra Civil Norteamericana. Herido en el sitio de Vicksburg, el valiente joven soldado regresó a casa, solo para sucumbir ante sus heridas. La piadosa esposa y madre, ahora a cargo de la crianza de su único hijo, lo instruyó fielmente en las cosas de Dios. A pesar de que se casó nuevamente, y de que tuvo que cambiar de residencia una y otra vez, jamás descuidó la asistencia a la iglesia.

Llegaron servicios de avivamiento al pequeño poblado de Olney, Illinois, donde vivía la familia, y al final de cada uno de ellos el joven Samuel buscó la paz para su corazón. Durante cinco noches sucesivas se arrodilló en oración, creyendo que dicho acto de decisión lo convertiría en cristiano. Pero no sintió que hubiera algún testimonio divino.

Un tiempo después, durante una caminata con su madre, hablaron acerca de una fallida mudanza del inquieto padrastro hacia Texas. "Madre", exclamó Samuel, "qué bueno que no nos fuimos a Texas. Si lo hubiéramos hecho, yo podría haber caído en medio de un grupo de hombres duros y borrachos, y habría perdido mi alma. Pero nos quedamos aquí, y me he convertido en cristiano". Con esta declaración llegó a tal sentir de paz y reposo en su alma, que supo, sin ninguna duda, que había sido aceptado por Dios. Durante semanas se regocijó en esa experiencia recibida del cielo. Pero todavía habría de aprender que la obra interna de redención no estaba completa.

Mientras caminaba un día de la escuela a la casa con varios compañeros, surgió una discusión en la cual uno de los muchachos le dijo a Sam una grosería de lo más indeseable. Allí mismo el joven Brengle estuvo consciente de la presencia del mal en su corazón, ya que en respuesta le dio un golpe severo con su puño. De inmediato, la aparente calma de su alma fue cambiada por una tormenta de confusión y desesperación. Tampoco pudo sentirse justo y recto delante de su Hacedor, hasta que acudió ante el trono de gracia para buscar perdón por un acto tan impropio.

A los quince años de edad se involucró de todo corazón en el trabajo de la iglesia, y llegó a ser el superintendente auxiliar de la Escuela Dominical. Sus ansias por aprender inclinaron a sus maestros de secundaria a recomendar que estudiara gramática con un excelente profesor que vivía a unos 20 kilómetros de distancia. Su madre consintió, aunque la relación estrecha que existía entre ella y Samuel hizo que la separación fuera mutuamente dolorosa.

El joven se sumió en un estado emocional de mucha confusión, cuando tras una breve enfermedad su madre murió. Su dolor solo parecía mitigarse al aplicarse más a sus estudios. Fue avanzando en ellos, y el siguiente paso era su ingreso a la universidad. La venta de la granja proveyó fondos, y a los diecisiete años de edad Brengle se inscribió en la que hoy es la Universidad DePauw, en Greencastle, Indiana. En su carrera universitaria sobresalió como estudiante brillante, particularmente en la oratoria, y en el horizonte de su vida empezaron a aparecer ambiciones de naturaleza política. Pero Dios tenía otros planes para Brengle, y hacía revolotear de vez en cuando en su mente, a pesar de que él casi no se atrevía a reconocerlo, la idea de convertirse en un predicador del Evangelio. De una forma un tanto inusual, fue movido a acceder.

Debido a su elocuencia natural, fue elegido para hablar en una convención anual acerca de un asunto importante, del cual dependía la existencia misma de la fraternidad a la cual pertenecía. Estaba tan cargado por el sentido de responsabilidad que esto conllevaba, que, en angustia de espíritu oró pidiendo la ayuda divina, haciendo voto de que si su discurso alcanzaba su propósito, él cedería y obedecería a Dios yendo a dondequiera que Su llamado lo llevara. Cuando su oración fue respondida, no pudo desechar más los planes de Dios para su vida, y que en varias ocasiones había tratado de revelarle.

Después de graduarse, Samuel sirvió por un corto tiempo como predicador de circuito en la Iglesia Metodista. Después, algunos amigos le aconsejaron que iniciara estudios de teología, y movido por la ambición de convertirse en un predicador notable, Brengle se inscribió en el Seminario Teológico de Boston.

Esta decisión propició la experiencia más importante de su carrera. Durante ocho años había estado dolorosamente consciente de un conflicto interno entre las fuerzas del mal y del bien dentro de su propio corazón, sin saber con claridad la forma en que podría resolverse el problema. En el Seminario, cuando más lo necesitaba, fue bendecido por las enseñanzas del Dr. Daniel Steele, en cuanto a la provisión del Calvario para el pecado de su descarriado corazón. Este piadoso maestro pudo probar, por a través de la Escritura, que la liberación interior era posible, y también pudo confirmar esa realidad con su testimonio personal. ¡Cuán a tiempo llegó ese contacto, planificado por el cielo mismo! Y allí le llegó el auxilio de un Maestro mayor que Steele—el Espíritu Santo mismo. Él describe lo que este Maestro reveló a su hambriento corazón:

> "Yo vi la humildad de Jesús, y mi orgullo; la mansedumbre de Jesús, y mi temperamento; la humildad de Jesús, y mi ambición; la pureza de Jesús, y mi corazón inmundo; la fidelidad de Jesús, y el engaño de mi corazón; la falta de egoísmo de Jesús, y mi egoísmo; la confianza y la fe de Jesús, y mis dudas e incredulidad; la santidad de Jesús, y mi falta de santidad. Quité mi vista de todo lo que no fuera Jesús y yo mismo, y llegué a aborrecerme a mí mismo".[133]

Entretejido con el conocimiento de que Dios lo había llamado a predicar, se encontraba su deseo, innoble, pero insistente, de ser un gran predicador. ¡Cuán sutil era la tentación! "¡Si yo tan solo pudiera ser un gran predicador como Moody! ¡Quizás si busco el bautismo, entonces tendré ese poder!" Y luego añadió: "Yo estaba buscando el Espíritu Santo para yo poder usarlo a Él, y no para que Él me usara a mí".

La mañana del 9 de enero de 1895 halló a Brengle despierto desde temprano, con su alma conmovida hasta lo más profundo. El Espíritu de Dios estaba tratando de llevarlo a una cuestión definida. "Hoy", exclamó el joven, "debo obtenerlo o me perderé para siempre". Pero su ambición por la grandeza ministerial no había sido llevada todavía a la cruz, a pesar de que había orado así: "Señor, si tú tan solo me santificas, yo aceptaré la designación más insignificante que exista".

Mientras tanto, su corazón carnal halló consuelo pensando que aun cuando fuera designado a alguna iglesia pequeña, escondida, él todavía podía ser un predicador poderoso. Luego, un rayo de luz divina le mostró la enormidad de su amor a sí mismo; y completamente quebrantado por tal revelación, exclamó: "Señor, yo quería ser un predicador elocuente, pero si siendo tartamudo puedo llevar mayor gloria para ti que con la elocuencia, permíteme entonces tartamudear". Pero el Espíritu Santo demoró Su llegada. Repentinamente, sin embargo, las tinieblas de su alma fueron penetradas por estas palabras: "Si confesamos nuestros pecados, él es fiel y justo para perdonar nuestros pecados, y limpiarnos de toda injusticia".

La respuesta de Brengle fue: "Yo creo eso". Y luego el Señor a quien él buscaba, llegó repentinamente a Su templo. Hasta el final de sus días, Brengle nunca dudó de la realidad de esta obra de gracia en su alma, ni dejó alguna vez de magnificarla. Dos días más tarde, otra manifestación de Dios inundó su alma. De esta experiencia, él dijo:

> "Abrí mi Biblia, y mientras leía algunas de las palabras de Jesús, Él me dio tal bendición, como nunca hubiera imaginado que un hombre pudiera recibir de este lado del cielo. Era una revelación inefable. Fue un cielo de amor que entró a mi corazón. Mi alma se derritió como cera en el fuego. Yo sollocé y sollocé. Me odié a mí mismo por haber pecado contra Él, o dudado de Él, o vivido para mí y no para Su gloria. Entonces desapareció toda ambición de "mi yo". La llama pura de amor ardía, como un fuego ardiente quemaría a una mariposa.
>
> "Caminé hacia Boston Commons antes del desayuno, llorando de gozo y alabando a Dios. ¡Oh, cuánto amaba yo! En ese momento conocí a Jesús, y lo conocí hasta que me pareció que mi corazón se derretía de amor. Estaba lleno de amor por todas Sus criaturas. Oí a los pequeños gorriones que gorjeaban; los amé. Vi una pequeña lombriz que zigzagueaba en mi senda; no me paré sobre ella, pues no quería lastimar a ningún ser viviente. Amaba a los perros, amaba a los caballos, amaba a los pequeñuelos en la calle, amaba a los extraños que me pasaban apresurados, amaba a los paganos, amaba al mundo entero".[134]

Ciertamente, tal torrente de emociones cedió, pero en su lugar llegó la certeza y la solidez de una fe inquebrantable que hizo de Brengle el gigante que fue. De nuevo, él escribió:

"Un día, con asombro, le dije a un amigo: 'Este es el perfecto amor del cual escribió el apóstol Juan, pero es algo mayor que lo que yo haya soñado; es toda una personalidad. Este amor piensa, decide, habla conmigo, me corrige, me instruye, me enseña'. Y allí supe que Dios, el Espíritu Santo, estaba en este amor, y que este amor es Dios, ya que 'Dios es amor'.

"¡Oh, el arrobamiento mezclado con temor santo, reverente —ya que es algo arrobador, empero divinamente temible— el ser habitado por el Espíritu Santo, el ser un templo del Dios viviente! Las grandes alturas siempre tienen como opuestas a las grandes profundidades; y desde las alturas de esta bendita experiencia, muchos se han lanzado a las negras oscuridades del fanatismo. Pero no debemos arredrarnos por miedo ante la experiencia. Todo peligro puede ser evitado por medio de la mansedumbre y humildad de corazón; por medio del servicio humilde y fiel, al estimar a los demás mejores que nosotros, y prefiriéndolos en honor antes que a nosotros mismos; al mantener un espíritu abierto y enseñable; dicho en una sola palabra, al ver firmemente a Jesús, a quien el Espíritu Santo nos señala continuamente; ya que el Espíritu Santo no nos hace fijar nuestra atención exclusivamente en Él mismo y en la obra que realiza en nosotros, sino también en Jesús crucificado y en la obra que realizó por nosotros, para que podamos seguir las pisadas de Aquél cuya sangre compra nuestro perdón, y nos mantiene limpios".

Las puertas de oportunidad se abrieron de par en par. La envidiable oferta de pastorear la iglesia metodista más grande del norte del estado de Indiana, anteriormente habría sido aceptada sin titubear. Ahora fue rechazada. Brengle sintió que la dirección divina lo estaba llevando al Ejército de Salvación. Él había oído predicar al General Booth, y había sido muy conmovido. Los esfuerzos al aire libre de estos intrépidos guerreros de la cruz le ofrecían un extraño atractivo, y cuando una Voz le susurró: "Éstos son Mi pueblo", la suerte estaba echada. Determinó ir a Inglaterra, para poderse ofrecer personalmente al General Booth, y donde podría recibir el entrenamiento adecuado para el servicio cristiano.

Samuel se había comprometido con una joven del Ejército de Salvación, Elizabeth Swift. En todo sentido ella parecía reunir los altos estándares que él se había fijado para el matrimonio. Dos días después de la boda, con el pleno consentimiento de su esposa, él zarpó hacia Inglaterra.

El General Booth observó fríamente a Brengle. "Tú perteneces a las clases peligrosas", le dijo. "Has sido tu propio jefe durante tanto tiempo, que no creo que quieras someterte a la disciplina del Ejército de Salvación. Nosotros somos un ejército, y exigimos obediencia".[135]

Sin embargo, Brengle fue enviado "a prueba" a una escuela de entrenamiento, ¡en donde su primera asignación fue pulir las botas de dieciocho cadetes! Cuando recordó que Jesús había lavado los pies a Sus discípulos, su corazón cantó de gozo. Jamás se arredró ante las humildes condiciones en las que se encontró posteriormente: la rutina de visitas, los servicios cada noche y la venta de *Clamor de Guerra*.

Después de seis meses de entrenamiento regresó, ya como el Capitán Brengle, a su tierra natal. Allí, junto con su esposa, laboraron por la salvación de los pecadores y la santificación de los soldados del Ejército mismo. Dondequiera que fue enviado, la pasión de su corazón era "insistir en la santidad"; y durante cuarenta años se escuchó su sonar de corneta por todos los Estados Unidos. Su círculo de influencia se extendió a Inglaterra, el resto de Europa y hasta a Australia, Nueva Zelanda y las islas de Hawai.

Un compañero oficial se encontró con Brengle en una estación ferroviaria en California; este hombre estaba tan necesitado de ayuda espiritual, que no podía esperar hasta que se realizara el primer servicio de la Convención. Al ver a Brengle exclamó: "Quiero para mí lo que he leído en sus escritos, lo que he percibido en su espíritu; creo que usted puede ayudarme. Mi alma se ha estado secando un poco".[136]

Este hombre, y después otros dos oficiales, empezaron a orar diariamente para que Samuel Logan Brengle fuera designado por el Ejército de Salvación para realizar labores espirituales; es decir, para edificar la vida espiritual de los oficiales y los soldados. Hicieron dicha solicitud a la sede, y fue aprobada. El reconocimiento del Coronel Brengle como un profeta de Dios, parece haber coincidido con su propio sentir del llamado, ya que encontramos esta anotación en su diario: "Y Samuel creció, y Jehová estaba con él, y no dejó caer a tierra ninguna de sus palabras. Y todo Israel, desde Dan hasta Beerseba, conoció que Samuel era fiel profeta de Jehová" (1 Sa 3:19, 20). ¿Cuál honor o fama terrenal se puede comparar con esto? ¡Qué honor es ser un "profeta de Jehová!"[137]

Brengle nunca trató con cosas generales. Habiendo visto el pecado en su propio corazón, sabía lo que había en el hombre. Más de un oyente declaró que Brengle le predicaba directamente a él. Este profeta de Dios nunca permitió que su congregación sintiera que podía aplazar de alguna forma su sujeción a Dios. Él declaraba: "Hoy es el día de salvación", y dondequiera que proclamara el Evangelio podían verse muchas victorias espirituales.

Aun cuando fue un gran predicador, en realidad es más recordado por su faceta como escritor. Tan solo escribió ocho libros, pero se estima que han sido impresas más de un millón de copias en inglés y otros idiomas. *Ayudas para la Santidad* ostenta un lugar muy prominente en su campo, y ha circulado ampliamente para iluminar espiritualmente a millares.

Los dolores de parto agónicos preceden muchas veces a la manifestación de algo que será de bendición a las multitudes. Al encontrarse realizando su labor en cierto pueblo, Brengle recibió el sorprendente mensaje de que se le había designado al Cuerpo Número Uno de Boston. Después él diría que al leer el telegrama le sobrevino un sentimiento de desmayo, ya que ese Cuerpo estaba ubicado en un área sumamente difícil. La pobreza, él licor y el crimen, degradaban a los habitantes entre quienes estaría trabajando. Parecía imposible que allí pudiera hallar la quietud para estudiar y para escribir. Lo que era más, el salón no estaba lejos del Instituto Teológico, y sus anteriores compañeros de estudios lo estarían visitando en un lugar que no era para nada envidiable. Boston significaba para él un martirio vivo. Entonces oró así: "Señor, ¿por qué me siento así? ¿Soy orgulloso? ¿Es esta designación una ofensa para mi orgullo? ¿Acaso no he muerto ya a estas cosas?" Entonces leyó la aseveración de San Pablo: "Porque yo estoy dispuesto no solo a ser atado, mas aun a morir en Jerusalén por el nombre del Señor Jesús.", y no pudo más que exclamar: "Amado Señor, yo también seré fiel. ¡Estoy dispuesto no solo a ir a Boston y sufrir allí si fuere necesario, sino que estoy dispuesto aun a morir en Boston por Ti!"[138] Brengle no podía imaginar cuán cercano estaría de la muerte, y tampoco podía imaginar las bendiciones y consecuencias para los intereses espirituales de la posteridad.

Los Brengle se dirigieron a Boston, a donde les siguió la bendición. Una noche, un borracho enfurecido porque había sido expulsado del salón, arrojó un ladrillo que golpeó a Brengle en la cabeza. El santo varón pasó un tiempo entre la vida y la muerte, y no pudo predicar durante dieciocho meses. Pero un fuego como el que había caído sobre el sacrificio de Brengle no podía ser contenido fácilmente. El mensaje de la santidad ardía en sus huesos. Escribió artículos sobre este tema para el *Clamor de guerra*, que luego fueron recogidos y publicados bajo el título *Ayudas para la santidad*. Más adelante la Sra. Brengle escribió en el ladrillo-proyectil las palabras de José relacionadas con que sus hermanos lo habían vendido como esclavo: "Vosotros pensasteis mal contra mí, mas Dios lo encaminó a bien, para mantener en vida a mucho pueblo".

Otro de sus útiles libros fue fruto de la triste crisis que surgió por la división de los Ballington Booth del Ejército de Salvación. Para ayudar a que los soldados se mantuvieran atentos en la batalla por las almas, y quitaran sus ojos de las controversias, escribió artículos sobre el tema de ganar almas, que fueron publicados posteriormente como *El Secreto del ganador de almas*.

Repetidamente le preguntaron al Comisionado Brengle cuál era el secreto para retener la bendición de la santificación. Dos años antes de su muerte él respondió a esa pregunta por medio de este sabio consejo:

"Mantente en la voluntad de Dios, obedécelo, búscalo diariamente velando a Sus puertas. Lee la Biblia con regularidad. Nunca descuides la oración en secreto. Sigue testificando de la gracia que te ha sido concedida. Ayuda a los demás.

"De nuevo me han preguntado si la búsqueda de la santificación ha disminuido en mí en los últimos cincuenta años. A juzgar por mis emociones, sí; a juzgar por mi voluntad, no. Han habido ocasiones cuando mis experiencias emocionales han desaparecido, y me he preguntado si he perdido al Señor y mi experiencia con Él. En una ocasión estaba seguro de que lo había perdido y perdí mi confianza, así que fui severamente tentado y zarandeado por el diablo durante veintiocho días. Cuando llegó la liberación —porque no fui desechado— descubrí que el propósito de mi voluntad no había tambaleado y se había mantenido firme en Cristo en medio de la tormenta emocional y la desolación que había inundado mi alma.

"A todos mis camaradas que sufren tentación, yo les diría: '¡Manténganse firmes! Sean fieles sin importar cómo se sientan, ya que Cristo jamás dejará a los Suyos. Él sabe cuál camino van a tomar. Él también fue tentado por el diablo durante cuarenta días y noches'. Esa prueba de mi fe y mi lealtad probó ser una de las bendiciones más grandes de mi vida.

"La santificación ha significado mi abandono total ante la voluntad de Dios, pero no de una manera en que mi propia voluntad no funcione y se quede pasiva. Ha tenido que estar, y ha estado, activa, firme en su propósito de ser la misma del Señor. No me ha sido permitido sentarme en pasivo arrobamiento, cantando tranquilamente hasta la eternidad. Dios y el hombre deben cooperar, laborar juntos tanto en la recepción, como en la continuación de la bendición.

"Las grandes alturas se yerguen sobre grandes profundidades. De igual manera, los logros espirituales más altos se yerguen sobre las tenebrosas profundidades del fanatismo. Y la única forma de escapar de caer en ese abismo, es tener una mente humilde y orar una oración como la de David: 'Enséñame buen juicio y conocimiento'. Yo he orado por años para que mi luz y mi amor caminen a la par. La luz sin el amor puede llevar al orgullo—— puede hacernos desdeñosos y darnos un falso sentido de superioridad. El amor sin la luz puede llevar a graves indiscreciones, a juicios falsos y al fanatismo.

"Pero debemos tener cuidado de pensar que no hay más crecimiento. Se nos exhorta a "crecer en gracia". Nosotros hemos entrado a una rica gracia por medio de este acto de santificación, y debemos crecer en ella, aunque no podamos crecer hacia ella. Podemos, y debiéramos, crecer a diario en conocimiento, en buen juicio, en entendimiento, y en amor y devoción a Dios y a nuestros semejantes. Jesús mismo creció en sabiduría, conforme crecía en estatura y en verdad.

"Debemos deshacernos de una buena vez de la idea de que la santificación es puramente una condición emocional, ya que ésta depende igualmente de la voluntad. Por otro lado, no se puede tener una gran experiencia interior sin que intervengan las emociones. Uno de los grandes peligros de la religión hoy, quizás nacido del orgullo, es el temor que la gente le tiene a la emoción. Están tan ansiosos por mantener su balance y compostura, que dejan de manifestar vida y naturalidad. Se vuelven defectuosamente sin fallas, fríamente regulares, espléndidamente nulos—y nada más.

"Las experiencias espirituales más altas vuelven a las personas tan naturales como niños pequeños; y cada uno se expresará de acuerdo a su propio temperamento. Yo les diría a los jóvenes: "No se estandaricen; sean ustedes mismos. Tengan entusiasmo en su vida espiritual. No se esclaviquen a lo que otros puedan pensar. Quiten su vista de la gente y pónganla en Jesús, y cultiven el amor por las personas que los pongan a prueba. Quizás ellos no siempre sean sabios, pero si ellos son buenos, ténganles paciencia.

"Aún no he visto respondidas algunas de mis oraciones, pero otras que derramé con lágrimas y con un fuerte deseo para Su gloria y para la salvación y santificación de personas hace cincuenta años, están siendo respondidas ante mis propios ojos hoy, de formas que yo no preví, ni podía prever.

"Estos cincuenta años han sido ricos en bendición espiritual y en dulce comunión con mi Señor y Su pueblo. Pero también han sido años de esfuerzo, de tentación, de tribulación, y a veces de dura disciplina de espíritu que ha aumentado agonizantemente. Mi Señor es un hombre con una cruz, que me mandó llevar mi cruz y seguirlo a Él si he de ser Su discípulo, aprender de Él y, finalmente, compartir Su triunfo."

En el año 1931, el Comisionado Brengle se retiró del servicio activo en el Ejército de Salvación, aunque continuó cumpliendo con compromisos de predicación aproximadamente por dos años más. Luego, su mala salud y la disminución de su visión le obligaron a disminuir, y finalmente a finalizar su actividad ministerial. El 19 de mayo de 1936, Dios llamó a Su siervo hacia Sí.

CITAS DE SAMUEL LOGAN BRENGLE

Yo he visto Su rostro en bendición
Cuando mis ojos estaban nublados por las lágrimas;
He sentido Su mano que me acariciaba
Cuando mi corazón estaba desgarrado por los temores.
Cuando las sombras se acumulaban sobre mí,
Y la penumbra cayó tan profunda como la noche,
En las tinieblas frente a mí
Había señales de Su luz.

Yo anduve en ondas de dolor
Hasta que mi alma fue cubierta;
A menudo temí el mañana
Y la senda que yacía frente a mí.

Pero al hundirme en mi tristeza,
He sentido Su mano auxiliadora,
Y con el despuntar del día llegó Su alegría
Con el valor para resistir.

Yo estaba errante, y Él me halló,
Me tomó del borde del infierno;
Estaba golpeado, y Él me envolvió,
Enfermo estaba, y Él me sanó.
Estaba herido, y Él me curó
Cuando cansado estaba por la lucha;
Yo andaba errando, y Él me selló,
Muerto estaba, y Su Espíritu me dio vida.

Por la Sangre de Su vida Él me ha reclamado
Como una joya ante Él;
Me ha llamado Su propio hijo,
Me trajo para andar en la luz.
Así que yo estaré luchando hasta que Él me llame,
Pisando la senda que Él pisó;
Sin importar lo que sobrevenga
Viviendo en la vida de Dios.

–S.L. Brengle

Una preciosa y dulce mañana Dios se movió poderosamente en mi alma. A solas en mi habitación, Dios se dignó revelar a Su Hijo en mí. En ese momento yo estaba tan seguro de que Él me había limpiado y llenado, como lo estoy de que me encuentro aquí en este instante. Yo no podía negarlo, así como el hombre que había nacido ciego no podía negar que Jesús había tocado sus ojos. Yo sabía que aunque antes había sido ciego, ahora veía; aunque antes yo había sido impuro, ahora había sido limpiado.

Tú puedes orar con otros, puedes confesarles a otros, pero llegará el momento en que tendrás que estar a solas con Dios, perdido para todos, menos para Dios —aunque muchos estén a tu alrededor— como si no hubiera en todo el universo nadie más que Dios y tú .

Eva Von Winkler (1866-1932)
Madre Eva de Friedenshort

eva estaba furiosa, y su rebelión reprimida halló un escape cuando trepó al tejado de la casa vecina, y con su puño erguido hacia la figura del clérigo que se retiraba, exclamó: "Usted no me robará mi libertad". Luego, animada por su recién declarada libertad, se bajó de un salto por la chimenea. Acababa de terminar su segunda lección preparatoria para la Confirmación, y no estaba dispuesta a ser atada por ningún credo.

Tan solo dos años antes, había expresado palabras similares la niña de trece años, usualmente obstinada, pero ahora un tanto subyugada y entristecida por la pérdida de su madre, a quien amaba entrañablemente. Al pasear por el bosque con su perro San Bernardo, a ella le pareció ver la majestuosa e impresionante figura del Señor erguirse delante de ella, y creyó que quería "reclamarla" para Él. "¡No! ¡No! Él no me va a conquistar", declaró ella. "Yo soy libre, y nadie podrá quitarme mi libertad". Probablemente esta joven heredera de cuna noble, estaba percibiendo el llamado de Dios a aquel servicio a través del cual ella estaba destinada a llevar bendición a millares.

Eva von Winkler, la penúltima de una familia de nueve hijos, nació en el sureste de Alemania cerca de la frontera con Polonia, el 31 de octubre de 1866. Su hogar, situado cerca de la aldea de Miechowitz, era un castillo ancestral, y poseía el encanto y romance asociados a un lugar así.

La amable y amorosa madre de Eva era, según su hija, "una forma radiante de luz". Lo que sus hijos recordaban de ella, no solo en cuanto a su poco usual capacidad mental sino también en cuanto a sus fervientes anhelos espirituales, fue una "herencia imperecedera" que los enriqueció mientras vivieron. La contribución del padre a su familia fue de naturaleza más terrena. Como hombre acaudalado, quería que sus hijos se entrenaran para que su patrimonio, que algún día sería de ellos, fuese manejado de la mejor manera posible. Consecuentemente, tenía ideas estrictas de disciplina, las cuales nunca dudó en imponer.

El amor a Dios que tenía la madre, se manifestaba por toda la casa. Nueve sillas, cada una con un verso bíblico labrado en el respaldo, y arregladas en torno a una enorme mesa de roble, dejaron impresa en las mentes en formación de sus hijos, la importancia de la Palabra de Dios. En la primera página de la gran Biblia familiar aparecía inscrito: "Tranquilo cercamiento a Dios". Al famoso libro, *Imitación de Cristo*, por Thomas à Kempis, se le dio un lugar prominente en la mesa familiar.

El primer recuerdo que tuvo Eva de algún deseo espiritual, fue cuando dos de sus hermanas cantaron un himno: "Alabad juntos a Dios, cristianos todos". Ella recordaba haber oído una sola vez acerca de la muerte de Jesús, cuando su madre, que había estado enferma, un Viernes Santo le contó la historia de la crucifixión de Jesús. Pero aparte de esta única ocasión, nadie le había hablado acerca del pecado. Como resultado, pasó mucho tiempo antes de que la niña se diera cuenta de su necesidad de un Salvador.

Cuando Eva tenía casi diecisiete años, la familia fue a Berlín en donde tenían una casa. Fue allí que ella empezó a establecer contacto con Dios.

> "Dios mismo me llevó a Su escuela. Todo lo que yo había imaginado que poseía yacía aplastado en el suelo. Yo no tenía absolutamente nada—ni suelo bajo mis pies, ningún futuro, ningún cielo, ninguna eternidad, ningún Dios. Oh, cuánto busqué la verdad de día y de noche—y no la pude hallar.

> "¿Qué es la vida? ¿Qué es la muerte? ¿Qué es el tiempo? ¿Qué es la eternidad? Estas preguntas me atormentaban el cerebro, pero no encontraba ninguna respuesta. Solo de vez en cuando, unas palabras que he de haber leído un tiempo atrás, me llegaban como una estrella en la noche, aunque yo prácticamente no sabía quién las había dicho. 'Estas cosas os

he hablado para que en mí tengáis paz. En el mundo tendréis aflicción; pero confiad, yo he vencido al mundo'. Esas palabras parecían estar llenas de promesas para mí, y era maravilloso que Alguien pudiera decir: 'Yo he vencido al mundo'. ¿Quién era esta Persona? Yo no la conocía."[139]

Cuando empezó a estudiar la Biblia, leyó Juan 10 con su bella descripción del Buen Pastor. Ya despojado de mucha de su rebeldía, su corazón, exclamó: "Señor, si de verdad tú eres el Buen Pastor, yo también quiero pertenecer a tu rebaño". Después dijo: "Ahora mi corazón estaba en reposo; había recibido la respuesta. Este fue el principio de una vida nueva. Todo fue diferente en mí y en mi derredor. A pesar de que tan solo los primeros rayos de luz habían penetrado en mi oscuro corazón, yo sabía que el Señor se había revelado a mí, y que desde ese momento yo le pertenecía a Él.[140]

Debido a una enfermedad que la confinó a la cama, Eva empezó a pasar largas horas aplicándose a la lectura del Nuevo Testamento. Conforme su recién renacida alma empezó a entender algo del costo del Calvario para el Hijo de Dios, Sus demandas empezaron a tener sentido. Ella escribió:

> "Ya no necesitaba pasar mis días sin sentido ni rumbo; había para mí una labor que realizar en el mundo. Jesucristo me había buscado, me había hallado y me había llamado a Su servicio para seguirlo; ahora solo me quedaba esperar Sus instrucciones...
>
> "Luego Dios me proveyó un amigo en mi soledad. Fue el monje Tauler de Estrasburgo, cuyos sermones y escritos adicionales encontré cuando ordenaba el estudio de mi madre... Por muchas horas este anciano amigo de Dios habló a través de ellos a la joven ignorante, acerca de la unión con Dios, a través de la muerte del hombre viejo, y de la negación al mundo y al amor al yo."[141]

Un estable y creciente deseo de ayudar a todos aquellos por quienes Cristo había muerto surgió en ella. Una certeza del plan de Dios le fue dada cuando varios pasajes del libro de Isaías la impresionaron: "¿No es que partas tu pan con el hambriento, y a los pobres errantes albergues en casa; que cuando veas al desnudo, lo cubras?" Luego siguieron otras palabras del mismo profeta: "Después oí la voz del Señor, que decía: ¿A quién enviaré, y quién irá por nosotros? Entonces respondí: Heme aquí, envíame a mí".

La misma Eva, que en otro tiempo había sido obstinada y determinada, ahora nos dice: "Hice voto de entregarme exclusivamente al servicio de Dios, y le supliqué que me preservara de todo amor terrenal, y que me alejara de todo lo que pudiera estorbar mi propósito."[142] Externamente ella mantuvo el mismo tipo de vida, lo que le dejaba mucho tiempo desocupado, así que para prepararse para la tarea que le esperaba, aprendió a tejer y coser, tomó clases de polaco y leyó biografías. Para disciplinarse, se deshizo de su sirvienta personal.

La senda que se le abrió en el servicio a Dios parecía un tanto insignificante. Era la costumbre en el castillo permitir que algunos de los pobres más necesitados de la aldea llegaran a mediodía por un plato de sopa hecha de huesos, carne y verduras sobrantes de las viandas de la familia. Eva empezó sirviéndoselas en los tazones que ellos mismos llevaban. Un día, cuando llegó un niño pequeño, medio desnutrido, ella lo bañó, lo peinó, y luego decidió hacerle un par de pantalones de un viejo vestido suyo. Muy pronto después de esto, se reunió con el alcalde de la aldea para pedirle ayuda para ese niño. Sin que Eva lo supiera, el alcalde le presentó la necesidad a su padre, quien se enojó mucho. A la mañana siguiente, durante el desayuno, él la reprendió con firmeza y le prohibió ir a la cocina y hasta hablar con los aldeanos. A pesar de que su corazón estaba deshecho por tales restricciones, Eva empezó a depender más de Dios.

Al cumplir diecinueve años, ella pidió autorización a su padre para tomar un curso breve de enfermería. Él consintió, bajo la condición de que una amiga la acompañara. Y ya que la joven Condesa Lisa Zedlitz tenía el mismo deseo, fueron juntas al pueblo de Bielefeld, en donde había una escuela de enfermería y artes domésticas. El Pastor von Bodelschwing, a quien Eva después denominó el "Apóstol de Amor", estaba a cargo de la institución, y ella consideró "un privilegio sin paralelo" estar bajo su influencia. Este buen hombre amaba a todos, sin importar su condición, y su ejemplo estuvo siempre delante de ella en años posteriores.

Al retornar a su hogar, se le permitió invitar al castillo a ocho niñas aldeanas para enseñarles a tejer. Un día, mientras cosía una prenda para los pobres en presencia de su padre, él la llamó a su escritorio. Al mismo tiempo, él se volvió a su hijo mayor, quien estaba presente, y le dijo: "Si yo no viviera para poder hacerlo, constrúyele a Eva una casa para su gente pobre". La joven solo pudo besarle la mano, y luego se retiró a su habitación para caer de rodillas en oración de acción de gracias a Dios. Grande fue su sorpresa para Navidad, al hallar que el regalo de su padre era el plano de esa precisa casa.

De nuevo Eva fue a la institución en Bielefeld para aprender cómo administrar una casa; y mientras recibía el entrenamiento culinario y doméstico, se hizo cargo de un pequeño edificio para niños enfermos. Pronto, después de que hubo completado su curso, una serie de epidemias de fiebre escarlatina, tifoidea y difteria atacaron la aldea, cobrando un alto número de pequeñas vidas. Fue tan grande el esfuerzo que realizó cuidando a los enfermos y enterrando a los muertos, que de puro agotamiento se vio obligada a guardar reposo temporalmente.

Durante su tiempo de recuperación, su casa estaba en el proceso de construcción. El día de la dedicación, a los veinticuatro años de edad Eva fue consagrada como la "Madre". Así fue establecido Friedenshort. Allí se cuidaba a niños enfermos y minusválidos; pequeños bebés ocupaban las cunas de madera; personas ancianas, no deseadas por sus familias, recibían consuelo y abrigo. Cuando la escuela de la aldea terminaba labores cada día, casi cien jóvenes llegaban a recibir ayuda en sus estudios, entrenamiento en tallado de madera o en costura, y para tener un período de recreación y diversión.

Debido a los limitados ingresos, Madre Eva horneaba pan, hacía reparaciones, cultivaba repollo, siempre recordando y poniendo en práctica el himno que se entonó en el servicio de dedicación: "Y en los días más duros, nunca te quejes por la carga". Al final del año se contaba con cuarenta camas, en vez de las cinco del inicio.

En 1892, su amigo, el Pastor von Bodelschwing, visitó Friedenshort y le sugirió que formara una Hermandad o Casa de diaconisas, para entrenar a jovencitas en diversas áreas de actividad cristiana. La idea se le había ocurrido en diversas ocasiones, pero antes debía obtener el consentimiento de su padre. "Pequeña hija, he estado observándote ya por largo tiempo, y he visto que la bendición de Dios reposa sobre todo lo que haces", fue su favorable reacción. Luego puso sus manos sobre la cabeza de Eva para impartirle la bendición paternal. Así fue que se construyeron varios edificios nuevos en Friedenshort; uno para enfermos terminales y otro para niños. El día de la dedicación de los edificios se admitieron tres jóvenes que se entrenarían como diaconisas.

Mientras Friedenshort crecía, la vida espiritual de su madre también estaba siendo formada y moldeada. Ella escribió:

> "Con el paso del tiempo, ocurrieron cosas que podrían haberme desanimado. Recuerdo cuánto me dolía en los primeros días ver que la gente de mi propia aldea malinterpretara mi deseo por ayudarlos. Se dijeron cosas que me hirieron profundamente, pero luego me senté a solas con mi Biblia, y entendí lo que significa ser odiado por los que uno ama. Al hojearla, mis ojos se detuvieron en las palabras: 'Si el mundo os aborrece, sabed que a mí me ha aborrecido antes que a vosotros'. Eso bastó. Grande gozo llenó mi corazón, cuando entendí que los seguidores de Cristo no debieran esperar galardones o gratitud en este mundo que rechazó a Aquél que solo anduvo haciendo bien."

Su seguridad del hecho de que era una hija de Dios nunca había sido sacudida. Pero en su interior había anhelos vagos e indefinidos, por una vida espiritual más profunda. Por mucho tiempo no estuvo consciente de que la santidad de corazón debía obtenerse por fe. Ella confiaba más en las buenas obras para librarse de la inquietud de su alma, que a veces le resultaba desesperante. Hasta consideró buscar una respuesta en la Iglesia Católica Romana. Una carta escrita durante este período revela la lucha del corazón de la Madre Eva.

"El verano pasado vine por un corto descanso a 'Salem', cansada, extenuada, desanimada, débil en cuerpo y alma. Toda mi obra se veía como una gran montaña de dificultades ante mí— una carga que yo no podía llevar. En mí no veía más que pecado, incapacidad y debilidad. Ya estaba demasiado cansada casi hasta para hablar o comer. Tomé mi Biblia y salí... Pude tener tres días de quietud, y de pronto me llegó un tenue entendimiento sobre el significado de las palabras: 'Bástate mi gracia; porque mi poder se perfecciona en la debilidad'. Ese era el secreto del que había carecido mi vida. Yo siempre había querido ser algo. Quería ser santa, perfecta y gloriosa. Y quería obtenerlo por mis propios medios. Y ahora una luz me había golpeado—yo solo debía ser nada—ni siquiera debía sentirme capaz de proponerme hacer algo, para que Jesús, y solo Él, fuera todo en todos... Consideré esto como un capítulo nuevo en mi vida."[143]

Tres santos hombres fueron usados por Dios para instruir y moldear más a Su sierva. Uno fue el Pastor von Bodelschwing, quien hizo mucho por entrenarla para el liderazgo en los años que ella estuvo bajo su guianza. La confianza que él le tuvo la fortaleció y la hizo madurar. Pero el trabajo extenuante en la institución y el profundo conflicto de su alma, le causaron problemas físicos. Cuando estaba en Bielefeld vio el peligro de que al ser absorbida por la obra cristiana, ella pudiera perderse una vida espiritual más profunda. Los sermones del Dr. Tauler habían hecho surgir en su corazón el deseo de tener una unión íntima con Dios y de buscar la santidad. Pero el Pastor von Bodelschwing, al no entender su búsqueda, le aseguró que no le sería posible encontrar una respuesta a su necesidad en la Iglesia Evangélica.

La segunda persona que le ayudó en este período de su vida fue un hombre pequeño, Fritz Oetsbach, cuyo cuerpo era deforme, pero que estaba lleno de la gracia de Dios. Madre Eva lo conoció en una Conferencia de Fe, en mayo de 1900, y pudo ver a Cristo morando en él. Sus oraciones abrían los cielos. Tras diecisiete años de permanecer en una condición lisiada sin esperanza, él leyó en la Biblia las palabras en Santiago 5:14-16, y les pidió a unos amigos cristianos que oraran por él y lo ungieran con aceite. Su obediencia al mandato divino fue recompensada, y fue sanado. Cuando Madre Eva tuvo el privilegio de conversar con este hombre, él le pregunto: "¿Alguna vez ha pensado usted que la palabra, 'Por tanto, queda un reposo para el pueblo de Dios', es para usted hoy?' Eva cuenta de su asombro ante tal pregunta:

"Lo vi con asombro. No, yo nunca había pensado en eso. La vida me parecía una lucha continua contra mi propia naturaleza, contra el poder del pecado y de Satanás—¿cómo era posible que yo pensara en reposo? Luego el pequeño 'gran hombre'... habló con sencillez, claridad y convencimiento, de que ese reposo era para nosotros aquí. Que entramos en él cuando cesamos de hacer nuestras propias obras, para entrar en el reposo de la fe que Cristo ganó para nosotros en la cruz. Y que nosotros podemos entrar en ese reposo por medio de la participación de Su muerte...

"Oh, cuánto había yo anhelado ese reposo; había pensado hallarlo solo en la reclusión de un convento, en el ascetismo extremo o, de no ser posible allí, pues solo en la tumba. Y ahora este pequeño hombre hablaba no solamente de la posibilidad de tener reposo aquí, sino que él mismo parecía poseerlo; realmente, algo de ese reposo divino brotaba de él."[144]

Sus palabras dejaron una impresión perdurable en Eva, quien siempre se refirió a Fritz Oetsbach como el "Apóstol de Fe".

Ese mismo año, su vida se encontró con la de James Hudson Taylor, a quien ella llamó el "Apóstol de Santificación". Eva recibió de la Sra. Taylor un pequeño libro titulado "Una vida santa y cómo vivirla". De una manera sencilla, ese libro respondía muchas de sus preguntas en cuanto a la santidad.

El trabajo en Friedenshort era extremadamente arduo. Su amigo pastoral, von Bodelschwing, siguiendo sus actividades con agudo interés, dijo a las hermanas que ella probablemente solo viviría unos cinco años más, si no cambiaba de ambiente. Los hogares fueron puestos en otras manos, y ella se convirtió en la Dama Superintendente de la Institución Bielefeld. Su influencia espiritual tuvo allí un ámbito más amplio, al poder entrenar a otras mujeres; además, estuvo dispuesta a formar parte de algo totalmente diferente de la obra que tanto amaba. Aquí fue donde enterró a Friedenshort en la tumba de su corazón. Pero seis años más tarde, un agotamiento físico total requirió que se retirara a Suiza.

Un tiempo después regresó al amado lugar que había fundado, y decidió vivir en una cabaña en las instalaciones, delegando a una diaconisa mayor la superintendencia de la Comunidad. Ella se dedicó a los pobres, y en su pequeña casa halló un lugar para niños abandonados, cuyas pequeñas vidas solo habían conocido crueldad y menosprecio. Pero su alma seguía estando insatisfecha.

"La meta me había sido mostrada, pero aún no la había alcanzado. Todavía no había alcanzado el gran don de Dios, una vida santa vivida en el poder del Espíritu Santo, que otros estaban disfrutando. Luchando, esforzándome, peleando, yo estaba dolorosamente consciente de que no me estaba elevando hacia los ideales de Dios en mi vida. Ni la pobreza externa, ni la oportunidad diaria de prestar un servicio de amor, podían silenciar el tumulto en mi alma, y muchas veces un profundo gemido surgió de mi corazón: '¿Es esto todo? ¿No tiene Dios nada más que darme?'"[145]

Sin embargo, rápidamente se acercaba el tiempo cuando las profundidades aún no sondeadas de su ser serían alcanzadas por el inmenso amor de Dios. A principios del siglo veinte, una obra maravillosa del Espíritu Santo se manifestó en Gales. Eva y unas amigas viajaron primero a Inglaterra, y luego a Gales. Estando en Londres, visitó Bethshan, el hogar de la Sra. Elizabeth Baxter para la sanidad espiritual. Eva escribió acerca de este tiempo:

> "Se me concedió tener una vislumbre de la vida de intercesión sacerdotal de la Sra. Baxter. Mi propia vida estaba tan llena de trabajo, de inquietud, y de conflicto, que había muy poco tiempo para la oración y la adoración. En relación con esto, mostrando tremenda preocupación, ella me dijo: '¿Cómo puede prosperar tu vida espiritual, si no pasas tiempo delante de Dios?'...
>
> "Durante esos días en Londres, sucedió algo más que tuvo mucho significado para mí. La Sra. Penn-Lewis se hallaba en el inicio de su ministerio espiritual, y a través de sus escritos y de su testimonio especial del significado de la cruz, estaba ejerciendo una gran influencia sobre un amplio círculo de cristianos. Una breve conversación con ella me arrojó luz sobre la necesidad más profunda de mi vida. Entendí que el viejo 'yo', que se entremete en todo—incluso en el servicio a Dios, no podía ser desarraigado y vencido por alguna fuerza que yo tuviera—por primera vez vi que este ya había sido juzgado en la cruz de Cristo, cuando Él murió por mí. Yo veía esto, pero no podía entenderlo aún.
>
> "Luego fuimos a Gales, en donde el avivamiento estaba estallando... Fue tremenda la impresión que recibimos del poder invencible del Espíritu Santo sobre todo un vecindario."[146]

Cuando viajaba de vuelta a Londres por tren, tres jovencitas estaban en el mismo compartimiento con ella. Su forma mundana de vestir le sugirió a Madre Eva que la asistencia a los servicios de avivamiento les beneficiaría mucho. Cuando le dijeron que ellas cantaban y testificaban asociadas con Evan Roberts, el joven que estaba siendo poderosamente usado por Dios en el avivamiento, ella calló, y se hizo la siguiente pregunta:

"¿Era posible que estas jóvenes con sus vestidos mundanos—como se les ve en las calles de las grandes ciudades—fueran usadas por Dios para ayudar en las reuniones de avivamiento?¿Usadas para salvar almas, cuando quizás ellas mismas recién acababan de convertirse de una vida de mundanalidad y vanidad?¿Estaban siendo ellas ahora instrumentos en las manos de Dios? ¿Y yo? Durante años había estado trabajando en el servicio del Señor usando ropa sencilla, negándome a mí misma todas las comodidades y atracciones externas, y aun así yo me sentía interiormente tan pobre, tan débil y tan estéril."[147]

Ella lo ponderó y sacó su Biblia; sus ojos se posaron en estos versos: "Mirad, hermanos, vuestra vocación, que no sois muchos sabios según la carne, ni muchos poderosos, ni muchos nobles; sino que lo necio del mundo escogió Dios, para avergonzar a los sabios; y lo débil del mundo escogió Dios, para avergonzar a lo fuerte; y lo vil del mundo y lo menospreciado escogió Dios, y lo que no es, para deshacer lo que es, a fin de que nadie se jacte en su presencia". Ella escribió: "Mientras más pensaba yo en esto, más claramente veía que Dios podía usar más fácilmente a un limpiabotas de las calles de Londres, que a mí. Lo que yo antes había visto como una ventaja, ahora me parecía un estorbo."[148]

Estas mismas jóvenes debían dirigir un servicio en una capilla galesa cerca de Londres, y Madre Eva, como humilde aprendiz, decidió asistir. No entendía mucho el idioma, pero el Espíritu Santo estaba presente como Maestro. Ella escribió:

"Es algo inefablemente maravilloso cuando Dios mismo desciende a una reunión, y toca a cada uno y habla personalmente a todos. Entonces todo lo exaltado y elevado debe inclinarse ante Él. Toda dureza se rompe, toda frialdad se derrite. Encontrarse con Dios, el Invisible, sentir Su presencia en obra y en verdad, es la experiencia más grande, más alta, más maravillosa que el hombre puede experimentar. Allí Él puede, en un momento, dar y alcanzar aquello que nosotros, en largos años, nunca hemos podido alcanzar con nuestro propio esfuerzo. En ese momento llegó a mí una pregunta benigna y penetrante de parte de mi Señor crucificado: '¿Estás lista para ser una necia por mi causa?'

"En ese momento también la vida vieja se hundió en la tumba—algo nuevo, hasta entonces desconocido, me fue dado. El anhelo de mi alma fue satisfecho. Me parecía que todo el dolor de mi alma quedaba atrás, y que ahora Cristo mismo vivía en mí—Él en mí, un nuevo yo, una nueva vida... Solo quedaba un deseo, un anhelo: obedecer siempre, a quien había tomado posesión de mi vida. Nunca más yo, sino Él a través de mí de ahora en adelante. En esa misma hora sentí el deseo de viajar de vuelta a mi tierra para testificar de Cristo en la casa de los parientes cercanos. Ese no sería un camino fácil."[149]

A su regreso a Friedenshort, Madre Eva reunió a las hermanas y les pidió perdón por "todo lo que había hecho ella misma, lo que había nacido de sí misma y planificado por sí misma en su anterior servicio en medio de ellas. De aquí en adelante todo debe ser diferente; ya no más yo, sino Cristo". El Espíritu Santo anuló toda justicia propia; y el perdón divino, la certeza y la nueva vida espiritual llegaron por primera vez a algunas de las hermanas. Entre los años 1905 y 1908, cincuenta diaconisas fueron hospedadas en el cada vez más grande establecimiento, y el problema de las finanzas se agudizó. Los intereses de la herencia de Madre Eva y el legado de su madre ya no eran suficientes para cubrir los gastos, y tampoco podía echar mano legalmente de los fondos de la fundación. Eva vio que la obra tendría que ser conducida bajo el mismo principio de fe que había sido adoptado por Jorge Müller, Hudson Taylor y otros ministros menos conocidos. Esto produjo cierto malentendido en su Comité. Después de mucha oración, ella redactó una declaración que provocó la renuncia de todo el Comité. Entonces tuvo la libertad de escoger solo a aquellos que simpatizaban con su confianza plena en Dios.

No obstante, su fe fue probada seriamente. Su frágil salud la había obligado de nuevo a retirarse. Durante su ausencia de dieciocho meses, los gastos de los Hogares superaron a los ingresos. Pero en respuesta a la oración convenida, en cuestión de seis semanas desapareció el último vestigio de deuda, y hubo un excedente sustancial. De acuerdo a los principios escriturales, nunca más hubo deudas en Friedenshort.

Hacia finales de 1910, sintió en su corazón una carga por la necesidad de establecer un refugio para niños desamparados en Breslau, Alemania. La ofrenda inicial para ese fin fue la pequeña suma de cinco marcos. Ella los colocó en una silla, y de rodillas le pidió a Dios que fueran multiplicados, como lo habían sido los panes y los pescados para alimentar a los cinco mil. En cuestión de pocas semanas, una bella casa en una propiedad preciosa cerca de Breslau llegó a su posesión. Durante los siguientes catorce años se fundaron cuarenta refugios en varias partes de Alemania y Polonia. Fue de gran gozo para Madre Eva observar que, después de la oposición de su familia en los años iniciales, uno de sus hermanos y una hermana establecieron, cada uno, un "Hogar para desamparados", y se entregaron a Dios y a Su servicio.

La bendición divina reposaba sobre las labores de Su devota sierva, y se amplió la esfera de servicio que se había abierto a las diaconisas. En 1912 la C. I. M. asignó a varias hermanas a un área de China, a la cual ninguna mujer europea había llegado antes. El corazón de una diaconisa noruega sintió una carga por la necesidad espiritual de los pescadores en Laponia. Antes de la muerte de Madre Eva, había hermanas trabajando en Guatemala, Siria, África e India.

Otra área de servicio fue la visita de prisiones. Eventualmente se fundó un hogar donde se les permitía vivir a los presidiarios al ser puestos en libertad, hasta que pudieran hacer ajustes para emprender una vida normal.

Las sombras de la noche se extendieron sobre la preciosa vida de Madre Eva. En un esfuerzo por prolongar sus días, quienes la amaban le recomendaron el reparador aire de las montañas suizas. Pero esto no sirvió de nada, y ella regresó a su pequeña cabaña en Friedenshort, para esperar allí el llamado del Maestro para un servicio más alto. En junio de 1932, la "casa terrenal" se disolvió y ella entró a una casa "eterna en los cielos, no hecha de manos".

Los libros que fluyeron de su pluma y que todavía circulan, apuntan clara y preciosamente hacia la senda de santidad y del cielo.

CITAS DE LA HERMANA EVA

Dondequiera que Dios ha hallado a algunos que con todo su corazón se han rendido humildemente a Cristo para obedecerlo y para caminar sencillamente hacia donde la luz de la verdad los lleve, Él los ha hecho portadores de Su luz y Sus testigos, cada uno conforme a la medida de sus dones y de su esfera de influencia; y los ha usado para ser de bendición para otros. Quizás ellos difieran radicalmente uno de otro en cuanto a sus puntos doctrinales y convicciones; quizás hayan sido influenciados por su ambiente, por el liderazgo bajo el cual estuvieron, o por la tendencia particular de su época; pero cada uno ha manifestado un rayo de verdad revelada por medio de sus palabras y acciones. Su vida y testimonio han sido un canal de bendición, no solo para su propia generación, sino también para las que los han seguido.

Cuando el Espíritu Santo ha tomado posesión de una vida, en todo momento debe haber una recepción renovada de Él.

Muchas vidas sin paz y derrotadas, serían transformadas si se convirtieran en vidas de oración. La oración cuesta algo. ¡Cuesta mucho! Quien ora debe negarse a sí mismo. Debe dedicar todo su tiempo y esfuerzo al servicio de Dios. Eso no significa que deba cambiar su llamamiento externo para volverse "espiritual" al entrar a la así llamada obra cristiana. No; servir a Dios es vivir para Él y glorificarlo; es estar a Su disposición y olvidarse de uno mismo al buscar Su gloria y la salvación y el bienestar de la humanidad.

El mundo tiene la opinión correcta de que no puede existir tal cosa como un cristiano mundano. Todo hombre es, o un hijo del mundo, gobernado por el espíritu de los tiempos, luchando la batalla por la existencia en el reino de este mundo, pensando, actuando y viviendo conforme a sus principios, o es un cristiano, un seguidor de Jesucristo aferrado a una determinación inflexible de ver Sus palabras y mandamientos siendo realizados en sus actos y en su vida, aun cuando esto signifique para él lo que significó para el Señor—¡rechazo y muerte!

Samuel Morris (1872-1893)
Angel de ébano

al oír las pisadas de su esposo en las primeras horas de la mañana, la esposa abrió la puerta con expectación, para darle la bienvenida después de sus largas horas de labor misionera en la ciudad de Nueva York. Ella no pudo esconder su sorpresa cuando vio que con él llegaba un joven desaliñado de raza negra. "¿Quién es él, Stephen?", cuestionó con un tono muy expresivo. "Un ángel de ébano", replicó el esposo mientras escoltaba al joven al vestíbulo de su cómoda casa. Este hombre era nada menos que Stephen Merritt, un conocido ministro metodista, y secretario privado del Obispo William Taylor.

El joven era Samuel Morris, quien a través de sendas extrañas y milagrosas, y solo debido a la intervención clara de Dios, había sido traído de las selvas africanas a la poblada ciudad de Nueva York, y de las profundidades del paganismo, a las alturas de la gracia divina. Y no le podía haber sido dado un apelativo más apropiado que "ángel de ébano".

Kaboo, un príncipe africano, nació en Costa de Marfil en 1872. Su padre, el jefe de una tribu sin importancia, participó en varias guerras tribales. La costumbre en ese tiempo era que el hijo mayor del jefe derrotado fuera retenido por la tribu vencedora, hasta que se pagara una indemnización de guerra. Si esta se demoraba, el infortunado rehén era sometido a torturas físicas del peor tipo, y se notificaba de dicho castigo al padre del retenido.

Kaboo fue llevado cautivo por primera vez cuando era un niño. El tributo de rescate fue entregado pronto, así que regresó a su casa. La segunda vez el niño fue retenido durante varios años. Él nunca habló del trato horrendo que sufrió, aparentemente para intentar borrarlo de su memoria. En la tercera derrota de su padre, la tribu vencedora era encabezada por un jefe salvaje y despiadado, cuya capacidad de diseñar formas crueles e ingeniosas de tortura no tenían paralelo. Kaboo, de quince años, fue llevado cautivo y, lo más pronto posible le fueron enviados al conquistador marfil, nueces, hule y diversos artículos. A pesar de que el rescate fue aceptado, el mismo no fue considerado suficiente, así que con el corazón afligido, la gente de la aldea del joven se despojó de todo, con tal de redimirlo. Además de una gran cantidad de bienes diversos, por temor a que el joven muriera bajo la prolongada tortura, el padre decidió ofrecer a una de sus hijas a cambio de su hijo. La cantidad que llevó todavía fue declarada insuficiente; y Kaboo, sabiendo lo que le esperaba a su hermana, se rehusó a regresar a su casa.

En vista de que no había un Arreglo a la vista, a Kaboo le propinaban una golpiza diaria. Cada vez el castigo era más severo, y las espinosas ramas de venenosas plantas que utilizaban, mantenía la espalda del joven desgarrada y sangrante. Cuando ya fuera incapaz de sentarse o pararse, el despiadado plan era colocarlo en un árbol en forma de cruz, y golpearlo hasta que perdiera el conocimiento. La siguiente forma de tortura consistiría en enterrarlo hasta el cuello. Su boca sería mantenida abierta con un palo, y luego le untarían algo dulce. Esto atraería a las hormigas, y le provocaría un gran dolor. Luego soltarían hormigas caníbales para que lo devoraran. El plan era mostrar el esqueleto de Kaboo, para que todos los deudores lo vieran y escarmentaran.

Lo que sucedió cuando el joven fue puesto en el árbol, solo puede explicarse por la intervención de un Dios en el cielo que, cuando así lo desea, muestra Su poder a favor de los hombres. Después, Kaboo contaría que una Luz resplandeciente apareció y rodeó su cuerpo sangrante, y una voz, que todos los que estaban con él también escucharon, le ordenó que huyera. Junto con la orden le fue dada también la capacidad de obedecerlo, a pesar de que sus fuerzas naturales casi se habían agotado.

Se refugió en un tronco hueco hasta que llegó la noche y las tinieblas descendieron sobre la jungla. Con la llegada de un nuevo día, una "amable Luz" iluminó su sendero, y lo guió durante semanas enteras, sin que él supiera a dónde. Durante este tiempo fue protegido de bestias salvajes y serpientes venenosas, así como de caníbales que habitaban en esas selvas. Se sustentó comiendo nueces y frutas, hasta que un día, que jamás olvidaría, se encontró en una plantación en las afueras de Monrovia, la capital de Liberia. Allí Kaboo encontró trabajo.

Había sido un día viernes cuando escapó de sus seguros asesinos, y fue otro viernes, semanas después, que llegó a un lugar en Liberia, donde las leyes de la civilización lo pusieron a salvo. Desde ese tiempo, cada viernes, su "Día de Liberación", se abstuvo de comida y bebida.

Ese domingo Kaboo asistió a la iglesia y oyó el relato de la conversión del apóstol Pablo. Cuando por medio de un intérprete la misionera habló de la Luz que resplandeció sobre Pablo en el camino a Damasco, Kaboo exclamó: "¡He visto esa Luz! Es la misma Luz que me trajo hasta aquí." La misionera, la señorita Knolls, graduada de una universidad cristiana en los Estados Unidos, había llegado recientemente a Liberia, y su interés, rodeado de oración, que mostró por el joven africano que la escuchaba tan atentamente, pronto fue recompensado al verlo ingresar al Reino de Dios. El muchacho se convirtió en aprendiz humilde a los pies de Jesús, y diariamente mostraba la evidencia del toque divino sobre su vida.

Sin embargo, no pasó mucho tiempo antes de que Kaboo sintiera la necesidad de un cambio todavía más grande. Su oscuro pasado había dejado en él deseos de venganza contra quienes lo habían torturado tan cruelmente. Él anhelaba ser liberado de temores innumerables e innatos. Con hambre y sed por conocer más a Dios, pasaba mucho tiempo en oración después del trabajo de cada día. En la pequeña habitación donde dormía, sus compañeros no podían entender sus profundos anhelos, que en ocasiones le hacían estallar en clamores y súplicas a Dios, por lo que se veía obligado a salir al bosque para poder hablar a solas con su Padre Celestial.

Una noche, muy tarde, regresó a su cama con el corazón todavía elevado en oración y, según relató después:

"De pronto mi habitación empezó a iluminarse. En un principio creí que el sol estaba saliendo, pero los demás estaban profundamente dormidos. El cuarto se fue poniendo cada vez más claro, hasta que se llenó de gloria. De pronto, la carga de mi corazón desapareció, y me sentí lleno de gran gozo interior. Mi cuerpo se sentía tan ligero como una pluma. Fui lleno de un poder que casi me hizo sentir como que podía volar. Como no me era posible contener mi gozo, empecé a gritar hasta que desperté a todos los que estaban en las habitaciones. Esa noche ya nadie pudo dormir. Algunos pensaron que me había vuelto loco; otros, que me había poseído un demonio... Yo era ahora un hijo del Rey Celestial. Entonces supe que mi Padre me había salvado con un propósito, y que Él iba a trabajar en mí."

Kaboo no entendía de manera alguna la teología que había detrás de lo que le había ocurrido. Pero en respuesta a su profundo anhelo por Dios, a una entrega completa a Él, y a su fe sencilla, el Espíritu Santo había llegado con tal poder hasta este muchacho africano iletrado e ignorante, que se hace imposible enumerar las vidas que fueron tocadas por su santidad y por su influencia casi celestial.

Se hizo miembro de la Iglesia Metodista en Monrovia, y fue bautizado con el nombre de Samuel Morris. La Srta. Knolls escogió ese nombre en un gesto de gratitud hacia un banquero norteamericano llamado así, que durante los años de su adiestramiento misionero la había ayudado económicamente. Samuel pasó dos felices años en Monrovia realizando diversos trabajos. La Srta. Knolls y otras personas le dieron clases de inglés y de lectura, y él siempre mostró ser un buen alumno.

Por una coincidencia muy peculiar y providencial, su senda se cruzó con la de un joven esclavo que había sido testigo de sus torturas, cuando era rehén. Este muchacho había escapado de su amo y había llegado hasta Monrovia. A través de Samuel el joven conoció a Cristo, y fue bautizado con el nombre de Henry O'Neil. Él también había visto la Luz que resplandeció alrededor de Kaboo en el árbol en forma de cruz, y también había oído la Voz que le mandaba levantarse y huir. Los dos jóvenes pronto se hicieron amigos, y ambos fueron fieles embajadores del Señor Jesús.

Uno de los misioneros, reconociendo el potencial de Samuel para el liderazgo espiritual, le aconsejó que fuera a los Estados Unidos para avanzar en su educación, y así poder ser de mayor ayuda para su propio pueblo en un futuro.

Cuando este asunto llenaba la mente del joven, alguien le leyó Juan 14, en donde Cristo habló a Sus discípulos acerca de la futura venida al mundo del Espíritu de Dios. Esta fue la primera vez que comprendió con claridad lo que él había experimentado en el albergue de la plantación. Durante horas el joven sopesó el tema, y acudió a los misioneros en Monrovia para hacerles preguntas relacionadas con al Espíritu Santo. Finalmente, una amiga que se consideró incapaz de responder más de sus preguntas, le comentó que ella había recibido la mayor parte de su conocimiento espiritual a través de Stephen Merritt, en la ciudad de Nueva York.

"Iré a Nueva York a verlo", declaró Samuel.

Tan pronto como pudo, caminó hasta el puerto en donde un barco mercante estaba anclado. Cuando el capitán llegó a tierra para negociar la carga que llevaría, grande fue su sorpresa cuando fue confrontado por un joven nativo, quien lo saludó con estas palabras: "Mi Padre celestial me dijo que usted me llevaría a Nueva York. Quiero ver a Stephen Merritt, quien vive allí".

"Muchacho, tú estás loco"; replicó el capitán, y se dio la vuelta profiriendo una maldición.

Samuel llegó varias veces a la playa, y en cada ocasión repitió su petición. Sin embargo, antes de la fecha programada para zarpar, el capitán se vio obligado a sustituir a algunos marineros. El joven se acercó otra vez, con la confiada aseveración: "Mi Padre me dijo que usted me llevará ahora".

"¿Cuánto debo pagarte?"

"Nada. Solo lléveme a Nueva York para que pueda ver a Stephen Merritt". Y así comenzó otro capítulo en la vida de Samuel Morris.

Cuando abordó la nave vio en la cubierta a un joven postrado, que no podía caminar debido a una lesión. Samuel se arrodilló a su lado, y le pidió a Dios que lo sanara. Al instante, su oración fue respondida. El capitán había creído que el joven que había aceptado era un marinero experimentado, así que cuando se dio cuenta de lo contrario, estuvo a punto de enviarlo de vuelta. "Por favor, quédese con él. Él ha hecho mucho por mí", le rogó el joven por quien la oración había sido respondida.

El capitán consintió a regañadientes, pero en cada oportunidad que tenía se aseguraba de golpearlo, al igual que a toda la tripulación, la cual estaba formada por la más diversa variedad de hombres impíos que es posible imaginar. Un verdadero gigante, un malayo a quien todos temían, mostró un disgusto particular contra Samuel, jurando que lo mataría. En una trifulca de ebrios, cuchillo en mano el malayo estaba dirigiéndose hacia algunos marineros, cuando Samuel calladamente se plantó frente a él con las palabras: "¡No mates! ¡No mates!" Una extraña fuerza se apoderó del hombre medio loco, y soltando el arma se retiró a su camarote.

Al oír la conmoción el capitán apareció, listo para dispararles a los mal portados, pero al saber que Samuel había detenido la pelea lo siguió hasta el camarote. Cuando el joven se arrodilló y oró por todos los que iban a bordo, el Espíritu Santo envió un viento de convicción al corazón del impío capitán, quien de rodillas, quizás por primera vez en toda su vida, dio gracias a Dios por haber enviado a ese joven en medio de ellos. Toda su forma de vivir fue renovada. El ron ya no se distribuyó entre la tripulación; las peleas cedieron el lugar a servicios de oración, y a que Samuel entonara los viejos himnos cristianos que nunca dejan de tocar el corazón. Cuando el malayo fue aquejado de una enfermedad que parecía ser fatal, las oraciones de Samuel fueron respondidas y su salud fue restaurada. El joven a quien este hombre había aborrecido, se convirtió entonces en el objeto de su devoción.

Cuando la nave tocó puerto en Nueva York después de casi seis meses de travesía, la tripulación le dio ropa a Samuel.

Aunque no era la mejor, le permitió desembarcar totalmente vestido. Fue dolorosa la separación de sus amigos, pues en eso se habían convertido esos rudos marineros, y muchos de ellos lloraron al despedirse del joven. Este muchacho humilde, lleno del Espíritu, por medio de su influencia y oraciones les había abierto los ojos a un nivel más alto de vida, del que ellos hubiesen creído posible. Algunos de ellos se convirtieron en verdaderos penitentes de la cruz del Calvario.

La nave tocó puerto un viernes, y cuando Samuel pisó tierras americanas le preguntó a la primera persona que vio: "¿Dónde puedo encontrar a Stephen Merritt?"

El vagabundo interpelado había visitado una misión en la ciudad en donde había conocido a ese caballero, y sabía exactamente dónde encontrarlo. "Te llevaré con él, por un dólar", le ofreció. Después de una larga caminata, Samuel y su acompañante llegaron a la oficina del Sr. Merritt, justo cuando cerraba la puerta para finalizar el día.

"Yo soy Samuel Morris. Recién llegué de África para hablarle a usted acerca del Espíritu Santo", fue el saludo del joven. El Sr. Merritt condujo al joven a la misión que estaba al lado de su oficina, y prometió verlo más tarde.

"Yo quiero mi dólar", dijo el vagabundo, que había sido ignorado por completo en la extraña reunión.

"Stephen Merritt paga mis deudas", contestó Samuel. Y sonriendo, su nuevo amigo le entregó al guía su paga.

Después de atender algunos asuntos, el Sr. Merritt regresó a la Misión. Él jamás olvidaría lo que vio al entrar. Diecisiete hombres estaban de rodillas, con lágrimas corriendo por sus mejillas y suplicando humildemente la misericordia de Dios. Samuel estaba en medio de ellos, y su oscuro rostro resplandecía con la luz del cielo. Al finalizar el servicio, el Sr. Merritt llevó al joven a su propia casa, en donde le dio la habitación utilizaba el Obispo cada vez que llegaba a Nueva York. El ambiente era tan desconcertante para el joven africano, que el Sr. Merritt, para diversión y entretención suya, tuvo que ayudarlo a prepararse para la noche. A la mañana siguiente, a la hora del desayuno, Samuel, quien no había ingerido alimentos desde el jueves en la noche, honró las habilidades culinarias de la Sra. Merritt.

Ese día el Sr. Merritt debía oficiar un funeral, y decidió llevar consigo al joven visitante. Otros dos ministros asistirían también, e irían al servicio con ellos en el carruaje. La apariencia de un joven negro mal vestido en el carruaje del secretario nacional del Obispo era sorprendente en extremo, y ellos subieron al carruaje con una reticencia que no pudieron ocultar. Para aliviar su propia vergüenza, y para tranquilizar a sus amigos mientras avanzaban, el Sr. Merritt iba señalando a Samuel varios lugares importantes de la metrópolis. Pero el interés del joven en estas maravillas era casi nulo y, de repente, volviéndose hacia su anfitrión, le preguntó: "¿Alguna vez ha orado usted en un carruaje?" No, nunca lo había hecho, tuvo que admitir. El biógrafo de Samuel cuenta lo que siguió:

> "Oraremos", dijo el joven, y cuando el Sr. Merritt detuvo los caballos y se arrodilló, Samuel le habló a Dios de esta manera: "Padre, yo deseaba ver a Stephen Merritt para poder hablar con él acerca del Espíritu Santo. Él me muestra el puerto, las iglesias, los bancos y otros grandes edificios, pero no me dice nada acerca de este Espíritu del cual quiero saber más. Llénalo de ti, para que él no piense, ni hable, ni escriba, ni predique de nada más."

En todos sus años de vida espiritual, nunca había sido tan real para Merritt la presencia del Espíritu Santo, como cuando ese joven africano, con su alma ardiendo con el amor de Dios, oró por él en un lugar tan inapropiado. Desde ese momento Merritt fue un hombre transformado, y sus amigos ministros percibieron en él una visión de santidad que nunca antes habían visto.

Cuando propusieron comprarle ropa a Samuel, pensaron que ni siquiera la mejor era la apropiada para este "ángel de ébano". Nunca antes había salido de los labios de Stephen Merritt un sermón como el que predicó en el servicio aquel día. Tan poderoso fue el mover del Espíritu Santo en ese funeral, que muchas personas se arrodillaron junto al féretro, arrepentidos de su tibieza espiritual.

A la luz del propósito por el cual el joven había venido a América, el Sr. Merritt decidió que la Universidad Taylor, ubicada en Fort Wayne, Indiana, sería el mejor lugar para que Samuel recibiera una educación cristiana. Él lo recomendó con las autoridades educativas, describiéndolo como un "diamante en bruto".

El domingo el joven acompañó al Sr. Merritt a la Escuela Dominical, y le pidieron que hablara acerca del Espíritu Santo. La hilaridad de los alumnos cuando vieron al joven africano pasar a la plataforma, pronto se convirtió en llanto cuando la presencia de Dios descendió sobre el grupo. Se formó una "Sociedad Misionera Samuel Morris", que se hizo responsable de la ropa, libros y demás cosas que el joven necesitaría en la Universidad. Reunieron tres baúles de regalos.

En cuestión de días Samuel iba camino a Fort Wayne, a donde llegó un día viernes, su "Día de Liberación". El Dr. Reade, presidente de la universidad, le preguntó si tenía preferencia por alguna habitación en particular. La respuesta fue: "Si hay un dormitorio que nadie más quiera, démelo a mí".

En una carta a un amigo, el Dr. Reade escribió: "Yo me di vuelta, ya que mis ojos estaban inundados de lágrimas mientras me preguntaba a mí mismo si yo estaría dispuesto a aceptar lo que nadie más quisiera. En mi experiencia como maestro, había tenido la oportunidad de asignar habitaciones a más de mil alumnos. La mayoría eran señoritas y jóvenes cristianos muy nobles, pero Samuel Morris fue el único que había dicho: "Si hay un dormitorio que nadie más quiera, démelo a mí".

La Universidad estaba atravesando dificultades financieras, y se hizo un llamado para recolectar fondos para educar al joven que había llegado desde la costa occidental de África para aprender acerca del Espíritu Santo. La respuesta fue desalentadora hasta que un carnicero, Josiah Kichler, donó cinco dólares para lo que él denominó el "Fondo de Fe". Este acto y este nombre despertaron el interés en la educación de Samuel, y cuando el "Fondo de Fe" se anunció como tal, el dinero se recibió en cantidades abundantes.

Un día, el joven solicitó al Dr. Reade que le proporcionara un trabajo. "Quiero ahorrar dinero para que Henry O'Neil pueda venir aquí para ser instruido. Él trabajó conmigo para Jesús en Liberia, y es un muchacho mucho mejor que yo".

Se decidió que orarían por el asunto, y al siguiente día, con un rostro que era todo sonrisas, Samuel exclamó: "Henry O'Neil viene pronto, me dice mi Padre". Poco tiempo después, informaron al Dr. Reade que un misionero que había conocido a los dos muchachos en África había regresado a los Estados Unidos, y que estaba haciendo arreglos para que Henry también recibiera educación allí.

La educación de Samuel presentaba serios problemas, ya que lo que había aprendido en Monrovia era muy elemental. Por eso debía ser enseñado por maestros especiales. El asunto se arregló cuando varias jóvenes cristianas asumieron la responsabilidad.

El domingo después de llegar a la Universidad, Samuel se enteró de una iglesia de afroamericanos en Fort Wayne. Decidió asistir, pero la iglesia quedaba tan lejos que llegó tarde. Presentándose como Samuel Morris que recién había llegado de África, asombró al ministro cuando le dijo que tenía un mensaje para la congregación. Ese hombre, quien estaba a punto de descartar su solicitud, fue constreñido por el resplandor del cielo brillando en el rostro del joven. Después diría que, a pesar de no recordar una sola palabra de lo que Samuel había dicho, había sentido la presencia del Espíritu Santo como nunca antes. La congregación entera se puso de rodillas, algunos llorando por sus pecados, y otros regocijándose por lo que Dios estaba haciendo en medio de ellos.

Los resultados de un avivamiento así no podían ocultarse, y los periódicos locales dieron a conocer por toda la región el nombre de Samuel Morris, el joven africano que asistía a la Universidad Taylor. Muchas personas, de lejos y de cerca, llegaban a visitarlo. Siempre cortés, pero nunca interesado en pláticas vacías, él entregaba a cada visitante una Biblia, pidiéndole que leyera una porción en voz alta. De esa manera él guardaba la Palabra de Dios en su corazón.

Un estudiante de la Universidad que tenía tendencias ateas, pensando que podría confundir al joven africano con sus argumentos, pidió tener una confrontación personal con Samuel. Cuando estuvo en su presencia, el joven, como era su costumbre, le entregó la Biblia y le pidió que leyera un capítulo. Pero, en lugar de hacerlo, el ateo tiró la Biblia sobre la mesa y dijo con burla: "Yo ya no leo ese libro, porque no creo una sola palabra de lo que dice".

Asombrado, Samuel permaneció en silencio por unos minutos. Luego, con lágrimas rodando por sus mejillas, le preguntó con incredulidad: "Mi amado hermano, cuando tu padre te habla, ¿acaso no le crees? Cuando tu hermano habla, ¿acaso no crees lo que dice? El sol brilla, ¿y tú no lo crees? Dios es tu padre, Jesús es tu hermano y el Espíritu Santo es tu sol. Arrodíllate y déjame orar por ti".

El Espíritu de Dios traspasó el corazón de ese hombre orgulloso. Antes del final del ciclo escolar ya se había convertido, y eventualmente llegó a ser un Obispo.

Durante la carrera de Samuel en la Universidad, la situación financiera de la institución empeoró, y parecía como que iba a ser necesario clausurarla. Las personas interesadas en Samuel sintieron que eso no podía sucederle a un estudiante tan lleno del Espíritu como él, y el "Fondo de Fe" salvó a la Universidad. Hubo tantas donaciones, que la junta pudo comprar diez hectáreas de terreno para una escuela nueva en Upland, Indiana. Y allí está actualmente la Universidad Taylor, un monumento al joven estudiante africano que fue ejemplo para su generación y para las sucesivas, de las posibilidades y del poder de la gracia de Dios.

Samuel amó al país que lo había recibido con el corazón abierto. Los cambios de estaciones eran para él una fuente de encanto y gratitud. Interpretaba los copos de nieve que caían como mensajes del cielo, y en una ocasión exclamó fervientemente en oración: "Un año aquí vale toda una vida en África".

Pero los inviernos de los Estados Unidos resultaron demasiado rigurosos para este hijo de los trópicos, y una gripe severa debilitó su constitución, ya de por sí naturalmente débil. Siguió asistiendo a clases y a los servicios de la iglesia, pero era evidente el hecho de que estaba enfermo. Fue llevado a un hospital en Fort Wayne, donde se le dio un cuidado amoroso al "ángel de ébano".

En un principio Samuel no entendía por qué las oraciones por su sanidad no recibían respuesta. Pero cuando su Padre celestial le reveló tiernamente el hecho de que pronto estaría en la ciudad donde "el morador no dirá estoy enfermo", él acepto con gozo el hecho de que el propósito de Dios para su vida había sido cumplido. En mayo de 1893, en quietud y paz durmió en Jesús.

Pero la muerte no fue el final de todo. A pesar de que el joven nunca regresó personalmente a su tierra natal, otras manos que no fueron las suyas llevaron la antorcha del Evangelio a esas tinieblas. Recién habiendo fallecido Samuel, un joven dijo en una reunión de oración: "Yo debo ir a África en su lugar. Es mi oración que el manto de su fe sencilla sea echado sobre mí". Al mismo tiempo, dos jóvenes más ofrecieron servir como voluntarios.

La influencia de Samuel siguió afectando a muchos que le habían conocido. El estudiante ateo que se había convertido al Señor durante los años universitarios había ingresado al ministerio, y mientras conversaba con un ateo radical, este se enojó y golpeó al clérigo tan fuertemente que lo dejó inconsciente. Normalmente, él habría buscado la forma de vengarse al recobrar el sentido. Pero en vez de eso tuvo una visión de Samuel recibiendo los golpes del borracho capitán del barco, y orando para que su agresor entrara al Reino de Dios. "Si Samuel Morris pudo perdonar a ese hombre", dijo él, "¿no puedo yo tener el mismo espíritu?" Luchando por erguirse sobre sus rodillas levantó su voz en oración, y el resultado fue que el ateo pronto estaba pidiendo perdón por su mal carácter, y clamando a Dios por misericordia para un pecador como él.

Varios años después de la muerte de Samuel, el capitán que lo había traído a América visitó a Stephen Merritt. Cuando oyó que su joven amigo estaba en el cielo, estalló en llanto y le dijo que la mayoría de marineros que habían conocido al joven seguían con él en el barco, y que su influencia santa había producido una transformación permanente en ellos.

Después de su breve contacto con Samuel, Stephen Merritt mismo entró a una nueva etapa de vida espiritual. Fue especialmente bendecido en un ministerio entre los enfermos mentales, y muchas sanidades resultaron como respuesta a sus oraciones.

El lugar final de descanso de Samuel, en el Cementerio Linden Wood, en Fort Wayne, Indiana, se ha convertido en una "Meca" para muchos, tanto de raza blanca como negra. La sagrada influencia del Espíritu Santo pareciera merodear en el lugar, y no han sido raras las conversiones que han ocurrido allí.

Si alguno dudase de la validez de los impresionantes incidentes en la vida del "ángel de ébano", las palabras del Dr. Reade son dignas de ser consideradas: "La mayoría de nosotros se ha alejado demasiado de la fe sencilla de la niñez, y Dios no puede hacer obras portentosas en nosotros, por causa de nuestra incredulidad".

DIOS ESTÁ OBRANDO SU PROPÓSITO

A través de hombres a quienes el mundo consideraron necios,
Escogidos por Dios, y no por hombre,
Criados en tus escuelas de entrenamiento secretas,
Avanza tu plan eterno.

Y ahora, aunque oculto a nuestro conocimiento,
En el desierto de Madián, en la colina de Sinaí,
Espíritu de Dios, tú tienes a tus hombres
Esperando tu tiempo, para hacer tu voluntad.

Cuando salgan sobre nuestra noche
Los reflejos de la llama pentecostal,
Que pueda yo ser hallado con un corazón encendido,
Ardiendo por magnificar tu nombre.

No como tus profetas que declaran
Tu palabra que millares oyen y poseen,
Yo solo quiero la más pequeña participación
En colocar a Cristo sobre Su trono.
—Obispo Frank Houghton.

Iva Vennard (1871-1945)
Educadora dedicada

el campamento en Normal era un buen lugar para reunirse, e Iva Durham asistió desde el primer día, principalmente con el propósito de ver a sus amigos. Entre ellos se encontraba un antiguo conocido, Joseph H. Smith, quien la saludó calurosamente. Seguidamente, de manera abrupta, el hombre de Dios descargó su corazón. "Estoy contento de verla aquí, Srta. Iva, pero temo decirle que me ha decepcionado cada vez más. Hace unos años, cuando la conocí, pensé que usted llegaría a ser una joven espiritual, y hasta más que eso—una guía espiritual. Pero veo que usted pareciera haberse vuelto demasiado intelectual".

Esa aseveración tan franca inmediatamente puso a Iva a la defensiva. Pero, además, hizo resurgir una vez más en ella una insatisfacción de alma, ya que sabía que su fiel amigo le había dicho la verdad. Eventualmente, tras una dura lucha contra el orgullo y la ambición, la joven se rindió completamente al Señor. Es más, desde ese momento en adelante, se abandonó de tal forma a la voluntad de su Padre Celestial, que cuando más tarde una amiga describió su carácter cristiano, pudo decir honestamente que Iva Durham Vennard "se hallaba entre las más altas hijas del Rey. Su dignidad regia, su habilidad santificada, su sano juicio y su rara cualidad de liderazgo, eran una bendición".

Iva nació en 1871 en el Estado de Illinois, Estados Unidos. Su padre, un soldado del Ejército del Norte en la Guerra Civil, sobrevivió los horrores de dicha guerra, solo para morir de tuberculosis unos años más tarde, dejando a su esposa con tres hijas y un hijo adoptivo. El Sr. Durham se había ganado el respeto de sus vecinos debido a su vida piadosa. Mientras le fue posible, visitó las casas de la ciudad ofreciendo oración a quienes la necesitaran. La Sra. Durham poseía un firme carácter cristiano, y luchó con tenacidad después de la pérdida de su esposo, sosteniendo a su familia con las ganancias obtenidas en una tienda de ropa y sombreros, así como de un estudio fotográfico. Unos años después de la muerte de su esposo, y de Ione, su hija mayor, se mudó a Normal, Illinois, para vivir cerca de un hermano suyo.

Iva, a la sazón muy pequeña, había sido profundamente impresionada por el testimonio de su hermana. Sin embargo, no se convirtió sino hasta los doce años, tras asistir a una serie de servicios para niños en el pueblo. Al inicio de su adolescencia se detuvo su progreso espiritual debido a la atracción que la vida social ejercía sobre ella. Cuando se inscribió para estudiar para maestra en la Universidad de Illinois en Normal, ella permitió que sus estudios eliminaran la dulzura de su "primer amor" por su Salvador. Por otro lado, su mejor amiga era la hija de un ministro unitario quien, debido a la bella voz de Iva, la invitaba ocasionalmente a cantar en su iglesia. Conforme la relación se estrechó más, ella empezó a leer literatura unitaria y, antes de mucho, se dio cuenta de que estaba hundida en un mar de dudas en cuanto a las verdades de la Palabra de Dios.

Fue en el verano de sus diecinueve años que conoció a Joseph H. Smith. Iva consintió en acompañar a su madre a una campaña en Decatur, Illinois, diciéndose a sí misma que para no aburrirse llevaría consigo algunos de sus escépticos materiales de lectura. Entre los encargados de la campaña había dos hombres piadosos: J.A. Wood, autor de *El Amor Perfecto*, y el otro, el hombre de Dios ya mencionado, quien posteriormente tuvo gran influencia en la vida espiritual de Iva. Conforme los servicios progresaban con la evidente presencia del Espíritu Santo, la muchacha obtuvo tal consciencia de su propia necesidad, que rompió en lágrimas y pasó al frente para orar, permaneciendo allí hasta que recibió la certeza del perdón divino.

En el otoño de ese mismo año, Iva fue tocada otra vez por el Espíritu de Dios durante las reuniones que dirigió Joseph Smith. Fue allí que clamó por la experiencia de la completa santificación, hasta donde ella la entendía. Fue allí, también, que se ofreció como voluntaria para el trabajo misionero en

Japón, aunque un año más tarde no pudo pasar el examen médico requerido, a causa de su historial de tuberculosis. Así, Iva se vio obligada a hacer a un lado sus planes para servir en el extranjero, y continuó en Normal con su entrenamiento para maestra.

Al terminarlo, Iva se volcó de todo corazón a la práctica de su profesión, y una vez más la talentosa joven fue atraída hacia una vorágine de mundanalidad. Es más, en los dos años siguientes se alejó tanto de sus convicciones religiosas, que empezó a jugar cartas y a ceder ante las tentaciones del teatro y la ópera. La educación que ya había obtenido, hizo surgir en ella una sed por alcanzar más conocimientos; y en el otoño de 1892 se inscribió en la Universidad Wellesley para señoritas.

La personalidad cautivante de Iva y su mente despierta, habían impresionado al profesor de lenguas modernas en la Universidad de Normal. Cuando fue nombrado presidente de la Universidad Swarthmore, cerca de Filadelfia, la invitó a pasar el feriado navideño con su familia, y ella alegremente aceptó.

Iva escribió acerca de ese año en Wellesley: "Culturalmente, este fue uno de los mejores años de mi vida; pero en mi corazón yo no estaba sujeta a Dios".

Esa gran inquietud espiritual continuó durante el siguiente año, mientras se encontraba enseñando en California. Con el alma angustiada, un domingo asistió a la Iglesia Metodista en Santa Ana, en donde, para su asombro, el ministro ese día era J.A. Wood. Su sermón basado en el verso "Bienaventurados los de limpio corazón, porque ellos verán a Dios", trajo de vuelta a su memoria un torrente de recuerdos de mejores días espirituales. De nuevo Iva se volcó al estudio de la Biblia, y la oración se volvió, también, una realidad en su vida.

Sin embargo, cuando regresó a Normal, sus ambiciones intelectuales volvieron a convertirse otra vez en lo más importante para ella. Su profesor amigo esperaba que ella completara sus estudios en Swarthmore, y prometió que le conseguiría una beca. Él mismo tenía la intención de aceptar una cátedra en una universidad en Alemania, y le sugirió a Iva que los acompañara a él y a su familia para vivir con ellos. De esa forma, ella podría asistir a recibir cursos en la Universidad de Oxford, y estudiar francés y alemán durante las vacaciones veraniegas. El futuro llamaba con dedos color de rosa a la talentosa jovencita quien, después de sopesarlo todo, decidió ir a Swarthmore.

Pero, como los caminos de Dios no son los del hombre, los planes de Iva llegaron a un abrupto fin. En esa época asistió al campamento en Normal y se encontró con su antiguo amigo Joseph Smith. Entonces se encontró en medio de una fuerte lucha. Iva fue confrontada con el hecho de que ella estaba conformando el patrón para su vida de acuerdo a sus propios deseos egoístas, y que no le estaba dando lugar a Dios. En vano disputaba así con el incansable Espíritu Santo: "Pero la educación en sí no es mala; no es carnal desear ser intelectual. Dios nos dio mentes, y Él quiere que las usemos".[150]

Después de días y noches enteros de agonizante oración, pero con un creciente anhelo por sentir el favor divino, ella respondió "sí" a la pregunta de Dios: "¿Quieres buscar lo espiritual antes que lo intelectual?". Y así fue eliminado de su vida Swarthmore y todas sus promesas terrenales.

Habiendo decidido eso, ahora le faltaba enfrentar a su profesor amigo, y contarle su cambio de planes. Resultó que él estaba de visita en Normal, en donde, con el certificado de la beca en su mano, ella le dijo agitadamente: "Debo devolver la beca". "No puedo ir este año a Swarthmore". Asombrado y dolido, el profesor exclamó: "Usted me hace sentir como si estuviera asistiendo a un funeral".

Su respuesta fue: "Está asistiendo. Este es mi funeral". Luego, esperando que él entendiera, Iva añadió: "He tomado la decisión de buscar primero lo espiritual, y eso involucra mi lealtad inquebrantable a Cristo en todo detalle de mi vida".

Para asombro de ella, su amigo replicó de la forma más cordial: "Yo prefiero que usted sea una mujer noble, que una gran intelectual".[151]

Pudiendo a duras penas controlar sus emociones, Iva corrió a su casa y se arrojó sobre su cama derramando un torrente de lágrimas. Después ella diría que nunca se había sentido tan desolada como en el momento en que aceptó la cruz, con la consiguiente muerte al yo. En desesperación, ella clamó: "Oh Dios, debo oír de Ti". Al abrir su Biblia, parecieron saltar ante sus ojos las palabras de Isaías 60:1: "Levántate, resplandece; porque ha venido tu luz, y la gloria de Jehová ha nacido sobre ti". Al instante, un maravilloso sentir de pureza interior le dio la certeza de que Dios, sin una sombra de duda, había aceptado su sacrificio, y su corazón vacío se llenó de una paz inefable.

Fue entonces cuando descubrió la carga secreta que su amada madre había estado llevando por ella. Ahora, con lágrimas de gozo que fluían por sus mejillas, la Sra. Durham exclamó: "¡Dios ha respondido a mi oración! Él te mostrará cuál ha de ser el siguiente paso".[152]

Mientras esperaba que ese "siguiente paso" le fuera dejado claro, Iva empezó a aceptar llamados, primero a cantar y luego a predicar, para cooperar con esfuerzos evangelísticos en varias iglesias. En una aldea resultó que ella era la única evangelista. Iva relató: "Desde el fondo de los ríos llegaron hombres descalzos, con pistolas en los bolsillos. Era muy diferente a Wellesley y al Conservatorio de Nueva Inglaterra, pero todo el tiempo mi corazón estuvo reposado".[153]

De esa manera, en todos esos días iniciales el Espíritu Santo ungió su mensaje y muchos se convirtieron a Cristo. Iva se convenció más y más de que la voluntad de Dios para su vida era definitivamente el servicio cristiano. Pero, a la vez, se negaba a aceptar que la predicación tuviera que formar una parte importante de su ministerio. En primer lugar, ella no aprobaba a las mujeres predicadoras. Por otra parte, la Iglesia Metodista no ordenaba en ese tiempo a las mujeres para que predicaran; y como Iva misma dijo, ella no tenía el menor deseo de tener "un ministerio indefinido, sin algún auspicio en particular, y sin un reconocimiento denominacional". De manera que mientras oraba denodadamente por dirección, tenía la esperanza secreta de que "Dios me excusaría de predicar, y que tal vez me permitiría cantar o ser una trabajadora social".

Ese verano sucedió que una amiga, la superintendente de un hogar de diaconisas en Buffalo, Nueva York, visitó Normal y le pidió a Iva que considerara ir con ella a aquel lugar. La joven se convenció de que ese era el plan de Dios, cuando Él puso en ella las palabras del profeta Isaías: "y si dieres tu pan al hambriento, y saciares al alma afligida, en las tinieblas nacerá tu luz, y tu oscuridad será como el mediodía". Además, quizás pasó por su mente el reconfortante pensamiento de que en esa área de servicio Dios no le pediría que predicara. Como fuere, Él vio en ella el deseo sincero de servirlo, y estuvo dispuesto a esperar un poco antes de revelarle el plan completo para su vida.

Ella llegó a Buffalo más o menos un año después de la realidad bendita de su encuentro con Dios, y lo hizo como representante de campo del Evangelismo de Conferencia. Adoptó el atuendo de diaconisa, con el bonete y el corbatín de seda blancos, lo cual resultaba serle muy útil para sus visitas nocturnas a las misiones en la ciudad, y hasta en los círculos de la iglesia, pues se dio cuenta de que esto le evitaba tener que involucrarse en asuntos sociales que, de otra manera, habrían absorbido mucho de su tiempo.

Sin embargo, este período de servicio cristiano no dejó de tener sus problemas. Esta Conferencia Metodista no seguía la doctrina de la santificación que Iva creía y había experimentado. Algunos de los pastores a quienes ella debía ayudar, estaban alejándose de los estándares antiguos del Metodismo y no querían regresar a las "sendas antiguas". Con desesperación en su alma, ella oraba: "Oh Señor, por favor déjame servirte en Japón o en África, o en cualquier otro lugar diferente a este territorio ya tan visitado, en medio de tanto prejuicio y de este pueblo de dura cerviz". Sin embargo, Dios decidió no responder a este clamor de su corazón—o por lo menos, no por el momento. Así prosiguió Iva en su labor de diaconisa, en medio de muchas pruebas. En sus viajes, muchas veces se hospedaba en lugares que no tenían buena calefacción. La ofrenda mensual para las diaconisas en la Iglesia Metodista era de ocho dólares, y ella adoptó la posición de confiar solo en Dios para cubrir sus necesidades personales.

En enero de 1896 ayudó en las reuniones de avivamiento en una iglesia de gente acomodada. Era tal el clamor de su alma, que durante su estadía de tres semanas no pudo pararse en el púlpito sin antes tomar algo que la refrescara. Pero esa carga que Dios había puesto sobre ella no fue en vano, ya que una rica dama abrió su corazón a la joven diaconisa, y tras orar juntas se convirtió al Señor. Volviéndose completamente del egoísmo de su vida anterior, durante tres años y medio, hasta que fue trasladada al cielo, Lavinia Parish dio de su abundancia para Iva. Su hogar fue un lugar de refugio para ella, y su cuidado atento, así como la buena comida y el cálido abrigo que le proveía, permitieron que la joven sierva de Cristo cumpliera con las labores que Dios le había encomendado. Cuando a causa de problemas de salud Iva fue internada en un sanatorio para su tratamiento y reposo, la Srta. Parish asumió todos los gastos.

En la primavera de 1898 Iva fue nombrada diaconisa itinerante. Esto significó que sus labores la llevaran por todos los Estados Unidos, en donde inauguró institutos de adiestramiento para diaconisas, dio discursos en las convocaciones de la Liga Epworth, y realizó varias tareas de ese tipo. Pronto se dio cuenta de que, en gran medida, la organización eclesiástica y la política estaban reemplazando al evangelismo activo. Después de un día de ayuno y oración pidiendo a Dios una revelación de Su voluntad en cuanto al asunto, la dirección divina llegó con esta promesa: "Yo pongo mis palabras en tu boca por fuego" (Je 5:14). Y también con la Escritura: "Muchos... creyeron en él por la palabra de la mujer" (Jn 4:39). "Yo me reí en alta voz", relata, "y la nube se levantó". Después de muchos años de dedicarse al evangelismo, Iva finalmente reconoció que sí había sido llamada a eso. Siendo este el caso, ella determinó mantenerse firme en él.

Pero su decisión le acarreó mucho sufrimiento personal y malos entendidos. Al consultar con el Secretario de la Sociedad Misionera Nacional Femenina, quien controlaba la Orden de Diaconisas, en cuanto a incluir un curso de evangelismo como parte del entrenamiento, recibió un rechazo muy cortés, pero definitivo. ¿Qué debía hacer después? La respuesta le llegó por medio de una sugerencia del Obispo Thoburn: "Funda tú una escuela de entrenamiento con ese currículum evangelístico en particular". Y le siguió diciendo: "Esta es una respuesta a las oraciones de mi hermana Isabella, en India. Ella le ha estado pidiendo a Dios que salve la Orden de Diaconisas, y que haga de ella una agencia para ganar almas". Aconsejándole que expresara sus opiniones en una carta al consejo de obispos, él prometió llevarla personalmente.

De esa manera fue que en octubre de 1901, Iva recibió el permiso para fundar dicha escuela en la ciudad de San Luis, Missouri. El año siguiente inició sus labores el "Instituto Evangelístico Epworth", y durante ocho años continuó teniendo el apoyo de los obispos, aunque con crecientes prejuicios y oposición entre los oficiales de menor rango, quienes estaban abrazando puntos de vista más liberales, diferentes a aquellos sobre los que fue fundada la Iglesia Metodista. Iva Durham se escandalizó ante "la cruel injusticia y el corazón tan discordante que podía existir entre los mismos cristianos". Pero ella había recibido de su Señor una misión, y siguió fielmente adelante en el entrenamiento de muchas jóvenes, frente a las cuales buscó poner constantemente la obra maravillosa que el Espíritu Santo puede hacer en las vidas que se someten enteramente a Él. Después de algunos fracasos, Dios les proveyó de maestros más espirituales, lo que le dio a la Srta. Durham más tiempo para involucrarse en la labor evangelística que su corazón tanto amaba.

Mientras tanto, ella había conocido al hombre que eventualmente se convertiría en su fiel esposo. Tom Vennard, un arquitecto y contratista, dijo estar dispuesto a esperarla diez años, si era necesario, mientras que Iva establecía la obra en Epworth. Aunque ella admitía que si había de casarse con alguno, sería con él, no le brindaba mayor esperanza debido a las demandas de tiempo y fuerzas que exigía la obra que Dios le había encomendado. Pero el Sr. Vennard estaba firmemente convencido de que el tiempo llegaría. "Y entonces me hallarás esperándote", le había dicho.

Después de mucha oración y ayuno, Iva recibió consuelo con la promesa de Jeremías 32:39: "Y les daré un corazón, y un camino, para que me teman perpetuamente, para que tengan bien ellos, y sus hijos después de ellos". Estuvo segura de que, algún día, Dios abriría el camino para el matrimonio; y cuando ese tiempo llegara, su ministerio sería enriquecido.

Ese tiempo llegó quizás más pronto de lo que alguno de los dos hubiese anticipado. Tras dos años de espera, la pareja se casó y se embarcó en veintiséis años de una comunión bendecido por Dios; y todo fue posible gracias a la actitud abierta de Tom en relación con la vida de su esposa en el ministerio. "Yo estoy dispuesto a ser tu cobertura de apoyo", le había prometido en sus días de cortejo, y lo había dicho sinceramente.

Después de casi cinco años de vida matrimonial, Dios bendijo a los Vennard con un hijo. Por un tiempo pareció como que ni la madre ni el hijo sobrevivirían. Pero después de un período de ansiosa espera y de muchas oraciones, fue claro que ambos lo harían. Pasó bastante tiempo para que la Sra. Vennard pudiera volver a asumir todas sus atribuciones; y cuando lo hizo, encontró que prácticamente todas sus responsabilidades, salvo la de recaudar fondos, habían sido quitadas de sus manos. Libros de texto, cursos de estudio, casi todos los detalles habían sido cambiados. "Los predicadores metodistas no quieren diaconisas estudiando teología", le dijeron. "Si nuestras diaconisas son entrenadas en teología, se volverán críticas de los predicadores, y eso será el final del movimiento de diaconisas."

Con el corazón adolorido, Iva Vennard sintió que su tiempo en Epworth había terminado. Algunos la habían tildado de ser "una mujer peligrosa y poderosa", y era evidente que quienes estaban en autoridad tenían miedo de la influencia que ella ejercía, y estaban determinados a anular tal influencia. Así fue que en octubre de 1909 presentó su renuncia a la junta de fiduciarios. "Usted es demasiado cerrada en sus posiciones, Sra. Vennard", le dijeron. "Usted no ha aprendido a ceder." ero Iva se aferró a sus convicciones, y cuando le dijeron que "esas experiencias eran anticuadas, y que en adelante, el nuevo método para alcanzar a las personas sería la educación religiosa", ella respondió:

> "Yo entiendo el punto; y es debido a eso que ya he tomado mi decisión, y presento mi renuncia. Entiendo también la tendencia del modernismo, y he tomado mi decisión de permanecer con el metodismo ortodoxo. Yo creo que existen dos experiencias de gracia y que ambas son escriturales. Yo las he buscado, y creo que he ingresado en las dos. Dichas realidades de experiencia cristiana nunca pueden pasar de moda."[154]

Así, se vieron obligados a aceptar su renuncia. La Sra. Vennard dijo a sus amigos:

> "Nunca dejaremos de alabar a Dios por estos ocho bellos años que hemos disfrutado en Epworth. Él ha aprobado nuestra labor, mostrándonos Su favor y Su gracia al perdonar y purificar a multitudes y al enviar a jovencitas preparadas para el trabajo, con la plenitud de la bendición del Evangelio de paz... Ahora Dios nos lleva, y salimos con la nota de triunfo en nuestra alma."[155]

Un tiempo antes la Sra. Vennard había recibido una invitación de la Compañía del Testigo Cristiano de Chicago, para fundar allí una escuela de entrenamiento. Tendría sus propias normas y, a pesar de que sería una rama de la Asociación Nacional de Santidad, sería completamente independiente. Por supuesto que ella no daría un paso tan trascendental sin consultar a su esposo. Ella le sugirió que quizás no debía asumir la responsabilidad de otra institución así. Que en lugar de eso ellos podían tener su propia casa, mientras ella podía seguir involucrada en alguna labor evangelística durante el verano. La respuesta del Sr. Vennard fue clara y firme: "No, Iva... eres demasiado joven como para renunciar a esta labor en la escuela de adiestramiento, porque ese ha venido a ser tu verdadero llamado. Tu labor evangelística solo contribuye a tu llamado. Si ahora nada más pensáramos en nuestras preferencias egoístas, pronto perderíamos la certeza del favor del Señor. Y si lo hacemos, los dos seríamos infelices y nuestro hogar no tendría el ambiente adecuado para criar a nuestro hijo. Por el bien de él, y el nuestro, quiero que sigas adelante".[156]

Y así fue que Iva Vennard aceptó la invitación. Mientras tanto, ese verano llegó a ser especialmente bendecido por Dios, cuando en un campamento de jóvenes su ministerio fue particularmente fructífero. Ella sintió que ese era un sello sobre el paso que estaba a punto de tomar. Además, recibió también una rica bendición personal. El predicador cada mañana predicó sobre el texto: "Recibiréis poder". Ella cuenta con sus propias palabras lo que siguió.

> "Mientras él predicaba sobre el "poder para sufrir", yo tuve una de las experiencias más místicas y más profundamente espirituales de mi vida. Yo estaba en medio de persecución. La gente murmuraba. Se estaba difundiendo una propaganda persistente acerca de que yo abandonaba la Iglesia Metodista para irme con los Nazarenos, y que buscaba entregar a esa denominación el dinero metodista y sus alumnos, a través del Instituto Evangelístico de Chicago. Con toda esa carga en mi corazón, yo necesitaba una ayuda especial de parte de Dios, y esa mañana la recibí."[157]

En ese tiempo ella recibió una fortaleza especial por medio de Job 23:10: "Mas él conoce mi camino; me probará, y saldré como oro."

Solamente Dios sabía que la Sra. Vennard necesitaba ese tiempo de fortalecimiento espiritual, ya que los días siguientes no iban a ser fáciles para ella. Durante los ajetreados meses de preparación para la inauguración de la nueva escuela, sobrevino una calamidad sobre toda la obra en Chicago. Murió inesperadamente el tesorero de la Junta Fiduciaria del Instituto Evangelístico de Chicago, como se llamaría la nueva escuela. La Sra. Vennard fue quien más lo sintió, ya que él había tenido una visión muy clara acerca de esta escuela. Encima de eso, la persona que había de ser decano de los varones aceptó otro puesto. Sin estos dos hombres, en quienes ella se había apoyado, Iva se sintió totalmente sola. Las palabras "Sé fuerte y valiente, y hazlo..." le fueron de gran aliento. Ella contaría después: "Nadie puede saber cuánto ansiaba yo tener algún brazo humano en el que pudiera apoyarme en ese tiempo, pero Dios hizo que no apareciera dicho apoyo".

En los años iniciales del nuevo Instituto, Iva Vennard pasó por períodos difíciles. Después escribió acerca de una de esas crisis:

> "En medio de mi pánico, mi fe dejó de funcionar. Este fue un lugar de desierto para mi alma. En noviembre hubo un servicio de avivamiento en la Primera Iglesia Nazarena... Mi amigo, el profesor Yates, empezó a cantar, acompañándose él mismo: "Yo derramaré agua sobre el sediento". Este es un canto muy, muy antiguo, pero el Espíritu del Dios viviente lo aplicó a mi alma y empecé a llorar. El terrible entumecimiento de mi espíritu se derritió, y de nuevo mi fe tomó el control."[158]

Así, Iva siguió firme en las convicciones que Dios le había dado. Aun aquellos que no estaban totalmente de acuerdo con ella, tuvieron que admitir que nunca habían conocido a una mujer con tanto valor. Como lo expresa su biógrafo: "Durante esos meses amargos ella aprendió de nuevo que ninguna agrupación es perfecta, sin importar la etiqueta que lleve. Aun entre el pueblo del Señor, el egoísmo es egoísmo; la intolerancia es intolerancia, y la imparcialidad y la lealtad son joyas demasiado escasas."[159]

Pero Dios la hizo pasar triunfalmente a través de esos años difíciles. Él le dio algunos amigos leales que le ayudaron en su labor; pero aun así, solo en Dios podía ella descargar completamente su dolido corazón. En ocasiones se encerraba, y esperaba hasta recibir nuevas fuerzas. Durante una experiencia así, el Señor le dijo: "¿Puedes confiar en mi amor? Si eres fiel en esta prueba de fuego, haré que seas de bendición para tus alumnos, y tu vida testificará de la realidad de la santidad, más que toda tu enseñanza".

Con un corazón sangrante, ella respondió: "Padre mío, estoy absolutamente rendida a ti. Esperaré hasta el día del juicio por mi reivindicación, si esa es tu voluntad".[160]

Esta fue quizás una de las cualidades espirituales más sobresalientes que caracterizaron a esta piadosa mujer. Había aprendido en la escuela de Dios a nunca recurrir a su propia vindicación. No es que siempre le fuera fácil esperar con paciente confianza el tiempo de Dios en cada asunto. No fue sino hasta 1937 que Iva sintió que, finalmente, los fríos vientos de la crítica y la enemistad arraigada contra el C.E.I., estaban empezando a amainar. Para entonces ya era viuda, pues había perdido a su fiel esposo siete años antes. Esta había sido una gran pérdida, empeorada por el hecho de que sucedió en los años difíciles de la Gran Depresión, cuando la ruina financiera amenazaba al Instituto.

Para entonces, ella se había convertido en la Dra. Vennard, habiéndosele dado en 1923 el grado de Doctora en Divinidad de la Universidad Taylor. Sin embargo, para sus alumnos ella continuó teniendo el mismo cálido corazón de consejera y madre espiritual. El tributo del doctorado fue, por cierto, un símbolo del afecto cordial y del respeto que le tenían quienes habían estado bajo su tutela. Uno de ellos dijo: "Sus mensajes eran siempre un reto para 'lo mejor de nosotros, para lo más alto de Dios'. Su pureza de corazón y su vida, su devoción a Dios y a la obra a la cual Él la había llamado, su amor perfecto para Dios y los hombres, han sido una estrella que me ha guiado durante toda mi vida, y yo siempre alabaré al Señor por Su amor, al permitirme conocer a una de las grandes santas de nuestra época."

Finalmente las fuerzas empezaron a fallarle, y en 1945 la Dra. Vennard recibió su llamado para ir al hogar celestial.

Los últimos años habían sido más alegres para ella. Su hijo, y sus dos hijas adoptivas estaban felizmente casados y progresando espiritualmente. Sus muchos hijos en el Señor la rodeaban de amor y afecto y, sobre todas las cosas, su amistad con Su Maestro había llegado a ser más fuerte y más estrecha, ya que, uno a uno, sus amigos fieles de antaño se le habían adelantado en el viaje al hogar celestial.

Ahora ella estaba a punto de seguir sus pasos. Su última palabra fue una muestra de sus muchos años de confianza en la voluntad de su Padre. Ahora ella estaba por entrar a Su presencia para siempre; estaba a punto de dejar su amada obra en Sus manos. Al estar a punto de entrar por las puertas del cielo, con su postrer aliento Iva pronunció por última vez aquella palabra que había repetido tantas veces cuando viajaba aquí en la tierra. ¿Cuál era esa palabra? Era una palabra muy sencilla, ferviente y de corazón: "AMEN".

CITAS VARIAS

El gran error de la mayoría de personas que buscan una vida espiritual más profunda es intentar llegar a ser algo por ellas mismas y tener algo que puedan llamar su propia santidad. Es todo lo contrario. Dios siempre busca alejarnos de nosotros mismos, llevarnos a reconocer que somos indefensos y somos nada, para que continuamente hallemos nuestro todo siempre en Él.

–A.B. Simpson

"Encaminará a los humildes" (Sal 25:9). Conténtate al perder el sentimiento de tu propia importancia; deja de enfrascarte en contemplar tus propios reclamos y derechos. No cuentes con que este y aquel hombre te rindan honores hora tras hora. Renuncia a la vana idea de que a toda hora debe dársete un amplio tributo de muchos beneficios. Redúcete a no tener importancia, y asume la posición de un simple servidor cuya obligación es la de hacer, sufrir y agradecer.

Cuando te hayas vuelto insignificante a tus propios ojos, y hayas renunciado a cualquier honra que provenga de los hombres, y estés totalmente dispuesto a que te sean denegados los dones que adornan esta vida presente, y estos sean otorgados a tu diestra y a tu siniestra, entonces estarás consciente de que otra mano está entrelazada con la tuya, una mano amiga, una mano de gracia, una mano tierna, considerada y cuidadosa, una mano regia, celestial, sin disfraces, una mano divina. Al renunciar a tu propia importancia, te habrás convertido inefablemente importante para el Ser más exaltado de todo el universo. Habrás ingresado a la senda misma que pisó el Señor Jesucristo. En esa senda caminarás con Dios.

El secreto de la mansedumbre habitual es que el amor de Dios se derrame habitualmente desde tu corazón. Todo orgullo, toda avidez por el bien mundanal, toda falta de sujeción, implican una idea totalmente inadecuada del valor del amor de Cristo. Tú puedes desdeñar las riquezas que tienen alas, al estar consciente de las riquezas invisibles, inefables e imperecederas.

–George Bowen

Johanna Veenstra (1894-1932)
Una flama por Dios

la niña de cabello dorado y ojos azules, sobrecogida por el asombro y la confusión, estaba parada al lado de la cama de su amado padre mientras él hablaba acerca de encontrarse con su Salvador en el cielo. Él había servido tan solo por siete meses como pastor de una Iglesia Cristiana Reformada en el Estado de Michigan, Estados Unidos, y luego sucumbió ante un ataque de fiebre tifoidea. La vida no fue igual después de esto para Johanna Veenstra, quien se convirtió en motivo de ansiedad para su madre, ahora viuda. Generalmente la niña era desobediente y rebelde en la escuela; y en la Escuela Dominical era tan insubordinada, que sus maestros se vieron obligados a expulsarla.

Johanna vino al mundo en 1894 en Paterson, Nueva Jersey, Estados Unidos, en una comunidad holandesa de la cual se decía que había producido más obreros para Dios, en proporción a su población, que cualquier otra parte de la ciudad. Entre los quince y los dieciséis años de edad, Johanna obtuvo un trabajo como mecanógrafa en Nueva York. Con una deliciosa sensación de libertad, y con dinero propio, ella se vio involucrada en un creciente amor por el mundo y sus placeres. Compró vestidos de última moda, así como accesorios de joyería. Empezó a frecuentar el teatro, y estaba a punto de involucrarse en la danza, cuando concluyente y sorprendentemente fue detenida por la voz de Dios con una sola palabra: "¡Detente!"

Cuando estaba por concluir la labor del día en la oficina, Johanna recibió una llamada telefónica. Ella reconoció la voz de su pastor, invitándola a llegar a su casa esa tarde. Para su propia sorpresa, ya que en ese período de su vida no tenía mayor interés en la religión, ella le dio las gracias y aceptó la invitación. Cuando llegó al umbral de la casa parroquial, sin saber por qué, la joven empezó a temblar violentamente. Sin embargo, el carácter tierno y paternal del ministro la tranquilizó, y su evidente preocupación por su alma hizo que ella rompiera en llanto. Después, tras un tiempo de oración, se despidió.

Esa visita significó un punto crucial que cambiaría aquella vida llena de diversiones sin sentido. Durante casi un año ella vivió más o menos bajo una carga de pecado, por lo que después de terminar el trabajo diario, muchas veces se apartaba de su familia para orar. Una noche su hermana tuvo curiosidad por saber lo que Johanna hacía, y espió por el agujero de la puerta del dormitorio al cual se había retirado; allí vio a la joven de rodillas. Muchas veces Johanna no podía dormir, sobrecogida por un espantoso miedo a la muerte y al infierno.

Intensa fue la revelación divina que la convenció de que la razón por la que no podía hallar descanso para su alma era porque no estaba sujeta a Dios y a Su voluntad. En otras palabras, ella había buscado alivio de su culpabilidad de pecado, y había anhelado el gozo que dicho alivio seguramente le traería, pero lo había buscado sin pagar el precio de la rendición total. La lucha que siguió fue muy fuerte. Pero cuando Johanna vio hacia el cielo y exclamó con lágrimas: "Lo que sea, Señor", su corazón fue inmediatamente aliviado de su carga, y tuvo la certeza del perdón.

Su vida no se dedicó ya más a una búsqueda vertiginosa del placer, sino fue transformada en una vida de servicio a Dios. Hasta que cumplió diecinueve años, ella encontró alegría ayudando varias noches a la semana y los sábados por la tarde al Sr. Meter Stam, de la "Misión Estrella de Esperanza", en Paterson. Él era el padre de John Stam, quien junto a su esposa Betty, sufrió el martirio en China en 1934. Sin embargo, cuando Johanna ayudaba en la Misión, John aún era un niño.

Cuando la joven ingresó al Hogar de Adiestramiento Misionero Unión, en Brooklyn, Nueva York, no estaba del todo segura de que el servicio a tiempo completo en el Evangelio fuera el plan de Dios para ella. Después de inscribirse, durante tres semanas ella no había logrado terminar de desempacar su baúl. Pero toda duda le fue quitada al ser impactada por estas palabras de Jesús: "Ninguno que poniendo su mano en el arado mira hacia atrás, es apto para el reino de Dios".

Durante su segundo año en la escuela, ella representó a los alumnos en una Conferencia Misionera en Lake Geneva, Wisconsin. Uno de los oradores era el Dr. Karl Kumm, cuñado de Geraldine Taylor, la conocida autora de la Misión a China Continental. En una gran parte de África Central él no había conocido a un solo misionero de la cruz, y tenía una gran carga por la evangelización de las tribus paganas.

Johanna escuchó con arrobado interés el mensaje del Dr. Kumm. Su corazón fue conmovido mientras él describía la condición de muchas tribus africanas, que en medio de las tinieblas estaban privadas de la influencia del Evangelio. Al finalizar el servicio la joven se retiró a su tienda, en donde pasó tres días a solas en comunión con Dios. Luego supo que, en "el corazón del Eterno", su área de servicio era Nigeria.

Sin embargo, ella sabía que no se le permitiría ir al campo misionero en África sino hasta que cumpliera veinticinco años. Así que pasó los siguientes tres años entrenándose como comadrona, y trabajando en una misión en la ciudad que la familiarizó con casi todos los tipos concebibles de esfuerzo evangelístico. Ella llevó el mensaje de la cruz a hogares de rescate, prisiones, hospitales, campamentos gitanos, y hasta a las casas de mala reputación y de venta de opio en el Barrio Chino de la Ciudad de Nueva York.

En octubre de 1919 se despidió de su tierra natal. Una imprevista demora la detuvo en Inglaterra durante tres meses, pero a principios de 1920 llegó a Lagos, que anteriormente había tenido la reputación de ser el mayor enclave de esclavos en la costa occidental del "Continente Negro".

Pero antes de llegar a la estación designada en África Central, le esperaba una larga travesía. En Ibi fue bienvenida por el Secretario de Campo de la Misión al Interior de Sudán, quien le informó que su nombramiento final habría de ser el distrito de Tarkum, en donde la Misión esperaba poder establecer pronto una base para el Evangelio entre los caníbales. Pasó más de un año antes de que pudiera llegar al lugar designado para su trabajo, pero ella supo aprovechar su tiempo, ya que durante ese tiempo adquirió dominio del idioma hausa, de manera que en seis meses ya podía predicar en esa lengua.

Durante ese período Johanna llegó a la crisis más importante de su vida, la cual la apartaría para siempre de los cristianos ordinarios. Tras pasar mucho tiempo en oración, el Espíritu Santo la llevó a tener una comprensión más clara de Su obra en el corazón humano. Ella leyó y releyó, y volvió a leer otra vez, dos libros sobre la obra y testimonio de Cristo, que le provocaron un deseo intenso por ser crucificada con Él. Eva Stuart Watt, su biógrafa, dijo de esta búsqueda:

> "Luego ella vio que la obra que había venido a hacer no era suya para nada, sino del Espíritu Santo. Él había sido enviado del cielo para revelar a Jesús a los corazones de los hombres. Todo lo que Él necesitaba eran instrumentos dispuestos a ser usados. Ella podría predicar durante toda la vida a los paganos, y predicarles bien, pero jamás convencería a uno solo de ellos. Ella bien podría desgastarse trabajando, y aun así no cosechar absolutamente nada. Él tenía que venir para convencer de pecado. Él venía para recoger la cosecha. ¿Dejaría ella que Él la quebrantara y la vaciara, y que luego Él obrara a través de ella? La eternidad, y solo la eternidad, podrá mostrar el sagrado valor de esas noches a solas con Dios. Después, Johanna le confió a una compañera misionera la bendición que había recibido por medio de esos libros. Leerlos significó nada menos que su abandono total al Espíritu Santo, y que Él llegara para morar en su corazón."

El Espíritu Santo había introducido a Johanna a un lugar que está detrás del velo, y ella dijo que nunca pasó una hora sin estar consciente de la presencia cercana de Dios. Una amiga escribió lo siguiente acerca de ella: "Estoy convencida de que el secreto de su éxito como misionera fue su lugar de oración.

Fue ese frecuente conversar con su Señor que la hizo ser tan confiada en el frente de batalla". Ella había reconocido que era nada, y por eso pudo extraer de las inagotables provisiones en Cristo. "El pábilo de su propia vida" fue extinguido por "la flama" de la gloria de Dios, y Johanna pudo decir con Pablo: "Por quien el mundo me es crucificado a mí, y yo al mundo".

En febrero de 1921 Johanna se dirigió a su puerto deseado. Acompañada por mozos que cargaron su equipaje, su medio de transporte fue una bicicleta. El área a la cual fue asignada estaba a la vista de las Montañas Camerún, e incluía varias aldeas pequeñas al pie de las montañas, en donde era evidente que reinaba el príncipe de las tinieblas. La adoración de demonios era notoria, y la sangre de frecuentes sacrificios humanos parecía clamar al cielo por venganza. Lo usual eran los matrimonios con niños, y la poligamia. Se decía que había un jefe que tenía noventa y tres mujeres. Johanna escribió así a casa:

> "No me concentraré en las tinieblas. Aunque lo intentara, no lo podría hacer. Pero a veces—y lo digo solemnemente—he sentido como si estuviera atravesando por las propias puertas del infierno... Me urge aprender la lección de permitir que el Señor lleve mis cargas—no solo porque esa es la forma más fácil, sino porque el Señor así lo ha escogido. Aprendo con mucha lentitud estas lecciones preciosas."

La oración era su solaz y su fortaleza. La rutina de la labor diaria, la planificación de la casa, los servicios matutinos para los ayudantes nativos, las clases para los niños en las aldeas cercanas, las llamadas frecuentes por auxilio médico—todo iba precedido por la oración en secreto durante una hora o más. Antes del amanecer, Johanna pasaba tiempo meditando, y una pequeña linterna arrojaba su luz sobre la Palabra de Dios. En la quietud de esa vigilia matutina, ella captaba una vislumbre del poder inmensurable de Jehová de los Ejércitos, y ella sabía que Él estaba en el campo de batalla con ella. Su biógrafa escribe:

"Ella estaba muy consciente de su debilidad y de que no valía nada, pero determinó que Cristo debía conquistar su vida. Creía que el Espíritu Santo era su más poderoso compañero. El Espíritu Santo sabía cuál era el país que quería conquistar, y aunque la desafiaran muros o gigantes, Él era lo suficientemente capaz de hacerlo. Si ella pasaba suficiente tiempo en Su presencia, Él le revelaría Sus planes. Sabía que solo obedeciendo Sus mandatos podía esperarse la victoria. Así que, al igual que Josué, ella se postraba ante el Príncipe de los Ejércitos y decía: '¿Qué dice mi Señor a su sierva?' Y estaba dispuesta a seguir Su dirección, aun cuando fuera en contra de sus propias inclinaciones."

Cuando la batalla arreciaba, y Satanás parecía estar triunfando sobre las almas que ella cuidaba, Johanna permanecía en vigilia toda la noche, pues para ella la oración era una guerra espiritual. Con estas armas espirituales ella podía pelear incansablemente contra las potestades de las tinieblas. Esta obrera entrenó a otras personas para que también fueran guerreros espirituales. Una pequeña viuda era conocida por los aldeanos como "La Hija de Oración". En las reuniones de oración ella suplicaba ante el Trono con lágrimas corriendo por sus mejillas, por aquellos que se habían enfriado para con el Señor a quien ella amaba. A veces el cuerpo de esta intercesora estaba doblado en la tierra, y su rostro enterrado entre sus manos. Ella oraba en alta voz mañana, tarde y noche por las tribus vecinas y por las estaciones misioneras. A pesar de que no podía leer una sola palabra de la Biblia, por medio de la oración poderosa esta mujer era diestra en el arte celestial de arrebatar despojos del enemigo.

El sábado era siempre un día sagrado de preparación para el Sabbath, y Johanna no permitía que nada interfiriera con el tiempo que pasaba a solas con el Señor. Aun el correo más novedoso con noticias de casa, si llegaba el sábado era puesto a un lado hasta el lunes; a los visitantes se les pedía que no llegaran los fines de semana.

En el transcurso de sus años de servicio, Johanna fue auxiliada en ocasiones por ayudantes de otras estaciones, y todos reconocían que era una misionera superior. Un colega en la estación dijo: "Ella era GRANDE, muy humilde, muy humana. Si alguna vez había estado irritada o había sido brusca conmigo por estar muy cansada, siempre venía en la noche para decirme: 'Perdóname por haber sido brusca hoy'. La oración nos consolidó. Día y noche orábamos por todo."

A esta valiente guerrera le pidieron que visitara Donga, en donde existían muchas dificultades en la misión. En una carta, Johanna escribió:

> "La última observación del Sr. Hood acerca de la obra, antes de regresar a casa fue: 'El hedor de Donga llega hasta el cielo.', y yo creo que es verdad. Por mucho tiempo Donga ha estado en su nivel espiritual más bajo, y ha estado retrocediendo espiritualmente. Fue con titubeo y temblor que estuve dispuesta a venir acá en un principio, ya que el Sr. Hood me había contado acerca de los múltiples problemas."

Fue muy deprimente la reunión de oración del miércoles, que fue su primer servicio tras haber arribado; y la actitud de la gente era muy fría. Se coordinó una reunión especial con los cristianos, en la cual ella les mencionó algunas verdades básicas. Con lágrimas les urgió arrepentirse, atacando sus pecados secretos y reprendiéndolos por su trato a los misioneros anteriores. Les dijo que había considerado el costo de su odio hacia ella por haberles dado el mensaje de Dios. Pero la respuesta que ellos tuvieron fue de quebrantamiento y confesión de pecado, y uno tras otro se levantaron para confesar su desobediencia y su mal proceder. Diecinueve fueron suspendidos de su membrecía de la iglesia. De nuevo, ella escribió:

> "Si el beber cerveza descalifica para asistir el domingo al servicio, entonces en todo Donga no existe un solo hombre que pueda hacerlo. Que Dios me ayude a arreglar las cosas aquí. Después de todo, hablarle a una multitud

es relativamente fácil, en comparación con tratar personalmente con un cristiano sobre el sensible punto de su avaricia, ya que nunca ha dado un centavo para la obra del Señor. Es fácil leer en la iglesia: 'No hurtarás'; pero es mucho más difícil tratar personalmente con alguien que está realizando tratos deshonestos. Nosotros no somos lo suficientemente firmes en nuestra postura por la rectitud, ni lo suficientemente intrépidos en nuestra batalla contra el pecado."

El líder de Donga fue despedido y reemplazado por otros cuatro cristianos. El jefe de esta aldea, a pesar de profesar ser cristiano, había estado involucrándose en hechicería, y jugando un doble papel. Dios le había dado a Johanna el valor de denunciar abiertamente esa duplicidad. Mucha oración subió hacia el cielo, y descendió una gran convicción sobre el jefe, lo que trajo como resultado que él pudiera entender las cosas como nunca antes. Johanna escribió a casa lo siguiente:

"Debemos tener compasión de Donga. Satanás sabe dónde atacar. ¡Oh es muy triste! Ellos necesitan mucha ayuda. Después de estar cuatro semanas aquí, saldremos el próximo martes. Siento que el mes con ellos ha valido mucho la pena. No nos cansemos ni desmayemos. La batalla es del Señor, y la victoria es segura.

"¡Si tan solo el Espíritu de Dios nos diera convicción del valor de los métodos del Nuevo Testamento, y nos ayudara a ponerlos en práctica! Nosotros podemos orar y llorar y ayunar el resto de nuestra vida, pero a menos que obedezcamos al Señor, jamás tendremos bendición. Él es un Dios celoso. Oh, que Él escriba Su ley en nuestros corazones."

Conforme la misionera guerrera caminó más y más con Dios, aprendió que jugar con el pecado, sea en la vida personal, o en las vidas de los convertidos, solo resulta en confusión y muerte. En una conferencia ella compartió con sus compañeros misioneros las verdades que había estado aprendiendo:

"Al hablar de la disciplina para uno de nuestros obreros, ella comentó: '¿Por qué ser tan exigentes, al demandar más de estos cristianos que lo que se exige a los de nuestro país?' Nunca debemos intentar comparar en su degeneración a la Iglesia en el campo misionero, con la Iglesia en casa.

"El Nuevo Testamento explícitamente exige disciplina. La mayoría de nosotros somos infieles, no porque no estemos convencidos de esa necesidad en la Iglesia, sino porque nos amedrentamos ante lo que es, sin duda, la parte más difícil de nuestra labor en el campo misionero. No se puede realizar a menos que tengamos el Espíritu Santo de Dios. Necesitamos discernimiento y, ¿quién, sino el Espíritu Santo puede dárnoslo? Necesitamos valor para tratar con el pecado ante un Dios santo y, ¿quién, sino el Espíritu Santo, puede darnos dicho valor? Necesitamos consolación para nuestros propios corazones, y amor hacia quienes han contaminado a la Iglesia de Cristo. Tan solo el Espíritu puede darnos esos dones.

"¿Cómo es que Satanás puede mantener oculto el pecado en el seno de la Iglesia, años tras año, sin que lo notemos? Es porque nos hace falta sabiduría de lo alto para poderlo discernir. Un domingo por la mañana yo estaba a cargo del servicio y hablaba sobre el texto: '¿No sabéis que vuestro cuerpo es el templo del Espíritu Santo?'. Mientras hablaba, el Espíritu de Dios me dio la convicción de que alguien que estaba sentado inmediatamente enfrente de mí era culpable de inmoralidad. En ese momento estaba yo hablando acerca del séptimo mandamiento.

"Volví a casa. Este hombre (quien era el cocinero) llegó a pedir instrucciones. Todo mi ser se rebelaba de tener que hablarle, pero de alguna forma logré decirle: 'Siéntese. Tengo que hacerle una pregunta.' Se la hice. ¿Era él culpable?

"'Sí, Baturiya', exclamó al instante. '¿Quién se lo dijo?'

"Era difícil hacerle creer que nadie más que el Señor mismo me lo había dicho. Toda la verdad salió a luz. El pecado había sido cometido tan solo dos días atrás. Un misionero desaprobó mi acción, diciendo que yo no tenía derecho de sospechar de nuestros cristianos. Yo pregunto: '¿Fue la sospecha lo que le dio a Pedro el denuedo para sacar a la luz el pecado de Ananías y Safira, o le había sido revelado por Dios?'

"Además, nosotros necesitamos ver el pecado como Dios lo ve. Yo me inclino a pensar que muchos tenemos un juicio muy poco escritural de lo que es el pecado. Por ejemplo, tenemos por un lado a un miembro de la Iglesia culpable de vicios. Las noticias de su pecado viajan desde Dan hasta Beerseba. A una voz, los cristianos de todas partes creen que debe ser censurado, y que no debe participar de la comunión. Yo estoy de acuerdo con ellos. Pero he aquí el problema. Otro miembro, codicioso de ganancias, no llega a la adoración el domingo sino que trabaja en su negocio. El amor del dinero ha capturado su alma, pero él no es censurado. El primero contaminó su propio cuerpo; el segundo, el día santo de Dios.

"Necesitamos valor. En la Escuela de Adiestramiento Bíblico escogí como lema de mi vida: 'Solo esfuérzate y sé valiente'. Ni me imaginaba cuánto habría de necesitar aferrarme a esto. Ese valor no se alcanza con la fuerza de voluntad; nos debe ser dado de lo alto. Jamás olvidaré cuando tuve que reprender a un maestro evangelista. Él había estado con la Misión por mucho tiempo. Yo deseaba conservarlo, pero él estaba aflojando demasiado. Requerí de tres semanas de oración para poder tener el valor de llamarlo. Habría sido mucho más fácil seguir adelante sin decir nada. Solamente el Espíritu Santo puede darnos el valor para crucificar los sentimientos personales, y seguir Su convicción.

"Nadie puede aplicar disciplina en la Iglesia sin ser herido en su propio espíritu. A menudo, el ofensor muestra resentimiento. Hace algún tiempo, un cristiano bautizado dejó a su primogénito para que fuera criado en el hogar de un pariente musulmán. Yo le escribí a ese padre, explicándole que él había despreciado el precioso don que Dios le había dado; y que entonces, si Él decidía quitarle el don, no se podría quejar Dos meses después, el niño murió a causa de quemaduras que recibió en ese hogar musulmán.

El padre estaba amargado Seguramente él pensó que yo le había hecho alguna brujería al niño. Un poco de tiempo después, me escribió una carta en la cual maldecía a mi padre, a mi madre y el día de mi nacimiento. Yo leí la carta y oré para que me fuese dado valor. Al siguiente día lo llamé para verlo, pero él no estaba en casa. Luego vino un tiempo sabático. Dos años después, en la oscuridad de la noche el dolido padre se acercó a mí, y me pidió que lo perdonara.

"Si somos fieles a nuestro llamamiento en la cuestión de la disciplina, Dios nos dará el consuelo de Su Espíritu. Hasta ahora nadie me ha dicho una palabra verdaderamente grosera, sin haber vuelto tarde o temprano para disculparse. Dios perfecciona todo lo que nos concierne a nosotros y a Su obra. Pero la disciplina debe hacerse con amor. Por feroz que sea la lucha al tratar con el pecado, el amor siempre triunfará. La oración constante mantendrá el fuego del amor ardiendo en nuestro corazón."

Johanna tenía la convicción de que, tan pronto como fuera práctico, las iglesias africanas debían ser manejadas por personas nativas. Por el bien de los africanos mismos, ella se impuso la regla de "nunca dar nada sin requerir un pago, excepto el mensaje de la invaluable redención".

Y así siguió esforzándose, entre sol y sombra, creyendo firmemente que la semilla del Evangelio sembrada con lágrimas, produciría una cosecha de gozo. Ella escribió: "Cuando veo el amor devoto que algunos de estos africanos tienen por el Señor Jesús, y la confianza que le tienen, semejante a la de un niño, a menudo he pensado—y lo digo con reverencia—que en el Reino de Dios yo no me sentiré digna de sentarme a los pies de ellos".

En diciembre de 1932, a pesar de varios viajes de descanso a su tierra natal, su cuerpo agotado exigía reposo. Ella planificaba pasar un mes de la primavera en un lugar que se encontraba a una mayor altitud, y antes de hacerlo consultó al médico en cuanto a un dolor constante. La opinión del médico fue que una operación por apendicitis resolvería el problema. A pesar de que la operación tuvo éxito, repentinamente, el 8 de abril de 1933, cuando solo tenía treinta y nueve años de edad, Johanna sintió que se hundía, y llamó pidiendo auxilio. Para aquellos que la rodeaban, era evidente que el sol de su vida estaba en su ocaso, y ella también lo supo. Mientras oraban por ella al lado de su cama, ella exclamó: "¡Todo codiciable! ¡Todo codiciable! ¡Él es mi porción!" Luego, enviando un mensaje a la Iglesia, así como a su madre, expresó palabras de triunfo que jamás sus amigos olvidarían: "No me siento mal. Todo está en la voluntad de Dios. Yo no pude haber escogido algo mejor que irme de esta manera. Yo soy toda indigna, tan solo una pecadora salva por gracia. ¡Llevada a la presencia del Señor! ¡Jesús, victorioso sobre la muerte!"

Recuerda la regla de Dios—todo por todo. Dale a Él todo; Él te dará todo. La consagración no alcanza nada, a menos que signifique que te presentes como un sacrificio vivo para no hacer nada más que la voluntad de Dios. El voto de obediencia completa es el pago por ingresar, para todo aquel que quiera ser inscrito en la escuela de la obediencia no por un maestro auxiliar, sino por Cristo mismo.

–Andrew Murray

El hombre o mujer consagrado, con un solo talento, promete ser de mayor influencia para bien, que cualquier genio intelectual que no ha conocido al Maestro.

–Samuel M. Zwemer.

Anotaciones de las Fuentes

1. Nicolás de Basilea
1. Frances Bevan, *Three Friends of God (Tres Amigos de Dios)*, (Londres: James Nisbet & Co., 1887). pp. 268-269.
2. Ibid., pp. 224-226.
3. Ibid., pp. 227.
4. Ibid., pp. 238-239.

2. John Tauler
1. Frances Bevan, *Three Friends of God (Tres Amigos de Dios)*, (Londres: James Nisbet & Co., 1887). p. 7.
2. Ibid., p. 15
3. Ibid., p. 18
4. Ibid., pp. 18-19
5. Ibid., p. 56
6. Ibid., p. 61
7. Ibid., p. 68
8. Ibid., p. 69
9. Ibid., p. 214

3. Christmas Evans
1. B.A. Ramsbottom, *Christmas Evans*, (Luton: The Bunyan Press, 1985). p. 10.
2. Ibid., p. 14
3. Rev. Paxton Hood, *Christmas Evans*, (Londres: Hodder & Stoughton, 1881). pp. 44-45.
4. Ibid., pp. 52-53
5. Ibid., pp. 55-56
6. Ibid., p. 56
7. Ibid., pp. 56-59
8. Ibid., pp. 71-72
9. Ibid., pp. 76-78
10. Ibid., pp. 78-81
11. Ibid., p. 81
12. Ibid., pp. 155-156
13. Ibid., pp. 166-167
14. Ibid., p. 302

4. William Bramwell
1. James Sigston, Memoir of the Life and Ministry of William Bramwell (Memorias de la Vida y Ministerio de William Bramwell), (Nueva York: Eaton & Mains, 1820). p. 18.

2. Rev. Thomas Harris, *Christian Minister in Earnest: A Portrait of the Rev. William Bramwell* (Ministro Cristiano Denodado: Un Retrato del Rev. William Bramwell), (Londres: Haymen, Christy & Lilly Ltd.). p. 16.
3. Ibid., p.24
4. Sigston, pp. 36-37
5. Harris, p. 25
6. Ibid., p. 40
7. Sigston, p. 65
8. Harris, p. 51
9. Ibid., p. 88
10. Ibid., pp. 92-93
11. Ibid., p. 112
12. Sigston, p. 206
13. Harris, p. 139
14. Ibid., p. 144
15. Ibid., p. 148
16. Ibid., p. 225
17. Ibid., p. 235
18. Ibid., p. 172
19. Ibid., p. 248
20. Ibid., p. 249
21. Ibid., p. 249

5. La Madre Cobb
1. Juan Wesley inició las reuniones de clase para nuevos convertidos. Estos se reunían a mitad de semana, y compartían sus testimonios, abiertos a cualquier crítica que los ayudara. Oraban juntos, también. Siempre había un líder designado para dirigir estas sesiones.

6. Félix Neff
1. Margaret Anne Wyatt, *Letters and Biography of Felix Neff (Cartas y Biografía de Felix Neff)*, (Londres: R.B. Seeley & W. Burnside, 1843). p. 4.
2. Ibid., p. 7
3. Ibid., p. 8
4. Ibid., p. 7.
5. Ibid., p. 9
6. Ibid., pp. 9-10
7. Ernest B. Gordon, *A Book of Protestant Saints (Un Libro de Santos Protestantes)*, (Hampton: Harvey & Tait, 1991). pp. 142-143.
8. Wyatt, p. 29
9. Ibid., p. 33
10. Ibid., p. 39
11. Ibid., p. 36

12. Ibid., p. 49
13. Ibid., p. 62
14. Ibid., pp. 63-65
15. Ibid., pp. 69-70
16. Ibid., p. 86
17. Ibid., p. 88
18. Ibid., pp. 123-124
19. Ibid., pp. 143-146
20. Ibid., pp. 208-209
21. Ibid., pp. 301-302
22. Ibid., p. 337
23. Ibid., p. 386
24. Ibid., p. 167
25. Ibid., p. 125
26. Ibid., pp. 153-154
27. Ibid., p. 390

7. Robert Cleaver Chapman
1. Robert C. Chapman, *Hymns and Meditations (Himnos y Meditaciones)*, (Glasgow: Pickering & Inglis). p. 75.

9. Isaac Marsden
1. Los Metodistas Primitivos salieron de la iglesia Metodista unos cien años después de Wesley, ya que pensaban que la iglesia estaba muriendo. Posteriormente, ya en el siglo veinte, se unieron de nuevo.
2. John Taylor, Reminiscences of Isaac Marsden (Reminiscencias de Isaac Marsden), p.22.
3. Ibid., p. 72
4. Ibid., p. 39
5. Ibid., p. 51
6. Ibid., p. 53
7. Ibid., p. 55
8. Ibid., p. 67
9. Ibid., p. 159
10. Ibid., p. 183
11. Ibid., p. 190
12. Ibid., p. 179
13. Ibid., p. 176
14. Ibid., p. 181

10. Alfred Cookman
1. Henry B. Ridgaway, *The Life of Alfred Cookman (La Vida de Alfred Cookman)*, (Londres: Hodder & Stoughton, 1875). p. 24

2. Ibid., p. 31
3. Ibid., p. 74
4. J. Olin Garrison, *Forty Witnesses (Cuarenta Testigos)*, pp. 239-241.
5. Ibid., p. 241
6. Ridgaway, p. 125
7. Ibid., pp. 139-141
8. Ibid., pp. 156-157
9. Ibid., p. 289
10. Ibid., p. 294
11. Ibid., p. 296
12. Ibid., pp. 299-302
13. Ibid., p. 280

11. Elizabeth Baxter
1. Nathaniel Wiseman, *Elizabeth Baxter*, (Londres: The Christian Herald Co. Ltd., 1928) pp. 60-62.
2. Ibid., p. 63
3. Ibid., p. 66
4. J. Olin Garrison, *Forty Witnesses (Cuarenta Testigos)*, pp. 277-278.
5. Ibid., p. 278
6. Wiseman, p. 72
7. Garrison, p. 278
8. Wiseman, p. 85
9. Ibid., pp. 111-112
10. Ibid., p. 120
11. Ibid., p. 121
12. Ibid., p. 122
13. Garrison, p. 279
14. Wiseman, p. 134

12. Lilias Trotter
1. R. Govan Stewart, *The Love That Was Stronger (El Amor que Era Mas Fuerte)*, (Londres: Lutterworth Press, 1958) pp. 14-15.
2. Ibid., p. 22
3. Ibid., pp. 23-24
4. Lilias Trotter, *Smouldering (Ardiendo)*, pp. 6-8
5. Govan Stewart, p. 28
6. Ibid., p. 50
7. Ibid., p. 76
8. Constance E. Padwick, *The Master of the Impossible (El Maestro de lo Imposible)*, (Londres: Society for promoting Christian knowledge, 1938) p. 101

13. John Hyde
1. Canon R.H.A. Haslam, *Moody Monthly (Revista Moody Mensual)*. Abril, 1945, p. 465.
2. Francis A. McGraw, *Praying Hyde (Hyde el que Oraba)*, (Chicago: Moody Press), p.11.
3. Basil Miller, *Praying Hyde (Hyde el que Oraba)*, (Grand Rapids, Michigan: Zondervan Publishing House, 1943), p. 19.
4. Ibid., pp. 40-41
5. Canon Haslam, p. 457
6. Miller, p. 130

14. Samuel Logan Brengle
1. Clarence Hall, *Samuel Logan Brengle*, (Chicago: The Salvation Army, 1933). pp. 47-48.
2. Ibid., p. 52
3. Ibid., p. 72
4. Ibid., p. 102
5. Ibid., p. 105
6. Ibid., p. 87

15. Eva von Winkler
1. Sister Annie, *Sister Eva of Friedenshort (La Hermana Eva de Friedenshort)*, (Londres: Hodder & Stoughton, 1934). pp. 37-38.
2. Ibid., p. 38
3. Ibid., p. 40
4. Ibid., p. 42
5. Ibid., p. 93
6. Ibid., pp. 96-97
7. Ibid., p. 125
8. Ibid., p. 127-128
9. Ibid., p. 129
10. Ibid., p. 130
11. Ibid., p. 131

17. Iva Vennard
1. Mary Ella Bowie, *Alabaster and Spikenard (Alabastro y Nardo)*, (Chicago: Evangelistic Institute, 1947). p. 46.
2. Ibid., pp. 47-48
3. Ibid., p. 49
4. Ibid., p. 52
5. Ibid., p. 150
6. Ibid., p. 152
7. Ibid., p. 170

8. Ibid., pp. 180-181
9. Ibid., pp. 191-192
10. Ibid., p. 192
11. Ibid., pp. 196-197

Endnotes

1	Frances Bevan, Three Friends of God (Tres Amigos de Dios). (Londres: James Nisbet & Co., 1887). pp. 268-269.
2	Ibid., pp. 224-226.
3	Ibid., pp. 227.
4	Ibid., pp. 238-239.
5	Frances Bevan, *Three Friends of God (Tres Amigos de Dios)*. (Londres: James Nisbet & Co., 1887). p. 7.
6	Ibid., p. 15
7	Ibid., p. 18
8	Ibid., pp. 18-19
9	Ibid., p. V
10	Ibid., p. 61
11	Ibid., p. 68
12	Ibid., p. 69
13	Ibid., p. 214
14	B.A. Ramsbottom, *Christmas Evans*, (Luton: The Bunyan Press, 1985). p. 10.
15	Ibid., p. 14
16	Rev. Paxton Hood, *Christmas Evans*, (Londres: Hodder & Stoughton, 1881). pp. 44-45.
17	Ibid., pp. 52-53
18	Ibid., pp. 55-56
19	Ibid., p. 56
20	Ibid., pp. 56-59
21	Ibid., pp. 71-72
22	Ibid., pp. 76-78
23	Ibid., pp. 78-81
24	Ibid., p. 81
25	Ibid., pp. 155-156
26	Ibid., pp. 166-167
27	Ibid., p. 302
28	James Sigston, *Memoir of the Life and Ministry of William Bramwell (Memorias de la Vida y Ministerio de William Bramwell)*, (Nueva York: Eaton & Mains, 1820). p. 18.
29	Rev. Thomas Harris, *Christian Minister in Earnest: A Portrait of the Rev. William Bramwell (Ministro Cristiano Denodado: Un Retrato del Rev. William Bramwell)*, (Londres: Haymen, Christy & Lilly Ltd.). p. 16.
30	Ibid., p.24
31	Sigston, pp. 36-37
32	Harris, p. 25
33	Ibid., p. 40
34	Sigston, p. 65
35	Harris, p. 51
36	Ibid., p. 88
37	Ibid., pp. 92-93
38	Ibid., p. 112

39	Sigston, p. 206
40	Harris, p. 139
41	Ibid., p. 144
42	Ibid., p. 148
43	Ibid., p. 225
44	Ibid., p. 235
45	Ibid., p. 172
46	Ibid., p. 248
47	Ibid., p. 249
48	Ibid., p. 249
49	Juan Wesley inició las reuniones de clase para nuevos convertidos. Ellos se reunían a mitad de semana, y compartían sus testimonios, abiertos a cualquier crítica que los ayudara. Oraban juntos, también. Siempre había un líder designado para dirigir estas sesiones.
50	Margaret Anne Wyatt, *Letters and Biography of Felix Neff (Cartas y Biografia de Felix Neff)*, (Londres: R.B. Seeley & W. Burnside, 1843). p. 4
51	Ibid., p. 7
52	Ibid., p. 8
53	Ibid., p. 7
54	Ibid., p. 9
55	Ibid., pp. 9-10
56	Ernest B. Gordon, *A Book of Protestant Saints (Un Libro de Santos Protestantes)*, (Hampton: Harvey & Tait, 1991). pp. 142-143.
57	Wyatt, p. 29
58	Ibid., p. 33
59	Ibid., p. 39
60	Ibid., p. 36
61	Ibid., p. 49
62	Ibid., p. 62
63	Ibid., pp. 63-65
64	Ibid., pp. 69-70
65	Ibid., p. 86
66	Ibid., p. 88
67	Ibid., pp. 123-124
68	Ibid., pp. 143-146
69	Ibid., pp. 208-209
70	Ibid., pp. 301-302
71	Ibid., p. 337
72	Ibid., p. 386
73	Ibid., p. 167
74	Ibid., p. 125
75	Ibid., pp. 153-154
76	Ibid., p. 390
77	Robert C. Chapman, *Hymns and Meditations (Himnos y Meditaciones)*, (Glasgow: Pickering & Inglis). p. 75.
78	Los Metodistas Primitivos salieron de la iglesia Metodista unos cien años después de Wesley, ya que pensaban que la iglesia estaba muriendo. Posteriormente, ya en el siglo veinte, se unieron de nuevo.

79	John Taylor, *Reminiscences of Isaac Marsden (Reminiscencias de Isaac Marsden)*, p.22.
80	Ibid., p. 72
81	Ibid., p. 39
82	Ibid., p. 51
83	Ibid., p. 53
84	Ibid., p. 55
85	Ibid., p. 67
86	Ibid., p. 159
87	Ibid., p. 183
88	Ibid., p. 190
89	Ibid., p. 179
90	Ibid., p. 176
91	Ibid., p. 181
92	Henry B. Ridgaway, *The Life of Alfred Cookman (La Vida de Alfred Cookman)*, (Londres: Hodder & Stoughton, 1875). p. 24
93	Ibid., p. 31
94	Ibid., p. 74
95	J. Olin Garrison, *Forty Witnesses (Cuarenta Testigos)*, pp. 239-241.
96	Ibid., p. 241
97	Ridgaway, p. 125
98	Ibid., pp. 139-141
99	Ibid., pp. 156-157
100	Ibid., p. 289
101	Ibid., p. 294
102	Ibid., p. 296
103	. Ibid., pp. 299-302
104	Ibid., p. 280
105	Nathaniel Wiseman, *Elizabeth Baxter*, (Londres: The Christian Herald Co. Ltd., 1928) pp. 60-62.
106	Ibid., p. 63
107	Ibid., p. 66
108	J. Olin Garrison, *Forty Witnesses (Cuarenta Testigos)*, pp. 277-278.
109	Ibid., p. 278
110	Wiseman, p. 72
111	Garrison, p. 278
112	Wiseman, p. 85
113	Ibid., pp. 111-112
114	Ibid., p. 120
115	Ibid., p. 121
116	Ibid., p. 122
117	Garrison, p. 279
118	Wiseman, p. 134
119	R. Govan Stewart, *The Love That Was Stronger (El Amor que Era Más Fuerte)*, (Londres: Lutterworth Press, 1958). pp. 14-15.
120	Ibid., p. 22
121	Ibid., pp. 23-24
122	Lilias Trotter, *Smouldering (Ardiendo)*, pp. 6-8

123	Govan Stewart, p. 28
124	Ibid., p. 50
125	Ibid., p. 76
126	Constance E. Padwick, *The Master of the Impossible (El Maestro de lo Imposible)*, (Londres: Society for promoting Christian knowledge, 1938) p. 101
127	Canon R.H.A. Haslam, *Moody Monthly (Revista Moody Mensual)*. Abril, 1945, p. 465
128	Francis A. McGraw, *Praying Hyde (Hyde el que Oraba)*, (Chicago: Moody Press), p.11
129	Basil Miller, *Praying Hyde (Hyde el que Oraba)*, (Grand Rapids, Michigan: Zondervan Publishing House, 1943), p. 19
130	Ibid., pp. 40-41
131	Canon Haslam, p. 457
132	Miller, p. 130
133	Clarence Hall, *Samuel Logan Brengle*, (Chicago: The Salvation Army, 1933). pp. 47-48.
134	Ibid., p. 52
135	Ibid., p. 72
136	Ibid., p. 102
137	Ibid., p. 105
138	Ibid., p. 87
139	Sister Annie, *Sister Eva of Friedenshort (La Hermana Eva de Friedenshort)*, (Londres: Hodder & Stoughton, 1934). pp. 37-38.
140	Ibid., p. 38
141	Ibid., p. 40
142	Ibid., p. 42
143	Ibid., p. 93
144	Ibid., pp. 96-97
145	Ibid., p. 125
146	Ibid., p. 127-128
147	Ibid., p. 129
148	Ibid., p. 130
149	Ibid., p. 131
150	Mary Ella Bowie, *Alabaster and Spikenard (Alabastro y Nardo)*, (Chicago: Evangelistic Institute, 1947). p. 46.
151	Ibid., pp. 47-48
152	Ibid., p. 49
153	Ibid., p. 52
154	Ibid., p. 150
155	Ibid., p. 152
156	Ibid., p. 170
157	Ibid., pp. 180-181
158	Ibid., pp. 191-192
159	Ibid., p. 192
160	Ibid., pp. 196-197

ELLOS CONOCIERON A SU DIOS
VOLUMEN UNO

Nicolás de Basilea (1308-1398): El amigo de Dios
John Tauler (1290-1361): El doctor iluminado
Christmas Evans (1766-1838): El predicador tuerto de Gales
William Bramwell (1754-1818): Apóstol de oración
Madre Cobb (1793- ?): La santa de Calicó
Félix Neff (1798-1827): El Brainerd de los Altos Alpes
Robert Cleaver Chapman (1803-1902): El pobre hombre rico
Ann, La Santa (1810-1904): La santa irlandesa
Issac Marsden (1807-1882): El denodado predicador mercante
Alfred Cookman (1828-1871): Lavado en la sangre del Cordero
Elizabeth Baxter (1837-1926): Una "heraldo" del cristianismo
Lilias Trotter (1853-1928): La pionera frágil
John Hyde (1865-1911): El misionero "que oraba"
Samuel Logan Brngle (1860-1936): Soldado y siervo
Eva Von Winkler (1866-1932): Madre Eva de Friedenshort
Samuel Morris (1871-1945): Ángel de ébano
Iva Bernard (1871-1945): Educadora dedicada
Johanna Veenstra (1894-1932): Una flama para Dios

ELLOS CONOCIERON A SU DIOS
VOLUMEN DOS

Gerhard Tersteegen (1697-1769): El recluso en demanda
John Woolman (1720-?): Amigo de los oprimidos
Elijah Hedding (1780-1852): El obispo pionero
Robert Aitken (1800-1873): El profeta de Pendeen
Mrs. Phoebe Palmer (1807-1872): El don sobre el altar de Dios
Robert Murray McCheyne (1813-1843): El joven santo de Dundee
William Burns (1815-1858): El hombre con el libro
Frances R. Havergal (1837-1879): La cantora de Dios
Pastor Hsi (1837-1896): Conquistador de demonios
George D. Watson (1845-1923): Apóstol a los santificados
Jessie Penn-Lewis (1861-1927): Vencedora
Las Tres Hermanas Garratt (Helena 1869-1946): El cordón de tres dobleces
Paget Wilkes (1871-1934): Hábil defensor de la fe
Basil Malof (1883-1957): Apóstol a Rusia
Thomas R. Kelly (1893-1941): Buscó y encontró
John & Betty Stam (John 1907-1934): Su muerte fue ganancia
George Henry Lang (1874-1958): El obediente siervo de Dios

ELLOS CONOCIERON A SU DIOS
VOLUMEN TRES

Marqués de Renty (1611-1649): El hombre de la nobleza que descendió
Stephen Grellet (1773-1855): El noble francés que caminó a pie
Samuel Pearce (1766-1799): El Brainerd de los bautistas
John Smith (1794-1831): El hombre con rodillas encallecidas
Ann Cutler (1759-1794): Demasiado joven para morir
Tío John Vassar (1813-1878): El perro ovejero de Dios
George Railton (1849-1912): El hombre que se preocupaba intensamente
John G. Govan (1861-1927): El pionero del evangelismo rural
Oswald Chambers (1874-1917): Apóstol de lo fortuito
Gertrude Chambers (1885-1966): Creadora de libros
Evan Hopkins (1837-1919): Mensajero de victoria
Mary Mozley (1887-1923): Ella escogió la mejor parte
El Obispo Asbury (1745-1816): El profeta del largo camino

ELLOS CONOCIERON A SU DIOS
VOLUMEN CUATRO

Phillip Henry (1631-1696) y
Matthew Henry (1662-1714): La formación de un comentarista
Freeborn Garretson (1752-1827): El santo a caballo
Catherine Garrettson (1752-1849): La gentil anfitriona
John Gossner (1773-1855): El intrépido aventurero en fe y oración
John Hunt (1812-1848): El apóstol a Fiji
Elizabeth Prentiss (1818-1878): La socorrista sufriente
Lord Radstock (1833-1913): El señor que fue siervo
Dr. Frederick Baedeker (1823-?): Un hombre enviado por Dios
Frank Crossley (1839-1897): El tesorero de Dios
Emily Kerr Crossley: La socia del tesorero de Dios
Baronesa von Wrede: El angel de las prisiones
Henrietta Eliza Soltau (1843-1934): Arriesgada en la fe

ELLOS CONOCIERON A SU DIOS
VOLUMEN CINCO

George Herbert (1593-1632): Poeta de las cortes celestiales
Miguel Molinos (1627-1696): El sacerdote que conoció a Dios
Joseph Alleine (1634-1668): Un sacrificio vivo a los treinta y cuatro años
John Fletcher (1729-1785): El apóstol de Madeley
Mary Fletcher (1739-1815): La pastora de huérfanos
John Frederick Oberlin (1740-1826): Pionero benefactor de los moradores de Vosgos
Samuel Pollard (1826-1877): Él esperó por el cumplimiento de su visión
George Matheson (1842-1906): El poeta ciego que vio demasiado
Jonathan Goforth (1859-1936): El sufrió la pérdida de todas las cosas
Rosalind Goforth (1864-?): Escaló la montaña con Dios
Kate Lee (1872-1920): La edecán de ángel
Graham Scroggie (1877-1954?): El excepcional orador de Keswick

ELLOS CONOCIERON A SU DIOS
VOLUMEN SEIS

Juan Crisóstomo (344-407): El valiente obispo
John Brown (1722-1787): El vaquero que llegó a ser comentarista
Charles Simeon (mediados de los 1700s-1836): Un hombre en contacto con Dios
Henry Martyn (1781-1812): ¿Demasiado joven para morir?
Helen Ewan (principios de los 1900s): Una vida fragante
Edward Payson (1783-1827): Descubrió el secreto de ser nada
James Turner (1818-1862): El pescador de Dios
Thomas Waring (?): Los años silenciosos
Anthony Norris Groves (1795-1853): Pionero en los principios apostólicos
Mary Bethia Groves (principios de los 1880s): La una vez reacia misionera
William Wilberforce (1759-1837): Un rico político llamado a ser profeta de Dios
John Pierpont (primera mitad de los 1880s): Dios recompensa a Su valiente profeta
Johann Christoph Blumhardt (1805-1889): El pastor alemán que desafió a los diablos
E. M. Bounds (1835-1913): Él oraba mientras otros dormían

www.ingramcontent.com/pod-product-compliance
Lightning Source LLC
LaVergne TN
LVHW011416080426
835512LV00005B/82